반항, 위반, 탈출의 **신화**

반항, 위반, 탈출의 신화

김 종 우

한국문화사

반항, 위반, 탈출의 신화

1판1쇄 발행 2018년 6월 30일

지 은 이 김종우
펴 낸 이 김진수
펴 낸 곳 **한국문화사**
등   록 1991년 11월 9일 제2-1276호
주   소 서울특별시 성동구 광나루로 130 서울숲 IT캐슬 1310호
전   화 02-464-7708
팩   스 02-499-0846
이 메 일 hkm7708@hanmail.net
홈페이지 www.hankookmunhwasa.co.kr

ISBN 978-89-6817-648-7 93210

이 저서는 2014년 정부(교육부)의 재원으로 한국연구재단의 지원을 받아
수행된 연구임.(NRF-2014S1A6A402713)

　사람들은 현대사회의 한 특성을 가리켜 기술문명사회라고 말한다. 이 책의 주제인 신화가 '신'과 관련된 황당한 이야기[神話]가 아니라 '인간'과 관련된 현실적인 이야기[人話]였던 시대와 비교해 보면 확실히 현대사회는 고도의 기술문명사회라고 부름직하다. 하지만 고도의 기술문명사회라고 불리는 현대사회에도 인간의 활동이 주위에 널려 있던 물건들만으로 이루어졌을 신화시대의 삶의 이야기를 '있는 그대로' 알 수 있는 방법은 없다.

　인류의 기원은 길게는 수백만 년 전으로 거슬러 올라간다고 한다. 그런데 이토록 기나긴 이력을 지닌 인류의 이야기를 '있는 그대로' 알 수 있게 된 것은 언제부터였을까? 아무리 길게 잡아야 고작 5천 년도 채 넘기지 못한 문자의 발명 이후일 것이다. 그런데 문자가 언제부터 사용되었는지 아직 제대로 알려져 있지도 않을 뿐더러 문자가 발명된 이후에도 인간에 관한 많은 이야기가 여전히 베일에 가려져 있다.

　그래서 인류의 먼 조상의 삶이 어떤 모습을 지녔을까 하는 문제는 고도의 기술문명사회로 일컬어지는 현대에 와서도 여전히 상상 활동을 통해서 해결할 수밖에 없다. 가장 오래된 문자로 알려진 이집트의 상형문자라고 해야 고작 5천 년도 채 되지 못했으며 그나마 그것을 해독할 수 있게 된 것은 고작 200년도 되지 않았다.[1] 이런 상황은 한자의 기원으로

---

[1] 이집트의 상형문자 해독은 로제타석 해독에 매달렸던 샹폴리옹(Jean François Champollion)이 1800년대 초에야 해냈던 일이다.

알려진 갑골문자에 대해서도 마찬가지다. 상형문자, 설형문자, 갑골문자가 해독된 것이 언제였는지 생각해보면, 그리고 그 불완전성을 생각해보면, 인간이 조상의 삶을 '있는 그대로' 알 수 있게 된 것이 얼마 되지 않는다는 사실을 인정할 수밖에 없다. 수백만 년에 달한다는 인류의 역사에 비해 5천 년 전은 너무 가깝게 느껴진다. 게다가 그렇게 해서 알려진 것조차 지극히 일부분에 불과하다.

갑골문자(중국 한자)

로제타석(이집트 상형문자)

사실 '있는 그대로'라는 표현마저도 어폐가 있다. 우리가 알고 있는 '있는 그대로'가 실제로 있었던 '있는 그대로'인지 확인할 방법이 없다. 과거의 일을 알 수 있게 되었다고는 하지만 전혀 모르던 것을 그저 짐작이라도 할 수 있게 된 정도에 불과하기 때문이다. 인간이 조상들의 삶을 '있는 그대로' 알게 된 것은 장구한 인류 역사에 비추어 지극히 일부분에서 그친다. 이미 사실로 밝혀진 것을 대상으로 하든 단순히 추측한 것을 대상으로 하든, 후세 사람들의 시각으로 이루어지는 역사라는 것은 단지 '이야기'에 불과하다. 프랑스어에서 '역사'를 가리키는 'HISTOIRE'라는 단어는 사전적으로 '이야기'를 의미하기도 한다. 신화가 이야기인 것처럼 역사도 이야기이다.

과학의 역사에서도 이론이나 추론은 모두 이야기로 이루어질 수밖에 없다. 어떤 것이든 사람이 지어낸 이야기는 언제든 달라질 수 있는데, 과학적 이야기라고 해도 사정이 다르지 않다. 이런 사실을 이해하기란 그다지 어려운 일이 아니다. 가령, 생물 분류 이론을 보자. 전통적으로 생물은 식물계와 동물계의 2분법으로 구분된다는 것이 오랜 입장이었다. 그러다가 현미경의 발달로 19세기 후반부터 원생물계(미생물)를 덧붙여 3분법으로 인식하였다. 그러던 것이 자꾸 늘어나다가 20세기 후반에는 6분법까지 갔다고 한다.

그러면 생물 분류 체계에서 2분법, 3분법, 6분법 중 어느 것이 맞는가? 물론 2분법을 주장하던 시대에는 2분법이 맞았을 것이고 6분법을 주장하던 시대에는 6분법이 맞았을 것이다. 생물 분류법 체계와 관련된 '이야기'는 인간의 상상 활동을 연구대상으로 하는 영역이 아니라 구체적인 사물현상을 연구대상으로 삼고 관찰과 실험을 연구방법으로 한다는 과학의 영역에서 벌어지고 있는 일이다. 2분법도 맞고 6분법도 맞다면 진짜 맞는 것은 무엇인가? 시대에 따라 달라지는 이야기를 진리라고 할 수 있을까? 우리는 황당하게도 이 물음에 '그렇다'라고 대답하면서 살아가고 있다. 이렇게 해서 누가 봐도 황당한 이야기가 과학이라는 이름으로 정당화되어 왔다.

사물[物]의 이치[理]를 연구한다는 점에서 철학과 다르지 않은 물리학(物理學)에서 주장했던 진리도 취약하기는 마찬가지다. 천동설(天動說)과 지동설(地動說)의 관계에 대해 생각해보자. 인간은 갈릴레오 갈릴레이가 활동했던 1600년대 초까지도 적어도 공식적으로는 천체가 지구를 중심으로 운행된다고 믿었다.[2] 당시로서는 그것이 진리였다. 그런데 언젠가부터

---

2 갈릴레오 갈릴레이는 『두 개의 주된 우주체계에 대한 대화』에서 지동설을 주장했으나 1633년 종교재판에 회부되어 이를 철회했다. 재판정을 나서면서 그가 했다는 "그래도 지구는 돈다."라는 중얼거림은 과학적 이론이라는 것도 한갓 이야기에 불과하

삼척동자도 태양이 지구 주위를 돈다는 것을 믿지 않게 되었다. 수백만 년 인류 역사상 최근 400여 년을 빼고는 천동설이 과학적 진리로 자리 잡고 있었다는 말이다. 하지만 이제 와서 천동설은 문학보다도 더 허구 적인 이야기가 되어 버렸다. 그런데 그것은 불과 얼마 전까지만 해도 과 학이었고 이것을 부인하기 위해서는 목숨마저 걸어야 할 판이었다.

인류의 조상들의 삶이 어떠했는지 정확하게 알 수 있는 방법은 없다. 굳이 태초의 이야기가 아니라도 마찬가지다. 가령, 우리는 삼국시대의 이야기를 얼마나 많이 그리고 얼마나 잘 알고 있는가? 우리가 알고 있는 삼국시대의 이야기는 '있는 그대로' 사실일까? 아닌 것 같다. 삼국시대의 이야기를 담고 있는 『삼국유사』는 거의 신화집 수준이고, 『삼국사기』는 삼국시대가 종언을 고한 지 400년 정도 지난 뒤에 살았던 김부식이라는 사람이 추정해서 기록한 것이다. 그리고 중국과 일본 등 우리의 주변 국 가에서는 과거 우리나라 사정에 대하여 우리와 다른 이야기를 하고 있다. 최근 들어 가야사를 복원해야 한다는 이야기가 들려오고 있으니 조만간 3국시대가 아니라 4국시대라고 해야 할지도 모를 일이다. 사실은 분명 하나밖에 없을 텐데 그 동일한 사실에 대해 각자의 입장에서 서로 다른 이야기를 하고 있다. 어떤 경우에도 우리가 접하는 것은 '사실'이 아니라 '사실에 관한 이야기'이다.

관점과 시대에 따라 서로 다른 이야기들을 듣고 있다 보면 역사라고 말하는 것도 신화만큼이나 허구적인 이야기로 구성되어 있다는 생각을 할 수밖에 없다. 발해라는 국가를 보자. 발해의 건국은 지금으로부터 고 작 1,300년 전의 일이다. 수백만 년에 달하는 신화적 시간에 비하면 이 정도는 엊그제 일어난 일이라고 해도 좋다. 그런데 우리는 유구한 인류 역사에 비한다면 바로 엊그제 일인 발해라는 국가의 흥망성쇠에 대해

_____

다는 것을 보여주는 사례라고 할 수 있다.

무엇을 얼마나 알고 있는가? 발해의 왕성이 있었다는 곳을 직접 방문해 보았지만 잡초만 무성할 뿐 아무런 사실도 말해주지 않았다. 그런데 그 백 배, 천 배의 세월을 거슬러 올라가도 우리 땅에는 사람들이 살고 있었을 것이다. 하지만 그들은 자신들의 삶을 알려줄 아무런 흔적도 남겨놓지 않았다. 우리에게 남겨진 그들의 삶의 흔적인 조개무지라고 해야 고작 5~6,000년 정도밖에 지나지 않은 것이다. 그러니 우리는 우리의 기원인 그들에 대해 알고 있는 것이 거의 전무하다.

하늘에서 떨어진 것이 아닌 이상 모든 현대인은 시대를 거슬러 올라가다 보면 머나먼 신화시대의 조상과 연결된다. 신화시대에 대해 우리가 아는 것이 없다는 말은 우리가 어디에서 온 것인지 알 수 없다는 말이다. 어딘가에서 오기는 했을 텐데 그곳이 어디인지 알 수 없다. 우리의 기원이 신화시대로 이어지는 것은 분명하지만 우리는 신화시대에 대해 아무것도 아는 것이 없다. 그런데 신화를 허구라고 부름으로써 우리가 알고 있다고 생각하는 것마저도 허구로 돌려버린다. 우리의 기원이 신화시대에 있는 것은 분명한데도(이것을 부정할 수는 없다.) 우리는 그것을 허구라고 한다. 그렇다면 우리의 기원도, 그리고 우리 자신도 허구인가?

만약 우리가 알 수 없다고 해서 신화시대의 이야기를 허구라고 말해버린다면 우리의 실체도 허구라는 말이 된다. 정말 나는 어디에서 왔는가? 이 말에 '믿음'이 아닌 '사실'로서 대답할 수 있는 사람이 있을까? 믿음으로야 나는 곰의 자손(韓民族)일 수도 있고 닭의 자손(慶州金氏一族)일 수도 있다. 아니면 어떤 종교에서 말하는 대로 흙(기독교)으로 빚어졌거나 늑대의 후예(로마인)일 수도 있다. 하지만 우리는 이 모든 이야기가 사실이 아니라는 것을 잘 알고 있다. 생물학적으로 곰도 닭도 늑대도 인간의 조상이 될 수 없다. 태곳적이라고 해서 그것이 가능했을 리는 없다. 게다가 무기물에 불과한 흙으로 사람을 만들었다는 이야기는 생물학적으로 가

당치도 않다.

아담 창조

늑대의 젖을 먹는 로물루스와 레무스

인간이 문자를 통해 자신들의 이야기를 남겨 놓을 수 있게 된 이후의 5천 년이란 세월은 전체 인류 역사에 비추어 보면 아무것도 아니다. 그것도 길게 잡아야 5천 년이지 그 역사는 훨씬 더 짧을 수도 있다. 하느님의 아들 환웅(桓雄)과 한 달 동안 쑥과 마늘을 먹고 인간이 된 웅녀(熊女)가 결혼해서 낳은 아들인 단군이 우리 땅에 나라를 세웠다는 시대로 거슬러 올라간다 해도 우리나라 역사는 5천 년도 채 되지 않는다. 5천 년 전 옥황상제의 아들이 풍백(風伯), 운사(雲師), 우사(雨師)와 무리 3천 명을 거느리고 우리 땅에 내려왔단다. 그는 마늘과 쑥으로 20일 동안 곰을 길러 여자로 만들어 그녀와 결혼하여 아들을 낳았단다.

이 일은 2018년인 지금으로부터 4,351년 전의 일이다. 200만 년의 역사를 지내온 인류가 고작 4,351년밖에 안 된 이야기를 하는데도 이토록 황당한 이야기를 늘어놓을 수밖에 없다. 옥황상제의 아들이 땅으로 내려왔다는 이야기도, 곰이 20일 동안 마늘과 쑥을 먹고 인간 여인이 되었다는 이야기도 현재의 기준으로 보아 사실일 수 없다. 아무리 누가 뭐라고 해도 이런 이야기를 믿을 수는 없다. 그런데 이런 황당한 이야기가 홍익 인간(弘益人間)이라는 그럴듯한 개념과 더불어 대한민국이라는 현대국가의 근본이념으로 자리하고 있다.[3] 하기는 신학자가 아니라 과학자들 사이에서조차 지구의 나이가 6,000살밖에 안 됐다고 믿는 사람들이 있으니 더 말할 필요도 없다.[4] 그렇다면 우리는 여전히 신화시대를 살아가고 있는 셈이다.

어떤 사람들은 옥황상제와 곰의 아들인 단군의 이야기를 믿지 못한다고 하면서도 이보다도 더 황당한 이야기를 믿을 뿐만 아니라 남더러 믿으라고 권하기까지 한다. 신의 영감으로 기록되어 어떤 오류도 없는 경전에 그렇게 기록되어 있다고 한다. 연도를 확인할 수 없는 태초에 신이 자신의 형상대로 흙을 빚어 생기를 불어 넣어 인간을 만들었다고 한다. 그가 외로워하자 그가 잠들어 있는 사이에 갈비뼈를 뽑아 역시 흙을 발라 동반자를 만들어 주었다고 한다. 이런 황당한 이야기가 인류의 기원이라는 사실을 믿어야 한다고 말하면서 옥황상제의 아들이 인간으로 변한 곰과 결혼하여 아들을 낳았다는 이야기를 믿어서는 안 된다고 한다. 그래서 그들은 동상의 목을 자르는 일을 서슴지 않는다. 굳이 따지자면 무기물인 흙에서 인간이 유래되었다는 것보다 같은 포유류인 곰에서 유래했다는 이야기가 더 사실에 가까운 것으로 보이는 데도 말이다.

신의 기원과 관련하여 그리스 신화가 우리에게 해주는 이야기 역시 이런 황당함보다 더하면 더했지 결코 덜하지 않다. 여기서는 숫제 자식을 잡아먹고 수년 뒤에 그것을 토해내어 살려내기까지 한다. 아마도 그들은 모두 소화불량상태였던 모양이다. 그리고 아마도 그들은 뱃속에서

---

3 대한민국 교육기본법에 제2조(교육이념)는 "교육은 홍익인간(弘益人間)의 이념 아래 모든 국민으로 하여금 인격을 도야(陶冶)하고"로 시작한다. 여기서 홍익인간은 단군 신화에 나오는 말이다.
4 2017년 9월 당시 중소벤처기업부 장관 후보자는 국회 청문회 과정에서 지구의 나이가 6,000살로 '믿고' 있다고 말한 적이 있다.

숨이라도 쉴 수 있었던 모양이다. 여기서는 이렇게 해서 생겨난 것이 인간도 아닌 신이다. 현재의 인간의 사고의 범위에서는 아무리 생각해도 이런 것을 사실이라고 믿을 수는 없다. 인간의 기원과 관련해서는 반신(半神)인 티탄족이 역시 흙으로 빚어 생령을 불어넣어 만들어냈다고 말한다. 흙에 생령을 불어넣었다는 점에서는 앞선 이야기와 마찬가지다. 나는 천국 속의 천국을 보장해준다고 해도 절대로 이 이야기를 '있는 그대로'의 사실로 받아들일 수 없다.

이런 정도의 황당한 기원 신화가 국가나 민족이라는 큰 단위에서만 나타나는 것이 아니다. 나는 삼국시대 신라의 수도였던 금성(경주)의 한 숲[계림(鷄林)]에서 닭 울음소리와 더불어 태어난 김알지라는 신령한 존재의 자손이다. 그렇지만 나는 내가 김알지의 자손이라는 것은 믿을 수 있지만(집안의 족보에 분명히 그렇게 되어 있다.), 내 시조 할아버지가 알에서 태어났다는 말은 믿을 수 없다. 어린 시절 나는 몇 차례 어른들과 함께 경주 구경하러 갔다가 계림이라는 곳을 방문했던 적이 있다. 지금 기억으로는 아름드리나무가 울창한 제법 넓은 공원이 하나 있었고 그 한쪽 귀퉁이에 계림비각(鷄林碑閣)이라는 이름의 작은 누각이 하나 서 있는 것 말고는 그다지 특별한 것이 없었다.

내 시조 할아버지가 닭 울음소리와 더불어 궤짝에서 태어났다는 그 황당한 이야기기를 믿을 수 없다고 하면서도 그 사실에 대한 동경심 비슷한 것이 발동했던 모양이다. 물론 거기서 억지로 어떤 감정에 사로잡혀 보려고 애써 노력을 해보았지만 성공하지 못했다. 김알지와 같이 신령한 존재로 태어난 비범한 인물이 삼국유사 속에 여럿 있다. 어떤 인물은 지나가던 말이 울어대는 바윗돌 뒤에서 태어났다고 하고(금와왕), 또 어떤 인물은 알로 태어나 궤짝에 넣어져 바다에서 표류하다가 구출되었다고 한다(석탈해).

이 모든 이야기들이 우리로부터 불과 천 몇백 년 정도밖에 거슬러 올라가지 않는 아주 가까운 시절의 것들이다. 이제 와서 어느 누구도 이런 이야기를 사실로 받아들이지 않는다. 그런데 이런 이야기들이 수십 만 년 전도 아니고 기껏해야 2,000년 정도밖에 지나지 않은 시절에 일어난 일에 관한 것이다. 인간이 태생하지 않고 난생했다는 이야기나 어린 아이가 바윗돌을 깨부수고 나왔다는 이야기 역시 믿을 수 없기는 마찬가지다. 아기가 궤짝에 실려 바닷가로 밀려왔다는 이야기 정도는 믿어줄 수도 있다. 이런 이야기들은 인간이 자신이 어디서 왔는지를 모르고 있다는 사실을 확인해주고 있을 따름이다. 자신이 어디서 왔는지 알고 있다면 이런 황당한 이야기를 지어낼 까닭이 없다. 그런데 지금의 지식 수준은 말할 것도 없거니와 앞으로 기술문명이 아무리 발달한다고 해도 인간이 자신의 기원을 밝혀낼 수 있을 것 같지 않다.

그렇다면 인류의 조상들은 왜 이런 황당한 이야기들을 지어내었을까? 그때 이런 이야기를 지어내었던 사람들은 도대체 무슨 생각을 하면서 살았을까? 그리고 이런 이야기를 만들어냈던 조상들의 삶은 어땠을까? 아주 오래 전에 자연 상태에서 살고 있었을 당시에 인간은 어떤 점에서 다른 동물들과 구별되었을까? 인간은 자신을 어떻게 규정지었으며, 자신과 자신을 둘러싼 환경과의 관계를 어떻게 규정하면서 살아갔을까? 도대체 인간은 자신이 어디서 왔다고 생각했으며 죽은 다음 어디로 갈 것이라고 생각했을까? 현대인에 비해 다소 뒤떨어졌을지는 모르지만 인류의 조상들도 다른 동물들과는 비교할 수 없을 정도로 높은 지능을 가졌을 것이다. 그렇다면 그들 역시 현대인들과 마찬가지로 당연히 위와 같은 질문을 던지고 살았을 것이다. 그리고 그러한 질문에 대한 생각을 중심으로 자신과 주위환경과의 관계를 설정하려는 시도를 하면서 살아 갈 것이다.

고대 그리스 사람들은 이미 현대인들과 다를 바 없는 수준의 형이상학적인 질문을 던지면서 살았다. 그들 역시 삶과 죽음에 대해, 참과 거짓에 대해, 선과 악에 대해, 아름다움과 추함에 대해, 그리고 우리가 오늘날 윤리적 문제라고 말하는 여러 질문에 대해 우리와 마찬가지로 사고하면서 살았다. 우리가 잘 안다고 생각하는 소크라테스, 플라톤, 아리스토텔레스는 지금으로부터 약 2,000여 년 전에 살았던 사람들이다. 그런데 기술문명이 고도로 발달한 현시점에서 우리의 사유의 깊이가 그들의 것을 뛰어넘었다고 말할 수 있을까? 삶의 본질과 방법에 대한 우리의 대답이 그들의 것보다 낫다고 말할 수 있을까? 그렇게 대답할 사람은 그다지 많아 보이지 않는다. 오히려 그들의 대답이 수많은 근현대 형이상학자들의 대답보다 훨씬 더 단순 명쾌하면서도 더 깊이가 있다는 생각을 하게 된다. 그들의 사유는 많은 현대철학적 사유의 참조대상이 되고 있는 것이 현실이다. 그들의 대답과 현대 철학자들의 대답은 방법에 있어서 다르다고 말할 수는 있겠지만 내용에 있어서는 어느 것이 나은 것인지 단정 지을 수 없다.

그렇다면 방금 이야기한 사람들이 살았던 시대보다 2,000년 정도 더 전에 살았던 사람들의 생각은 어떠했을까? 더 멀리 올라갈 것도 없이 그 정도까지만 거슬러 올라가도 이미 정확하게 대답할 방법이 없다. 이해할 수 있는 실증적 자료가 별로 남아 있지 않기 때문이다. 그때까지만 해도 인류는 그런 자료를 남길 수단을 갖추지 못했다. 고도의 의술을 자랑하는 현대에 와서도 인간의 중요한 정신 활동인 기억을 한 인간에서 다른 인간으로 넘기는 일은 가능하지 않다. 물론 집단기억이라는 이름으로 전달된다고는 하지만 집단기억이란 취약하기 짝이 없다. 게다가 집단기억이라는 것이 실제로 존재하는지도 분명하지 않다. 집단기억이라는 것도 후세에 남겨진 자료를 통해 개인이 습득한 것을 집단적 관점에서

인식했을 때 생기는 것
이다.

수천 년 전에 살았던
사람들이 실제로 체험
했던 삶의 방식은 고고
학적 발굴을 통해서 추
정할 수밖에 없다. 그런
데 그런 추정 작업도 지

고고학 발굴 현장

극히 일부분에서만 성과를 거둘 수 있을 따름이다. 고대인들이 남긴 물
질적 흔적을 통해 지극히 조심스럽게, 그것도 단편적으로만 드러나기 때
문이다. 관련된 물질적 대상을 찾아내지 못하는 한 그들이 어떤 생각을
하고 살았는지 알아낼 도리가 없다. 물질이라는 것 역시 기억과 다를 바
없이 시간의 흐름과 더불어 소멸되어 버린다. 그렇기 때문에 고고학적
발굴을 통해, 즉 물질 속에 남아 있는 기억을 통해 알 수 있는 것은 대단
히 제한적이다. 물질을 통해 알 수 있는 것도 기껏 수천 년 전의 일로만
한정될 뿐 그 이상 거슬러 올라가면 대부분이 와해되어 버린다.

프루스트가 『잃어버린 시간을 찾아서』에서 말하고 있는 것처럼, 우리
가 "죽기 전에 그 물질적인 대상을 만날 수 있을지 없을지는 순전히 우연
에 달려 있다."[5] 물론 프루스트는 개인의 기억에 관한 이야기를 하고 있
지만, 집단의 역사와 관련된 이야기에서도 상황이 다르지 않을 것이다.
우연한 행운으로 고고학적 관심의 대상이 되는 물질적 대상을 발견한다
고 치자. 그렇더라도 고고학적 발굴을 통해 알아내었다고 하는 것 역시
순전히 인간이 상상과 추론을 통해 해석해내는 과정에서 지어낸 이야기
에 불과하다. 고고학적 발굴을 두고 벌어지는 갑론을박을 지켜보노라면

---

5 마르셀 프루스트(각색 스테판 외에), 잃어버린 시간을 찾아서, 열화당, 2000, p.13.

인간이 과거에 대해 알아낸 지식들이 얼마나 취약한지 금방 깨닫게 된다.

자료에 대한 해석이 대부분 그렇듯이 고고학적 발굴을 통해 드러났다고 하는 이야기도 정확한 것이 아니다. 그것은 사실이라기보다는 훼손된 채로 드러난 흔적에 대한 해석의 결과에 불과하다. 고고학적 자료를 해석하는 과정에서 동일한 사안이 사람에 따라 달라지는 경우가 비일비재하다. 동일한 사안이 말하는 사람에 따라 달라지지만, 어느 것이 사실이라고 말할 수 없다. 그렇기 때문에 사람들이 사실이라고 말하고 있는 많은 것들이 사실은 단순히 지어낸 이야기에 불과할 가능성이 크다.

문자가 없는 시대에 만들어진 많은 것들은 해석하는 사람의 제한적인 관점을 통해 이해할 수밖에 없다. 가령, 알타미라 동굴의 벽화나 반구대 암각화를 그린 고대인들의 의도가 지금 많은 고고학자들이 해석하는 대로였는지는 의문이다. 비전문가로서는 전문가들의 해석을 그저 멍하니 지켜볼 수밖에 없다. 그런데 그것을 해석하는 학자들은 계속해서 다른 이야기들을 내어놓고 있다. 첨성대가 정말 별을 관찰하는 천문대였다는 해석에 많은 학자들이 동의하지 않는다고 한다. 첨성대가 천문대였다는

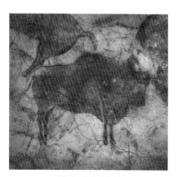

| 알타미라 벽화 | 반구대 암각화 |

말이 허구일 수도 있다는 말이다. 이 시기에 이미 문자가 사용되고 있었

음에도 불구하고 전문가들조차 기본적인 사실에서도 의견 일치를 보지 못하고 있다.

이런 상황은 다양한 형식의 문자 기록이 남아 있는 시대의 이야기에 대해서도 마찬가지다. 얼마 전 우리나라에서 벌어졌던 역사 교과서 논쟁에서 보는 것처럼, 불과 수십 년 전에 일어났던 일, 그래서 엄연히 문자로 된 기록이 남아 있는 일에 대해서도 서로 정반대의 해석을 가하고 있다. 기록에 대한 해석이 정치적인 견해에 따라 복잡한 양상을 띠고 있다. 이번에는 기록이 너무 많아서 문제다. 황당하게도 자신의 것만을 올바른 것이라고 하면서 다른 이야기는 '틀린' 것이라고 말한다. 그래서 '틀린' 것을 배우면 '비정상적인' 사람이 된다고 말하기까지 한다. 동상의 목을 자르고 문화재급 건물에 붉은 페인트로 벽화를 그리는 행위가 신화적 이야기의 차원에서만 아니라 역사적 사실의 해석과정에서도 이루어지고 있다. 무슨 근거로 그렇게 말하고 행동하는지 알 수 없다. 문자로 기록된 이야기가 엄연히 존재하는데도 상황이 이런 지경이고 보면, 고고학적 발굴을 둘러싸고 있는 이야기를 액면 그대로 믿을 수는 없는 일이다. 그러니 오늘날의 세계에는 사실은 사라져버리고 사실이라고 주장하는 이야기와 그에 대한 믿음만이 남아 있다고 할 수 있다.

그렇다면 역사적 이야기라고 해서 신화적인 이야기와 다를 바가 없다는 말이 된다. 현재로서는 인간이 태초에 어떤 정신세계에서 살아갔는지 물질적 대상을 통해 정확하게 알 수 있는 방법이 없다. 우리는 여기서 신화시대든 역사시대든 인류가 남겨놓은 모든 이야기가 허구일 가능성이 있다는 가정을 세워놓고 그것을 논증할 생각은 없다. 다만, 수백 만 년을 넘어선다고 알려진 기나긴 인류의 역사에 비해 우리가 알고 있거나 알 수 있는 것이 지극히 일부분에 불과하다는 사실만 지적하고자 할 따름이다. 그리고 그 앎이라는 것도 사실이 아닌 것에 대한 단순한 믿음에 불과한 것일 수 있다는 점을 아울러 지적하고자 할 따름이다.

인간은 자신의 주변 환경에 무지한 상황에서 신화를 만들어내었다. 자신이 그 운행원리를 알 수 없는 변화무쌍한 자연에서 살아남기 위해서는 알아야 했고 신화는 그러한 앎에 대한 욕망의 소산이었다. 고대인과 비교할 수 없을 정도로 많은 지식을 가진 현대인이 보기에 고대인의 무지의 결과인 신화는 그저 황당한 이야기에 불과하다. 그런데 사실 인간이 하는 이야기는 어느 것도 절대적인 진리를 말하지 않는다. 인간이 어떤 대상을 묘사하든 아니면 어떤 현상을 해석해내든, 사실과 어느 정도의 거리를 두고 있다. 같은 것을 묘사하더라도 사람에 따라, 상황에 따라 다르게 나타난다. 엄밀하게 말하자면 인간이 하는 모든 이야기는 허구라고 할 수 있다.

한때 있는 그대로의 사실을 말하는 것으로 받아들여졌던 신화가 오랫동안 완벽한 허구로 받아들여졌다가 다시 부활했다. 태초의 인간은 신화적 이야기를 있는 그대로의 사실로 받아들였다. 하지만 인지의 발달에 따라 신에게 부여한 절대적인 권리를 인정하지 않게 됨에 따라 신과 관련된 이야기들은 유아적인 사고의 소산으로 받아들여졌다. 그러다가 최근 들어 합리주의적 사고의 극단에서 신화적 사고의 효용성이 제기되면서 다시 과거의 영화를 회복하고 있는 중이다. 그렇다면 이렇게 부침을 거듭한 신화는 진짜 무엇이며, 인간은 왜 신화라는 것을 만들어내었을까? 이 질문에 답을 하는 것이 이 책의 궁극적인 목적이다. 그러나 질문 자체가 너무나 거대하고 어려운 나머지 어쩌면 이 질문에 제대로 된 대답을 내놓지 못하고 그저 빙빙 돌다가 말지도 모를 가능성이 있다는 것을 미리 밝혀둔다.

■ 차례

제4장 탈출(귀환)의 신화

제5장 결론

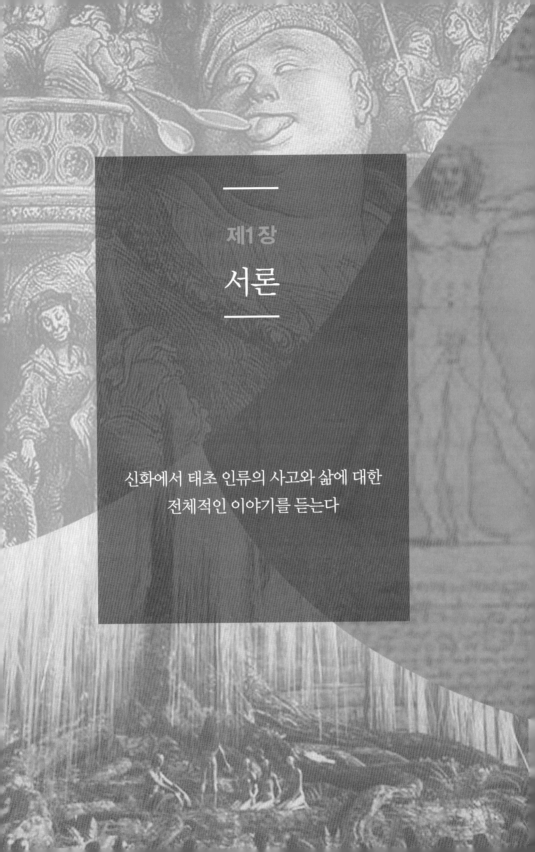

제1장

서론

신화에서 태초 인류의 사고와 삶에 대한
전체적인 이야기를 듣는다

1. 신화의 기능

조르주 귀스도르프는 신화라는 말이 너무나 일반적으로 사용되고 있어 "오늘날에 와서 신화에 대해 변호한다는 것은 터무니없는 일"이며, "차라리 이성으로 돌아갈 것을 권하고 싶을 정도"[6]라고 말하고 있다. 굳이 이런 말들이 아니더라도 고대 그리스 철학에서 그 토대가 닦였던 이성 중심의 사고의 한계에 대한 반작용으로 신화에 대한 관심이 높아진 지 꽤 오래되었다. 고대 그리스 철학은 근본적으로 로고스의 학문으로 로고스의 한계 안에서만 인간의 인식 활동을 장려했다. 그러한 로고스 중심의 사고가 중세 때의 오랜 잠복기를 거쳐 근대에 들어와서 다시 되살아났다. 그리하여 근대 철학은 모든 인식 활동을 합리라고 하는 판단 기준으로 재단하려 했다.

하지만 19세기 후반 견고한 합리주의적 인식체계에 균열이 생겨났고

---

6 조르주 귀스도르프, 『신화와 형이상학』, 문학동네, 2003, p. 9.

합리주의의 극단적인 모습이라고 할 수 있는 실증주의에 반발하면서 합리적 인식에 대한 다양한 형태의 도전이 불거졌다. 이러한 변화는 20세기 들어 신화적 사고가 부상할 수 있는 견고한 토대를 마련했다. 귀스도르프는 '신화학은 형이상학'이라고 보았으며,[7] 뒤랑은 "고대 신화체계의 의미론적 시나리오와 문화 이야기의 현대적 조립 사이에 단절은 없다"[8]고 했다. 많은 신화학자들은 '신화는 신의 이야기가 아닌 인간의 이야기'라고 보고 신화 이해를 인간 이해의 기본으로 삼고자 했다.

신화는 우리가 모르는 태초 인류의 사고와 삶에 대한 전체적인 이야기를 제공한다. 현대인이 궁금해하는 여러 내용에 대해 신화가 말하지 않는 것은 없다. 오늘날까지 인류가 그 대답을 발견하지 못했고 앞으로도 그럴 수 있을 것 같지 않은 인류의 기원에 대해서도 신화는 아주 분명한 어조로 말해주고 있다. 뿐만 아니라 인류가 자신이 몸담고 있는 주위 환경과 세상 전체와 어떤 관련을 맺고 있었는지에 대해서도 단호하게 말해주고 있다. 게다가 인간의 오랜 관심사였던 참과 거짓, 선과 악, 아름다움과 추함에 대해 태초의 조상들이 어떻게 생각했는지, 나아가 인간의 삶과 죽음에 대해 어떻게 생각했는지에 대해서도 아주 자세하게 말해주고 있다. 더 나아가 인간이 어떻게 살아야 하는가 하는 방법의 문제에 대해서도 분명한 시각을 제공한다.

게다가 신화가 들려주는 이야기는 고고학적 발굴을 통해 드러나는 단편적인 이야기가 아니다. 고고학적 유물은 그것을 남긴 시대와 종족에 대한 제한적 사실들만을 말해줄 따름이다. 그래서 오래된 이야기일수록

---

7 귀스도르프는 고대인의 신화체계가 우주의 운행원리와 우주와 인간의 관계에 대한 문제에 고대의 고민의 결과라는 점에서 근본적으로 현대인의 철학과 다르지 않다고 보아 고대인의 신화체계가 현대인의 형이상학과 동일한 것이라고 본다.

8 Gilbert Durand, *Figures Mythiques et Visages de l'oeuvre*, Berg International, 1979, p. 11.

고고학적 발견을 통해서는 전체적인 시각을 얻기 어렵다. 고고학적 발굴을 통해 고대인의 삶에 대한 정보를 얻기 위해서는 어려운 퍼즐 맞추기를 실행해야 한다. 하지만 그 퍼즐의 조각은 너무나 불완전하여 전체를 보기 어렵게 한다. 하지만 신화에서는 상황이 다르다. 그것은 우주와 인간의 기원뿐만 아니라 삶의 구체적인 양상까지, 심지어 현대에 와서도 전혀 그 실체가 밝혀지지 않은 죽음 이후의 세계까지 아주 자세하게 말해주고 있다. 신화는 표면적으로는 신들에 관한 이야기를 하는 것처럼 보이지만 신들에 관한 이야기를 통하여 인간 자신의 삶과 관련된 여러 의문에 답하고 있다.

현대적 이성의 시각에서 보자면 황당하기 짝이 없는 것이지만, 우리는 신화 이상으로 고대 인류의 이야기를 알 수 있는 효과적인 방법을 갖고 있지 못하다. 신화에 관한 이야기가 넘쳐나는 것은 무엇보다도 고대인의 삶을 알고자 하는 현대인의 욕망 때문이다. 이 책은 궁극적으로 신화적 사고가 현대인의 사고에 어떤 영향을 끼쳤는가 하는 문제를 다룬다. 이 책에서 관심을 갖는 것은 신화적 이야기를 통해 드러나는 단순한 흥밋거리가 아니라, 그것을 통해 태초 인간이 스스로를 어떻게 규정짓고 살아갔는가 하는 것이다.

우리는 인간의 정신세계와 구체적인 삶 속에는 이른바 합리적 이성만으로는 설명할 수 없는 부분이 무수히 많다는 사실을 인정할 수밖에 없다. 인간의 하루 중 행동을 합리적으로 설명할 수 있는 부분과 그렇지 못한 부분으로 나누는 것이 가능하다면 어느 쪽이 더 많을까? 가령, 우리가 오늘 아침 깨어나서 지금 이 시간까지 했던 사유와 행동의 시간들을 마치 바둑에서 흑과 백의 시간을 구분하듯 합리적 사고의 시간과 비합리적 사고의 시간으로 나누어 본다면 어느 쪽이 더 많을까? 이성의 영역과 감성의 영역의 경계를 어떻게 설정할 것인가의 문제는 있겠지만, 인간의 삶에서 합리적 설명이 가닿을 수 없는 감성의 영역이 더 많다는 사실을 인정할 수밖에 없지 않을까?

근대 이후 서구 합리주의는 인간의 정신 활동에서 비이성적이고 불합리하다고 판단되는 부분을 제거하기 위해 끊임없이 노력해왔다. 그 결과 신화적 사고는 한때 모든 반이성과 불합리를 초래한 원흉이 되어 인간의 정신 활동에 대한 논의에서 철저하게 배제되어 버렸다. 그것이 근대 이후 합리 철학의 역사인데, 이렇게 해서 인간 사유의 폭과 깊이를 지켜야 할 철학이 사실은 정반대의 길을 걸었던 것이다. 그런데 19세기에 진행되었던 사회·정치적 변혁과 사상적 변화의 과정에서 이성적 사고를 절대시하던 전통에 대한 회의가 일어나면서 합리 철학의 독재가 막을 내리게 되었다. 이성 중심주의의 여러 한계가 인식되면서 인류는 다시 감성의 영역에 관심을 갖게 되었다.

먼저, 미개인에게 합리적 사고를 가르친다는 명분을 앞세웠던 식민지 제국주의가 몰락했다. 근대 이후 서구인들은 소위 합리적 사고로 무장한 채 강력한 물리력을 앞세워 원시사회를 침탈했다. 이러한 침탈은 신화시대의 조상들의 철학을 고스란히 간직하고 있는 원시정신의 건강성과 상징적 풍요로움을 파괴해 버렸다. 소위 문명인이 미개인을 개화시킨다는 미명하에 야만적인 행위가 어떠한 통제도 받지 않고 자행되었다. 그 과정에서 원시인들이 가지고 있던 풍요로운 사고 역시 거의 완전히 소멸되어 버렸다. 서구인들이 자신들의 행위가 얼마나 반문명적인 것인지 스스로 깨닫게 된 것은 이미 원시문명이 철저하게 파괴된 다음에야 이루어졌다. 근대 이후 식민지 쟁탈과 기독교 선교 과정에서 소위 합리적 사고로 무장한 인간들은 살아있는 신화인 원시정신을 파괴해 나갔다. 자신들이 잃어버렸던 신화를 고스란히 간직하고 있던 원시문명을 철저하게 파괴해 버렸던 제국주의가 스스로의 한계를 인식할 때까지 인류가 치러야 했던 대가는 너무나 혹독한 것이었다. 그 가운데서도 수많은 민속학적 자료들이 남을 수 있었던 것은 그나마 다행스러운 일이었다. 이처럼 철저하게 유럽 중심이었던 제국주의의 몰락은 인간 사유의 다양성을 위해서는 아주 다행스러운 일이었다.

다음으로, 사상적인 측면에서 니체나 프로이트 등이 합리 정신의 한계를 직접 지적하게 되었다. 니체는 신의 죽음을 선언함으로써 이성적 사고를 절대시하던 전통의 죽음을 함께 선언했다. 그리하여 더 이상 인간 정신의 역사가 합리적 전통을 통해서 해석되지 않아도 되었다. 프로이트는 지금까지 서구의 합리적 인식에서 억압받아왔던 무의식의 영역을 복권시켜 놓았다. 그는 인간 정신을 무의식의 영역과 의식의 영역으로 나누고 인간의 정신 활동을 지배하는 것은 의식이 아니라 무의식이라는 주장을 폈다. 그는 이런 주장을 통해 합리적 사유를 절대시하던 서구의 공식 철학에 일격을 가했다. 의식의 영역만을 중시하고 무의식의 영역을 학문적 논의의 장에서 배제하고자 했던 서구의 공식 철학에 대항하여 거꾸로 무의식이 의식을 지배한다고 본 프로이트의 인식은 현대 사상의 중요한 전환점이 되었다.

서구우월주의의 몰락과 이른바 비합리적 사유의 복권을 통해 인간은 신화적 사유의 풍요로움을 다시 만나게 된다. 합리 철학의 관점에서 보자면 신화적 사고는 모순으로 가득 찬 황당한 이야기로 이루어져 있다. 그런데 그러한 모순되고 비논리적인 성격을 통해 신화의 세계는 더욱 견고하게 구축된다. 인간 자체가 모순덩어리이기 때문이다. 인간은 행복을 지향하면서도 불행을 향해 나아가고, 공존을 지향하면서도 불화의 길을 향해 나아간다. 인간은 합리의 영역과 비합리의 영역에 동시에 속해 있다. 근대 이후 인간은 합리의 영역 안에서만 살 수 있다고 생각했지만, 오래 가지 않아 그것이 잘못된 것임이 드러났다. 신화적 사고가 공연히 부상한 것이 아니다.

　그렇다면 인간은 왜 다시 신화에 관심을 가지는가? 먼저 신화는 인간의 인식 영역을 확장하는 기능을 수행한다. 프로이드에 따르면 우리가 흔히 말하는 합리적 사유가 가능한 의식의 영역은 무의식의 영역에 비하면 아무것도 아니다. 무의식의 영역까지도 포함시키자면 인간의 인식 활동의 영역은 무한대로 확장된다. 수백만 년을 거슬러 올라간다는 인류의 역사에서 인간이 소위 '합리적으로' 사고하기 시작한 것은 얼마 되지 않는다. 앞서 이야기했던 것처럼, 아무리 거슬러 올라가도 합리적 사고의 역사는 고작 2,000년 정도에 불과하다. 고대 그리스 시대의 철학자들을 염두에 두었을 때의 이야기이다.

　인간은 태초부터 우주 안에서 자신의 위치나 우주의 운행원리, 인생의 의미 등에 대해 생각하고 살았을 것이기 때문이다. 그들 역시 다른 동물과 비교할 수 없을 정도로 뛰어난 두뇌를 가지고 살아갔을 것이다. 그렇다면 정도의 차이는 있겠지만 현대인과 마찬가지의 형이상학적 사고를 하고 살았다고 보아야 한다. 그러나 아쉽게도 우리는 신화시대의 조상들이 어떤 형이상학적 사고를 하면서 살아갔는지에 관해 '합리적'으로 받아들일 수 있는 자료를 가지고 있지 못하다. 그들은 우리가 '합리적'으로 이해할 수 있는 방식으로 자신들의 삶의 흔적을 남겨놓지 않았기 때문이다.

　가끔씩 고고학적 발굴이라는 형태를 통해 그들이 살다간 흔적이 발견되는 경우가 있기는 하지만, 그것은 이미 너무나 훼손되어 버렸고 그것마저도 기껏해야 수천 년을 넘기지 못한다. 가령, 우리에게 아주 오래된 것으로 보이는 반구대 암각화의 흔적도 고작 6,000여 년 정도밖에 지나지 않는 것으로 추정된다. 인류가 남긴 가장 오래된 흔적이라고 하는 라스코 동굴 벽화나 알타미라 동굴의 벽화라고 해도 고작 10,000여 년 정도밖에 되지 않았다. 그런데 이런 정도가 우리가 고대 인류에 대해 추정할 수 있는 가장 오래된 물질적 자료이다.

물질적 차원에서 보자면 그 이전의 것들은 거의 남아 있지 않다. 그런데 다행스럽게도 우리는 인류의 조상들이 어떻게 살았는지 짐작할 수 있는 '이야기'를 가지고 있다. 태초 인류의 삶을 다루고 있는 그 이야기는 기원을 알 수 없는 시대부터 수천 년, 수만 년 이상의 세월을 거쳐 우리에게 전해져 왔다. 우리는 그것을 '신화'라고 부른다. 그것은 인간의 입에서 입으로 전해 내려오다가 종교적, 문학적 필요에 의해 문자화되어 현대인이 이해할 수 있는 방식으로 전해지게 되었다.

오늘날 우리는 신화가 언제 어떻게 생겨났는지 알 방법이 없다. 신화가 처음부터 인간이 온전히 이해할 수 있는 방식으로 생겨나지 않았던 것은 분명하다. 그렇지만 신화가 그것을 만들어 낸 시대의 인간의 삶과 그 이후의 변화를 전해주고 있는 것은 틀림없다. 그리하여 현대인은 신화를 통하여 태초 인류의 세계관을 알 수 있고 태초 인간의 정신세계를 재구성할 수 있다. 그 과정에서 현대인은 합리적 인식의 경계를 넘어 그 배경이 되고 있는 무의식과 잠재의식의 세계를 탐색할 수 있다.

그런데 근대 이후 합리주의는 인간의 인식에서 비합리적 영역을 추방하기 위해 온갖 노력을 기울여 왔다. 합리주의의 진전과정은 인간 의식의 영역을 부단히 축소시켜온 과정이다. 근대실증주의의 극단에 서 있는 오귀스트 콩트는 인간 인식이 '신학'의 단계에서 출발하여 '형이상학'의 단계를 거쳐 '실증'의 단계로 나아간다고 보았다. 즉 인간의 의식은 애초 신의 존재에 대한 사유를 받아들이는 단계에서 출발하여 인간 이성에 대한 믿음에 기초한 형이상학적 사유의 단계를 거쳐 궁극적으로 실증 가능한 것만을 받아들이려는 단계로 나아간다고 보았다. 그런데 다른 관점에서 보자면, "실증주의적 설명이 이룩한 이 <세 가지 양상>에서의 승리는 상징적인 것이 축소되어 가는 <세 가지 양상>"[9]에 불과하다. 그 과정에서 인간의 인식 영역에서 상상의 영역, 환상의 영역, 꿈의 영역 등이 배제되었다. 논리적이고 합리적인 언어로 설명할 수 없다는 것이 그 이유였다. 그러므로 합리적 관점에서 인간 정신의 역사를 논한다는 것은 인간 정신의 영역을 위축시킨 과정을 검토하는 것이라고도 볼 수 있다.

신화는 아주 오래 전부터 다양한 예술과 문화의 기본적인 뼈대로서의 기능을 수행해왔다. 인간은 다양한 문화를 만들어 삶을 영위해왔고 이를 표현할 여러 예술 양식을 개발해왔다. 신화 속의 수많은 신과 영웅, 그리고 그들이 만들어내는 사건에 관한 이야기는 다양한 방식으로 현대 문화 현상의 바탕이 된다. 동시에 신화 속의 여러 행위는 인간 행동의 원형이 되고 있다. 인간은 자신의 행위를 정당화하기 위하여 그것을 신적인 차원으로까지 고양시켰다.[10] 인간 행위가 성화되는 과정에서 만들어진 이야기는 개별 인간의 차원을 넘어 일반화되어 하나의 규범으로 자리하게 된다. 이를 위해 많은 영웅에게 신화적 형상을 부여한다. 현대인은 영화나 문학 등 다양한 형식의 예술과 심지어 현실에서 수많은 영웅을 만들어낸다. 현대인은 이런 과정을 통하여 신화적 영웅에 새로운 의미를 부여하기도 한다.

인간은 여러 상황에서 여러 목적으로 스스로를 표현하는 다양한 방식을 고안해냈다. 예술은 인간이 스스로를 표현하는 효율적인 방식 중의 하나이다. 인류는 오랜 옛날부터 바위에 그림을 그리기도 하고 다양한 목적의 건축을 짓기도 했다. 그리고 몸짓(무용)이나 언어(연극) 등을 통

---

9 질베르 뒤랑, 『상징적 상상력』, 문학과지성사, 1983, p. 29.
10 엘리아데는 인간의 모든 행위는 태초의 조상들이 행했던 "모범적인 이야기"를 반복하는 것이라고 보았다. 인간은 신화적 행위를 반복함으로써 현재 자신의 행위를 부단히 정당화시켜 나가고자 한다는 것이다. 원형적 행위의 무한 반복은 인간의 모든 제의의 출발점이다.

하여 감정을 표현하기도 하고 시를 짓기도 했다. 이런 예술 양식들은 인간이 자신의 의사를 효과적으로 전달하기 위해 여러 사람이 공유할 수 있는 방식을 찾는 과정에서 생겨난 것이다. 이 과정에서 신화적 이미지나 주제는 다양한 해석의 대상이 되었고 이런 해석의 과정을 거치면서 지속적으로 확대 재생산되었다. 그리하여 예술은 신화적 상상력이 발휘되는 장소가 되어 신화를 지속적으로 새롭게 태어나게 하는 수단이 되었다.

신화는 다양한 예술의 기본 뼈대 역할을 수행함과 동시에 종교와 철학의 출발점이 되고 있다. 신화는 태초 인간이 우주와 자연 속에서 자신의 위치를 어떻게 설정하고 거기서 자신의 행동의 의미를 어떻게 찾아가는지 보여준다. 정도의 차이는 있었겠지만, 원시인들 역시 근본적으로 현대인과 같은 두뇌활동을 했을 것이고, 그렇기 때문에 그들 역시 현대인이 느끼는 오욕칠정을 느끼면서 살아갔을 것이다. 그리고 현대인과 마찬가지로 주변 환경과 자신의 관계에 대해 고민했을 것이다. 별과 달의 위치가 바뀌고 기온이 변화하고 일기가 변화하는 것은 예나 지금이나 비슷했을 것이기 때문이다.

환경의 변화에 따라 인간의 삶도 변할 수밖에 없다는 사실을 고대인도 우리와 똑같이 인식했을 것이다. 밤이 되어 해가 사라졌을 때 심각한 두려움에 사로잡혔을 것이고, 그러다가 시간이 지나 어둠이 물러갔을 때 커다란 안도감을 느꼈을 것이다. 지금과 마찬가지로 주기적으로 변화했을 주야와 계절에 따라 공포와 평안을 동시에 느끼면서 자신을 둘러싼 환경의 변화에 관심을 기울일 수밖에 없었을 것이다. 그래서 그는 자신의 생명을 유지하기 위해 그것을 위협하는 공포에서 벗어나는 방법에 대해서도 고민했을 것이다. 그리고 자신의 동류와 함께 평화롭게 살아가는 방법에 대해서도 고민했을 것이다.

그런 고민의 결과 여러 이야기를 지어내었고 그렇게 해서 지어낸 이야기가 지금 우리가 주제로 삼고자 하는 신화이다. 그런 점에서 본다면, 신화는 오늘날의 철학과 다르지 않다는 주장에 동의할 수밖에 없다. 오늘날 우리가 철학이라고 부르는 학문은 결국 인간이 자신이 몸담고 있는 우주와 자연의 운행원리와 그 속에서 어떻게 살아갈 것인가 하는 문제를 다루는 것이기 때문이다. 이런 맥락에서 우리는 신화가 인간이 생각해낸 최고(最古)의 철학이라는 주장을 받아들일 수 있게 된다. 그러므로 현대인에게 철학적 담론과 마찬가지로 고대인에게 신화적 이야기는 인간이 삶에 대해 어떻게 생각하는지 보여준다는 주장 역시 액면 그대로 받아들일 수 있게 된다.

2. 신화와 합리주의의 관계

신화는 관점에 따라 여러 방식으로 이해된다. 신화 논의는 인간 정신의 미성숙 상태에서 생겨난 황당한 이야기라는 입장에서 삶에 대한 인류의 생각이 집약된 철학이라는 입장 사이라는 다양한 스펙트럼으로 나타난다. 서구 합리주의는 신화를 한 인간의 유년기에나 가능한 사고방식으로 규정했다. 고대 철학에서부터 미토스(Mythos)의 영역은 로고스(Logos)의 영역에 편입되지 못한 이야기로 간주되어 인간의 합리적 사고활동의 영역으로부터 배제되었다. 근대 이후 합리주의적 사고방식이 대두되면서 미토스의 영역에 대한 폄훼가 본격적으로 진행되었다. 근대 이후 서구의 공식철학으로 자리한 합리 철학의 입장에서 보자면 신화적 사고는 논리적이지도 과학적이지도 않은 인간 정신의 미성숙 상태의 결과일 뿐이다.[11]

인간의 정신 활동이 항상 합리적 사고의 지배를 받는 것이 아니라는 사실은 우리의 일상을 돌아보면 금방 알 수 있다. 우리의 일상적 사고와 행동은 소위 합리적이거나 논리적인 잣대로 설명할 수 없는 무수히 많은 것들로 이루어져 있기 때문이다. 근대 이후 서구의 공식 철학은 합리적으로 설명할 수 없다는 이유로 인간의 정신 활동의 한 축을 형성하고 있는 것들을 인식 활동의 영역에서 배제하고자 했다. 신화적 이야기가 인간 정신의 원형이라는 자격을 박탈당하고 인간의 철학적 사유에서 점진적으로 사라지게 된 것은 이렇게 해서이다.

근대 이후 서구철학에서 인간 인식의 역사는 비합리와 비논리의 영역을 인간의 정신세계에서 추방하는 과정이라고도 할 수 있다. 뒤랑에 의하면 근대 합리주의 철학은 "존재론적으로는 이미지를, 심리론적으로는 상상 기능을, '오류와 허위의 주범'이라고 평가절하하면서"[12] 성장해왔다. 뒤랑은 인간 정신 중에서 비이성적, 비합리적, 비논리적이라고 생각되는 부분들을 제거해온 것이 서구 합리주의의 역사라고 본다. 합리 철학이 서구의 공식 철학으로 자리 잡은 이후 인간의 의식 활동은 점점 더 수학적인 사고로 축소되어 버렸다는 것이 그의 생각이다.

서구 제국주의의 확장과정에서 서구 열강은 문명이라는 이름으로 비문명 지역에 대한 침략 전쟁을 합리화시켰다. 그리하여 소위 합리적 사고와 문명의 이기로 무장한 서구의 '문명인'들 앞에서 '미개인'들의 문화는 멸종의 위기에 봉착하게 된다. 서구인들은 합리성을 확장한다는 구실로 자신들이 이해할 수 없는 원시인의 정신세계를 철저하게 파괴했기

---

[11] 질베르 뒤랑은 19세기 후반의 이러한 경향을 요약하면서 합리주의에 의한 신화의 격하 현상을 설명하고 있다. 그는 『상상계의 인류학적 구조들』이라는 저서에서 19세기 합리주의하에서 신화적 사고의 기본인 상상력이 "이성의 휴식", "발생상태의 사고"에 불과한 것이었다고 말하면서 이러한 인식을 반박한다.
[12] 질베르 뒤랑, 『상상계의 인류학적 구조들』, 문학동네, 2007, p. 17.

때문이다. 그들의 기준에서 보자면 원시인의 사고방식은 모두 비합리적인 것이었다. 원시인들의 정신세계가 나름대로의 논리에 입각해서 수천, 수만 년 동안 유지되어왔다는 사실은 그들에게 전혀 중요하지 않았다.

제국주의의 확장이란 엄밀하게 말하자면 비합리에 대한 합리의 일방적 공격에 불과했다. 그런데 이러한 공격이 오히려 비합리적이라고 일컬어지던 여러 행위를 정당화하는 계기를 마련했다. 식민지 정복전쟁과 더불어 이루어졌던 기독교 선교는 이른바 원시인의 정신세계의 정당성을 부인하고 거기에 서구의 종교를 이식하는 것을 목적으로 하고 있었다. 문명 대 반문명, 신앙 대 불신의 이분법으로 무장한 서구의 종교는 원시인들을 야만인으로 규정짓고 그들의 전통적 사고를 초토화시켜 버렸다. 그래서 자신들이 이해할 수 없는 삶을 문명이라는 이름으로 파괴해 버렸다.

서구정신은 이렇게 원시정신을 파괴하고 그것을 자신들의 것으로 대체하려 했다. 하지만 이런 야만적인 말살 과정에서 많은 사람이 원시인들의 삶의 방식에서 신화시대 인류의 정신적 유산이 고스란히 남아 있다는 사실을 깨닫게 되었다. 그래서 선교 사업과 식민지 경영과 병행해서 원시문명에 관심을 가지고 연구한 사람이 생겨났다. 선교와 식민지 정복 초기에 선교사들과 식민지 경영자들이 개인적인 관심과 식민지 경영상의 필요에 의해 많은 민속학 자료를 수집할 수 있었던 것은 다행스러운 일이었다. 이들과 더불어 엄밀한 의미의 인류학자들이 애정 어린 시선으로 원시문화를 대함으로써 인류학이 새로운 학문 분야로 확립되었다. 이렇게 해서 많은 인류학자가 원시사회의 관습과 정신세계와 관련된 자료들을 수집했다.

그렇다면 문명과 야만을 가르는 기준이 되었던 합리적이라는 말은 어떤 의미를 지니는 것일까? 우리는 어떤 생각이나 현상을 평가할 때 그것이 '합리적'인가 아닌가 하는 기준으로 예단하는 경우가 많다. '합리'라는 말을 굳이 풀이하자면 '이치에 합당하다'는 말이다. 그렇기 때문에 어떤 것이 합리적인지 아닌지 따질 수 있기 위해서는 먼저 이치라는 것이 무엇인지 규정지어야 한다. 이치는 사물이나 현상의 운행 원리를 말하는 것일 텐데, 문제는 과연 모든 문화 환경에 보편타당하게 적용될 수 있는 이치가 존재하는가 하는 데 있다. 우리는 모든 문화적 환경에 보편타당한 이치란 존재하지 않는다는 사실을 잘 알고 있다. 이치란 동일한 문화권 안에서도 사람에 따라 달라질 수 있다.

어느 한 곳의 이치가 다른 모든 곳에 보편적으로 적용될 수는 없다. 자신만의 것에 불과한 이치를 다른 사람에게 강요하는 것은 폭력이다. 제국주의와 선교의 역사가 실제로는 폭력으로 얼룩져 있는 이유는 이것 때문이다. 제국주의의 확장과정에서 서구라는 특정한 공간에서만 작동하는 이치가 다른 모든 공간에서 타당한 것이어야 한다고 강변했다. 서구 사람들이 자신들의 사회를 이해하고 설명하는 데 필요했던 합리주의는 서구 사회라고 하는 독특한 문화적 배경하에서만 유효하다. 그렇기 때문에 서구 사람들이 말하는 합리주의는 단지 '서구적' 합리주의에 불과하다. 서구 합리주의는 헬레니즘의 사고와 헤브라이즘의 사고가 합쳐져서 근대적 이성 중심주의와 만나서 만들어진 것으로 서구라는 독특한 환경에서만 유효하다. 그러므로 헬레니즘 전통도 헤브라이즘 전통도 지니지 못한, 그리고 서구적 이성 중심주의를 경험하지 못한 다른 문화권에 서구식 합리주의를 일괄적으로 적용할 수는 없다.

그런데 제국주의의 확산에 따라 서구식 사고방식이 전 세계적으로 전파되면서 '서구적' 합리주의가 보편타당한 것으로 강요되었다. 서구인들은 자신들이 신봉하는 이치가 보편타당한 것이라는 믿음을 지니고 자신과 다른 이치를 모두 불합리한 것으로 간주하고 이들을 잔인하게 말살시키려 했다. 무력을 앞세워 자신과 다른 모든 이치를 말살시키려 들었던 서구 합리주의의 시도가 불행히도 어느 정도 성공하게 된다. '서구' 합리주의 이외에 '다른' 합리주의가 있을 수 있다는 것을 깨닫게 된 것은 이미 '다른' 합리주의가 회복하기 어려울 정도로 말살되어 버리고 만 다음이었다.

서구인들에게 원시세계의 구성원들은 합리적으로 사고할 수 없는 미개인에 불과했다. 서로 다른 문화권에서 살아온 사람들이 다르게 사유하고 다르게 행동할 수밖에 없다는 사실이 전혀 고려되지 않았다. 그리하여 '문명인'인 자신들이 '미개인'인 원시인들을 문명화시킨다는 논리로 제국주의를 합리화했다. 여기서 서구인들의 종교가 결정적인 역할을 수행한다. 서구의 종교는 피정복사회에서 만나는 전통 종교를 비합리적인 것으로 낙인찍어 말살해 버리고자 했다. 이런 일은 서구적 합리주의의 시각에서 보더라도 이해할 수 없는 일이다. 수천 년, 수만 년 이상 동안 지속되어 온 사회가 나름대로 합당한 운행원리를 지니지 않았을 것이라고 생각하기는 어려웠을 것이기 때문이다. 자신들의 이해 범위를 벗어난다는 이유만으로 무자비하게 말살시켜 버린 행위를 이해한다는 것은 쉽지 않은 노릇이다. 제국주의의 확장과정에서 서구의 종교가 단지 자신들의 기준에 합당하지 않다는 이유로 그토록 많은 전통적 사고를 말살시켜 버린 것은 안타까운 일이 아닐 수 없다.

수년 전 많은 사람이 「아바타」라는 영화를 통해 나비족이 재현하는 원시세계를 체험했다. 영화 속에서 나비족은 전통적 사고방식을 고수하면서 자연과 한 몸이 되어 살아가고 있다. 그들의 이치는 자연을 한갓 에너지원으로만 보는 지구인들의 이치와 다른 것이었다. 지구인들은 나비족이 '홈트리'를 포기하지 않는 이유를 이해할 수 없다. 나비족에게는 그럴 만한 이유가 있다는 것을, 그리고 그 이유는 생명을 바쳐서라도 지켜야 한다는 것을 이해할 수 없다. 그들에게 자연계의 모든 것은 하나로

아바타 홈트리

연결되어 있으며 홈트리는 그러한 자연계의 중심이자 생명의 원천이다. 나비족에게는 지구인들이 말하는 이치니 합리니 하는 것은 무의미하다. 그것은 지구인들의 것에 불과할 뿐이다. 그렇기 때문에 지구인의 입장에서 나비족의 사고가 합리적인가 아닌가 하는 문제는 무의미한 질문이다.

제국주의의 확장과정에서 서구인들이 내세웠던 합리니 논리니 하는 말들은 모두 자신의 문화권에서의 경험을 통해 만들어낸 상대적인 것일 뿐이다. 서구인들은 자신들이 야만인이라고 불렀던 사람들보다 스스로를 더 합리적이라고 말할 근거는 없다. 더 합리적이라고 말할 수 있다면 단지 서구인들의 기준에서만 그렇다. 프랑스의 인류학자인 레비스트로스는 '야생적 사고'라고 불렀던 원시인의 사고에 대해 설명하면서 인간의 사고가 원시적인 것에서 현대적인 것으로 발전해온 것이 아니라고 주장한다. 그에 의하면 문명인과 원시인의 사고는 합리성의 견지에서 보자면 아무런 차이가 없다. 합리성이라는 것은 상대적인 것이기 때문이다. 각각의 사고는 나름대로 독자적인 논리에 의해 움직일 뿐, 고대의 것에서 현대의 것으로 발전해 온 것이 아니다.

복수의 합리가 있고 복수의 이치가 있으므로 복수의 합리주의가 있다.

그러니까 우리는 단지 합리주의라고만 말해서는 안 된다. 합리주의라는 단어는 항상 상황에 맞는 형용사를 붙여서 사용해야 한다. 우리가 일반적으로 말하는 합리주의는 '서구적'이라는 형용사를 붙여서 사용해야 한다. 동양적 전통에서 받아들여지는 사물의 운행원리는 '동양적' 합리주의가 될 것이다. 나비족의 전통에서 받아들여지는 사물의 운행원리에 맞는 합리주의는 '나비족의' 합리주의가 될 것이다. 서구적 합리주의의 관점에서 보자면 신화적 합리주의는 온전히 이해될 수 없다. 하지만 서구적 합리주의가 신화적 합리주의보다 더 합리적인 것이라고 말할 근거는 없다.

3. 근대 휴머니즘의 전개과정[13]

중세를 마감하는 과정에서 유럽에서 전개되었던 르네상스는 신과 인간의 관계라는 측면에서 아주 중요한 의미를 지닌다. 그것은 로마제국 멸망 이후 약 1,000년 이상 건재해왔던 신 중심주의적 세계관에서 벗어나 인간 중심주의적 세계관으로 나아가는 움직임이었기 때문이다. 로마제국은 다신교적 전통을 버리고 일신교인 기독교를 유일의 종교로 받아들였다. 이후 약 1,000년 이상의 세월 동안 서양은 모든 측면에서 유일신의 절대적인 지배하에 있었다. 헬레니즘의 전통하에서 받아들여졌던 신과 인간의 공존에 의한 인간사회의 유지라는 생각은 거부되었다.

중세 때 인간은 신의 명령에 절대적으로 복종해야만 했다. 다른 신을 믿는다는 것 자체가 애초 불가능했을 뿐만 아니라 심지어 신을 믿는 방

---

13 이 항목은 한국교원대학교 인문과학연구소에서 간행한 『인문논총』 제17집에 발표한 「프랑스 문학을 통해 본 인간 중심주의의 강화」라는 논문을 요약한 것임.

식에서도 차이가 허용되지 않았다. 다른 신을 믿는다는 것과 신을 다르게 믿는다는 것은 곧 죽음을 의미했다. 인간은 신에게 복종하기만을 요구받았을 뿐 다른 생각을 할 권리를 갖지 못했다. 중세 서구 사회에서 생각한다는 것은 교회의 몫이었다. 인간의 모든 행위 규범은 성서와 그것을 해석할 수 있는 권한을 가진 교부들에게서 나왔다. 그렇기 때문에 인간이 스스로 생각하고 그것을 바탕으로 스스로 행동한다는 것은 죽기를 각오하지 않으면 불가능한 일이었다.

그래서 중세 서구 사상은 대부분 기독교와 관련된 것으로 제한되었다. 여기에다 정치적으로 봉건적 사회체제가 합쳐져서 권위에 대한 복종이 당연한 것이 되었다. 이렇게 1,000년 동안 지속되면서 어떠한 다른 삶도 거부했던 신 중심주의적 사유가 중세 말부터 서서히 무너져 내리기 시작한다. 이러한 균열은 타락한 종교를 바로 세우고자 하는 종교개혁과 더불어 인간의 사유가 중세를 넘어 그리스로마적 전통을 만나게 되면서 시작되었다.

르네상스는 '다시-태어남(Re-Naissance)'을 의미한다. 다시 태어난다는 것은 예전에 '살아 있었다'는 것과 그 이후 한동안 '죽어 있었다'는 것을 전제로 한다. 근대 휴머니즘의 세계관에서 살아 있었던 때는 고대 그리스로마 시대를 의미하며, 죽어 있었던 때는 중세 천 년을 의미한다. 르네상스 시대의 인간이 보기에 중세인은 주체적으로 사유하지 못하고 모든 것을 초월적인 존재에 의탁하고 있었다. 근대인의 눈에 이러한 중세적인 사고는 인간 본연의 모습이 아니다. 인간은 자유의지를 지니고 자신의 생각대로 움직이고 자신만의 행복을 추구할 수 있는 능력을 지닌 존재라고 인식했기 때문이다.

근대 르네상스 정신은 진정한 의미의 인간으로서의 삶을 살기 위해서는 신이 아니라 인간 자체에 대한 관심을 가져야 한다고 생각한다. 르네상스 시대에는 신이 인간의 삶을 전적으로 주관한다는 중세적 생각에 저항했는데, 그 과정에서 인간은 서구가 지금까지 금과옥조로 여겼던 신에 대한 절대적 숭배에서 벗어나고자 했다. 그래서 근대인은 고대인이 신에게 반항하고 금기를 위반하고 신의 세계에서 탈출하는 행위를 통해 구축해놓은 인간-중심주의(Human-ism)를 복원시키고자 했다. 그리하여 근대인은 유일신관이 지배하고 있던 중세를 넘어 고대의 사고로 돌아가기를 갈망했다.

다빈치의 인체비례도
(비트리비우스적 인간)

근대인의 이러한 생각은 중세인의 종교에 대한 새로운 입장으로 나타난다. 지금까지 모든 행위의 기준으로서의 신이라는 관념에 근본적인 회의감을 드러내면서 새로운 신앙을 갈구하게 되었다. 기존의 종교에 '저항하는 사람들(프로테스탄트)'이 생겨나 신과 인간의 직접적인 소통을 갈망했다. 신과의 직접적인 소통을 차단당한 채 교부들에게 모든 것을 맡겨놓았던 중세 사고는 더 이상 신을 믿는 절대적 기준이 될 수 없다. 중세 말부터 구축되기 시작한 인간 중심주의의 전통은 16세기 내내 치열한 투쟁을 거쳤다. 이런 어려운 투쟁의 과정은 자신에게 반항하고 자신의 질서에서 탈출하려는 인간에 대한 신의 억압이 얼마나 견고한 것이었는지를 잘 보여준다. 사실, 고대 그리스의 전통에서도 인간은 신에게 절대적으로 복종할 수밖에 없었다. 애초 인간은 신에게 절대 권력을 부여했다. 하지만 중세 종교에서와는 달리 고대 그리스 사유에서는 신이 절대권을 행사하는 한가운데서도 인간은 신에게 반항할 수 있었고, 실제로 자신의 자유의지를 발휘하기 위해 부단히 노력했다.

서구 사상의 양대 축이라고 할 수 있는 헬레니즘과 헤브라이즘은 모두 인간에 대한 신의 절대 우위를 기본으로 하고 있다. 그런데 전자와 후자 사이에는 근본적인 차이가 있다. 전자가 신에 대한 인간의 반항이라는 요소를 받아들이는 데 반해 후자는 인간의 반항이라는 요소를 제거해 버린다. 고대 그리스의 몰락으로 헬레니즘의 전통이 로마로 넘어갔다. 그런데 로마 제국이 헤브라이즘을 통치 수단으로 받아들임으로써 헬레니즘의 사유는 오랜 기간 잠복기에 들어섰다. 로마 제국의 기독교 공인은 헬레니즘의 실용적 사유가 헤브라이즘의 초월적 내세관으로 이동한 것을 의미한다. 이는 또한 인간과 신의 공존에 바탕을 둔 헬레니즘이 인간과 신의 분리를 기본으로 하는 헤브라이즘에 자리를 넘겨준 것을 의미한다.

로마 제국이 헤브라이즘을 받아들인 데에는 정치적인 이유 또한 존재했을 것으로 보인다. 헤브라이즘은 정교분리를 기본으로 권력에 대한 민중의 복종을 요구하는 데에 기여했을 것이기 때문이다. 이는 결국 인간 중심주의에서 신 중심주의로 이동한 것을 의미하며, 인간 중심주의적 사고에 기반을 둔 사회질서를 구축하고 있던 로마 제국의 붕괴를 의미하는 것이었다. 이후 서구는 약 1천 년 동안 신에 대한 인간의 절대복종을 근간으로 하는 중세적 세계관의 지배를 받게 된다.

르네상스는 인간 중심주의적 세계관의 부활을 의미한다. 말 그대로 인간이 '다시-태어난' 것이다. 이러한 재탄생은 인간 스스로의 이성과 능력에 대한 믿음을 기초로 하고 있다. 기존 질서를 대변하던 교권이 이러한 움직임에 강력하게 반발한 것은 지극히 당연한 일이었다. 르네상스는 우선적으로 문학과 예술의 부흥운동으로 나타났지만, 종교적으로는 자신으로부터 벗어나려는 인간 정신을 붙잡아두고자 했던 교부들에 대한 반발로 나타나게 되었다. 이런 움직임은 신의 절대권으로부터 벗어나려는 인간과 인간을 자신의 절대적 권위 아래 붙잡아두려는 신 사이의 투쟁으로 나타나게 되었다. 이런 투쟁은 종교전쟁을 불러일으키게 되는데, 이렇게 해서 새로운 방식의 종교를 주장했던 신교도들이 '저항하는 사람들'로 불리게 된다. 종교개혁을 주도했던 사람들은 신앙이란 '개인'의 문제임을 분명히 하면서 교부들의 절대권에 도전했다. 이들은 교회가 제시하는 거대하고 위압적인 질서에 저항하면서 개인이 직접 신과 소통하는 신앙을 주창했다.

르네상스 시대에 들어와서는 중세인들의 관심에서 벗어나 있었던 문학과 예술에 대한 관심이 급증하게 된다. 비로소 믿음의 영역인 신학과 앎의 영역인 인간학이 분리된다. 이런 현상은 실제로 인간의 것을 신의 것으로부터 분리시키려는 다양한 시도와 더불어 나타난다. 문학과 예술의 주체가 신이 아닌 인간이라는 점에서 보자면 르네상스 시대 학자들이 문학과 예술에 관심을 기울였던 것은 당연해 보인다.

프랑스에서 인간 중심주의적 사고는 라블레의 인간관에서 잘 드러난다. 라블레와 더불어 인간에 대한 지식과 인간의 지식에 급격하게 팽창하게 되고, 이러한 경향은 이제 돌이킬 수 없는 흐름으로 자리하게 된다. 라블레는 프랑스 문예부흥의 대표적인 구현자로서『팡타그뤼엘』과『가르강튀아』를 비롯한 5권의 소설을 통해 이 시기의 인간 중심주의적 세계관을 잘 드러낸다. 그는 팡타그뤼엘이라는 인물을 통해 신의 간섭에서 벗어나 가능한 한 온갖 형태의 인생을 사랑할 것을 주장했다. 그가 주창하는 인간 중심주의는 인간으로 하여금 '하고 싶은 대로 할 것'[14]을 권고하고 있다. 그에게서 도덕, 금욕, 경건, 단식 등과 같이 자연을 거역하고 훼손하는 모든 것은 악이었다.

---

[14] 팡타그뤼엘이 교육받는 텔렘므 수도원의 교훈인 "Fais ce que voudras!(Do what you want!)"는 인간에게 모든 욕망의 충족을 권유함으로써 근대 인간 중심주의의 근원이 된다.

라블레   가르강튀아

가르강튀아라는 등장인물은 중세적 사유방식에서 벗어나서 자유를 구가하는 인간을 상징한다. 가르강튀아의 아버지인 그랑구지에의 왕성한 식욕은 인간이 지식에 대해 가져야 할 왕성한 욕구를 상징적으로 보여주고 있다. 두 번째 책인 『팡타그뤼엘』 이후의 책은 신성병(神聖瓶)을 찾아 나서는 이야기로 구성되어 있다. 여기서 신성병은 기사들이 찾아 나섰던 성배(聖杯)와 같은 의미를 지닌다. 성배를 찾아 나선 사람들처럼 그들은 인간 삶의 궁극적인 목적을 찾아 나선다. 그런데 팡타그뤼엘이 찾아낸 신성병 안에는 '마셔라'라고 하는 말이 적혀 있다. 이는 인생의 궁극 목적이 가능한 모든 지식을 마시는 것임을 의미하는 것으로 르네상스 시대 교육의 궁극 목적인 '가득 찬 머리'[15]를 지향한다.

---

15 중세적 상황에서 벗어나 가능한 많은 지식을 습득하는 것이 중요했던 문예부흥기 초기에는 백과사전적인 지식의 습득이 중요시되었지만, 문예부흥기의 격앙된 분위기가 가라앉자 습득한 지식을 잘 활용하는 것이 중요하게 되었다. 이런 분위기를 반영하여 문예부흥기 프랑스 교육학의 지향점은 초기의 "가득 찬 머리"에서 후기의 "잘 다듬어진 머리"로 이동한다.

르네상스기에 와서 고삐가 풀린 인간 중심주의의 전통은 신 중심주의 사상을 주장하는 기독교의 끊임없는 공격에도 불구하고 서구 사상의 지속적인 전통으로 살아남는다. 프랑스의 경우 17세기 고전주의, 18세기 계몽주의, 19세기 낭만주의와 사실주의, 20세기 실존주의 등은 16세기 르네상스 시대에 꽃피운 인간 중심주의를 바탕으로 하고 있다.

17세기 프랑스 문학의 융성을 가져왔던 고전주의는 그리스로마 시대로 대변되는 고대를 모방하여 이성에 기반을 두고 인간과 세상을 바라보고자 했다. 고전주의가 융성하는 계기를 마련한 몽테뉴는 '나는 무엇을 아는가?'라는 물음을 통해 보편적 회의주의를 주창했다. 보편적 회의주의는 인간이 어떤 절대적 기준을 정해놓고 그것을 맹목적으로 추종하려는 생각에 대한 반발이라고 할 수 있다. 즉 내가 알고 있는 모든 지식이 독단적 태도에 뿌리를 내리고 있을 수 있으므로 거기에 회의하면서 절대적 지식이 허위일 수 있음을 깨닫는 것이다.

신으로 대표되는 모든 절대적 기준에 대한 회의에 바탕을 둔 몽테뉴의 인식은 16세기 근대 휴머니즘과 더불어 처음으로 등장한 것이 아니다. 고대 그리스 시대에 "너 자신을 알라!"라고 한 소크라테스는 대화를 통하여 자신의 앎에 회의하면서 인간의 이성을 개발할 것을 권고했다. 소크라테스가 처음으로 한 것으로 알려진 이 말은 사실 델포이의 아폴로 신전에서 발견된다. 즉 아폴로 신전에 새겨져 있는 '그노티 세아우톤'(γνῶθι σεαυτόν, Gnothi Sesauton)라는 명구는 '너 자신을 알라'라는 의미이다. 어디서든 결국 절대적인 믿음에 대한 회의(懷疑)가 인간 중심주의의 시발점이었다.

17세기 프랑스 철학을 대표하는 것으로 받아들여지고 있는 "나는 생각한다. 그러므로 나는 존재한다."로 대변되는 데카르트의 합리 철학은 인간의 이성에 대한 신뢰를 바탕으로 한다. 이는 모든 것이 인간이 실제로 경험할 수 있는 것에 기반을 두어야 한다는 베이컨의 경험론적 사유와 일맥상통한다. 데카르트의 합리론은 초월적 세계에 대한 합리적 인식과 형이상학을 추구한 것이며, 베이컨의 경험론은 초월의 실체를 부정하고 인간 중심주의를 지향한다.

18세기 계몽주의는 전반적으로 16세기 르네상스 시기에 자리 잡은 인간 중심주의를 발전시켜 나간 것이다. 계몽주의자들은 17세기적 사유에서 한 걸음 더 나아가서 인간은 이성적 사고를 바탕으로 무한한 진보를 계속해 나갈 것이라고 믿었다. 계몽주의적 세계관은 무지상태의 인간을 이성을 통해 계몽해야 한다는 생각을 기본으로 하고 있다. 그들은 인간이 합리적으로 설명할 수 없는 신의 문제가 아니라 스스로의 힘으로 해결할 수 있는 인간의 문제에 관심을 가졌다. 하나의 절대적 모델에 따라 인간 세상을 창조하는 것이 아니라 각각의 상황에 맞는 모델을 창조할 것을 권했다.

몽테스키외의 삼권분립 정신과 법과 제도의 상대성이라는 개념은 이런 맥락의 귀결이다. 즉 그는 군주가 신의 위임을 받아 입법, 사법, 행정의 모든 권한을 독단적으로 행사하던 중세적 상황에서 벗어나 세 가지 권력이 각기 독자적인 힘을 가지고 행사되어야 한다고 주장했다. 여기서 더 나아가 그는 각 민족과 국가는 로마의 법과 제도를 절대시하던 사고에서 벗어나서 자신에게 맞는 법과 제도를 발전시켜 나가야 한다고 했다. 그렇게 해서 그는 절대적인 권위를 가진 법과 제도의 실체를 부인했고 개별 민족들이 로마의 것에서 벗어나 자신만의 독자적인 제도를 가져야 한다고 주장했다.

이러한 생각은 18세기 대부분의 다른 사상가들에게도 나타나고 있다. 가령, 볼테르는 기존의 모든 사상의 독단적인 권위를 부정하면서 '내가 있는 곳이 낙원'이라고 생각하면서 "우리는 밭을 갈아야 한다"[16]라고 선

---

16 볼테르, 『캉디드』, 범우사, 1979, p. 199.; 깡디드의 마지막 말은 이렇다. "하지만

언했다. 낙원이란 바로 자신이 처한 곳에서 한 뼘의 정원을 가꾸면서 만들어가는 것이지 초월을 향해 나아가는 과정에서 주어지는 것이 아님을 역설했다. 이러한 생각은 절대적 권위에 대한 맹종이라는 중세적 사상에서 벗어나려는 인간욕망의 구체적인 결과라고 할 수 있다.

18세기에서 19세기로 이어지는 접점에서 일어났던 프랑스 대혁명은 사실 권위에 바탕을 둔 기존 질서에 대한 신진 세력의 반항으로 촉발된 것이다. 왕권신수설로 대변되는 절대권을 받아들이기를 거부하고 보편적 인권의 개념을 도입한 대혁명은 인간 중심주의의 또 다른 표현이라고 할 수 있다. 즉 구제도(앙시앙레짐) 하에서 당연한 것으로 받아들여지던 제1 신분과 제2 신분의 절대적 권위는 더 이상 인정할 수 없는 것이 된다. 세습적 신분질서에 대한 거부라는 점에서, 그리고 기존 사회에 대한 인간의 보편적 반항이라는 점에서 프랑스 대혁명은 인간 중심주의를 구축하는 데에 크게 기여했다. 대혁명 이후 프랑스 사회에서는 천부의 권위라는 개념이 소멸하게 된다.

19세기에 융성했던 다양한 사고는 인간이 더 이상 어떤 절대적인 것에 예속된 존재가 아니라는 사실을 구체적으로 드러내고 있다. 문예 분야에서만 간단하게 언급하더라도 낭만주의, 사실주의, 상징주의, 자연주의를 비롯한 크고 작은 수많은 사유들이 부상하여 각자의 영역을 개척해 나갔다. 이러한 다양한 사유는 인간이 더 이상 절대적인 무엇인가에 의해 지배될 수 있는 존재가 아니라는 사실을 보여준다. 17세기 이후 확립된 합리 철학은 19세기에 와서 실증주의적인 경향으로 굳어진다. 실증주의란 실제로 증명할 수 있는 것만을 받아들이겠다는 태도로 신 중심주의적 세계관을 거부하는 근대 서구 사고의 극단적 표현이다.

이야기만 하고 있을 때가 아닙니다. 우리는 밭을 갈아야 합니다. 지금은.”

까뮈   사르트르

    20세기는 그야말로 진정한 의미에서 인간 중심주의의 시대였다. 이 시기에 오면 신으로부터 인간의 독자성을 주창하는 데서 한 걸음 더 나아가 인간 사이의 다양성에 대해 논의하기 시작한다. 신으로부터의 인간 해방은 당연한 것으로 받아들여지게 되었고 인간이 중심이 된 세상에서 가능한 삶의 방법에 관한 문제로 관심이 확장된다. 즉 굳이 신의 개념을 도입하지 않고도 인간이란 무엇이고 어떻게 살아야 할 것인가에 대한 다양한 생각이 나타나서 경쟁했다. 특히 외부에서 주어지는 것이 아니라 현존하는 그대로의 것을 중시하려는 실존주의는 "실존은 본질에 앞선다."는 사르트르의 선언과 더불어 인간 중심주의의 확고한 승리를 선언한다. 사르트르는 모든 선험적인 것을 부인하고 실존하는 개인이 각자 자신의 삶을 개척해야 한다고 말한다.

    사르트르는 "실존주의는 휴머니즘이다."라는 중요한 명제를 통하여 온갖 선험적 관념을 거부했다. 그가 거부했던 핵심적인 대상은 서구가 절대로 벗어날 수 없을 것으로 보았던 종교적 초월성이다. 여기서 한 걸음 더 나아가 사르트르는 인간이 종교를 본떠서 만들어내었던 여러 관념마저도 선험적 관념성의 범주에 포함시킨다. 즉 인간이 만들어낸 종교와 철학뿐만 아니라 인간의 삶을 규정하는 윤리와 도덕까지도 인간의 실존적 삶에 장애로 보고 이에 반항할 것을 권유한다.

근대 이후 이런 여러 과정을 거치면서 인간은 자신을 지배하고 있던 신의 권위에서 벗어나고자 했다. 신으로부터의 인간해방이라는 인간 중심주의의 욕망은 시대에 따라 다르게 나타났다. 고대에는 인간이 신과 함께하는 삶을 영위했고 중세 때는 신의 지배를 받았다. 근대 이후 인간은 끊임없이 신으로부터의 해방을 추구한다. 급기야 니체는 신의 죽음을 선언하게 되었고, 인간 중심주의(휴머니즘)가 현대 사유의 기본으로 자리하게 되었다. 인간 인식의 역사는 신의 영역에서 인간의 영역으로의 이동이라는 보편적인 흐름으로 설명될 수 있다.

신화시대에서 역사시대로 옮겨오면서 인간은 신과의 직접적인 소통 자체에 회의하기 시작했다. 그리하여 인간은 신과 접촉하는 과정에서 대리자를 필요로 하게 되었다. 직접적인 소통에서 매개된 소통으로 이동함으로써 신에 대한 인간의 욕망 자체가 인간 중심으로 변했다. 신의 영역에서 인간의 영역으로 이동하려는 욕망은 19세기 이후 더욱 강화되어 니체처럼 신의 죽음을 선언하는 데까지 이른다. 신의 죽음은 신과 권위로부터의 해방을 갈망하는 인간 욕망의 극단적인 표현이다. 이러한 욕망은 사실 신화시대부터 인간이 줄기차게 지니고 있었던 것일지도 모른다.

4. 신화: 반항, 위반, 탈출의 이야기

이 책은 앞에서 개괄적으로 살펴본 인간 중심주의의 확립과 그 전개과정에서 나타난 신과 인간의 대립을 인간의 입장에서 살펴보는 것을 목적으로 한다. 신화는 신에 관한 이야기와 인간에 관한 이야기가 서로 구분되지 않았을 때 만들어진 것이다. 이 시기에 신화적 사고는 곧 철학적 사고였다.[17] 이러한 신화적 사고가 인간의 철학적 사고와 어떤 관련이 있는지, 구체적인 신화 이야기가 인간의 삶에 대해 어떤 것을 말해주는 지 살펴보는 데에는 여러 방법이 있을 수 있다. 그 중에서 우리는 인간이 자신이(을) 만든 신의 의지에 '반항'하고, 신의 금기를 '위반'하고, 신의 세상으로부터 '탈출'하는 이야기를 통하여 인간이 신으로부터 벗어나서 자신만의 독자적인 영역을 개척해나가는 이야기를 검토하게 될 것이다. 신화적 이야기는 무엇보다도 인간이 막강한 힘을 가진 신에게 '반항'하 는 과정에서 신의 요구를 '위반'함으로써 신의 질서로부터 '탈출'하기 위한 과정에 대한 이야기라는 것이 우리의 기본적인 입장이다.

자신을 둘러싼 환경에 무지했던 나약한 인간은 신이라는 개념을 통하 여 우주와 자연의 생성과 운행의 비밀을 설명하고자 했다. 인간은 애초 자신이 처한 우주와 환경에 대해, 그리고 그 운행 원리에 대해 완전한 무지상태에 있었다. 무지상태의 인간은 스스로의 안위를 위해 외부의 어 떤 힘의 보호를 받고자 했다. 인간은 나약한 만큼 강력한 힘을 신에게 부여했다. 그러므로 우리가 신에게서 보는 막강한 힘은 인간이 그만큼 나약하다는 것을 보여준다. 자신이 처한 전적인 무지상태에 불안을 느낀 인간이 신을 만들어 그에게 전적인 앎을 부여하고 그 보호 하에 들어가 고자 했기 때문이다.

태초의 인간은 자신의 안위를 위해 전능한 신을 창조하여 그에게 자신 의 모든 것을 맡겨버림으로써 자연으로부터의 공포에서 벗어나고자 했 다. 그런데 우주와 자연에 관한 자신의 경험을 축적해 감에 따라 인간은 신의 도움이 없이 전적인 무지상태에서 어느 정도 벗어날 수 있게 되었 다. 그에 따라 인간은 신의 개입에서 벗어나 독자적인 삶을 구축하게 되 었고 절대적인 권한을 갖는 신을 덜 필요로 하게 되었다. 그리하여 인간

---

17 조르주 귀스토르프는 『신화와 형이상학』(문학동네, 2003)이라는 책에서 신화적 사고는 원시인에게 철학적 사고와도 같은 것이라고 말하고 있다. 그에 따르면 현대 인의 형이상학은 제2의 신화학이며, 원시인의 신화학은 제1의 형이상학이다.

은 스스로의 선택으로 신에게 부여했던 막강한 권한으로부터 벗어나고
자 했다.

이 책은 이런 기본 입장을 바탕으로 인간이 막강한 힘의 신으로부터
벗어나고자 하는 과정에서 생겨난 이야기인 신화의 의미를 찾아보는 것
을 목적으로 한다. 이를 위해 인간이 자신을 지배하는 신에게 '반항'하고
신이 정해 놓은 금기를 '위반'하고 신이 정해 놓은 질서로부터 '탈출'하
기 위해 기울이는 노력을 살펴보게 될 것이다. 서구정신의 뿌리라는 그
리스 신화(헬레니즘)와 유대기독교 신화(헤브라이즘)는 인간이 신과의
관계에서 스스로의 삶을 개척해 나가는 과정에서 만들어진 이야기이다.
신화는 신들이 세상의 질서를 어떻게 잡아나갔고 인간을 어떻게 지배하
게 되었는지를 말하는 것이 아니다. 신화는 신이 인간에 관하여 말해주
는 이야기가 아니라 인간이 신이라는 관념을 통해 스스로에 대해서 하는
이야기이다.

신이 실제로 있는지 없는지 알 수는 없다. 신이 있다는 것을 '믿을'
수는 있지만 신이 있다는 것을 '알' 수는 없다. 신에 대한 모든 이야기는
믿음의 대상이지 앎의 대상이 아니다. 아무도 신을 본 사람이 없다는 것
은 분명해 보인다. 신을 본 사람이 없다는 것이 분명하다면, 신과 관련된
이야기를 신이 만들지 않았다는 것 역시 분명하다. 그러므로 신화를 만
들어 낸 것은 신이 아니라 인간일 수밖에 없다. 신들의 거처인 올림푸스
산을 만든 것도 인간이고 최초의 낙원인 에덴동산을 만든 것도 인간이다.
여기에 믿음이 아니라 논리로써 반박할 수 있는 사람은 없을 것이다. 신
이 신화를 만들어 인간에게 전해주지 않았다는 것이 분명하다면, 신화는
인간이 자신들의 관점에서 세상사에 관해 말하기 위해서 만들어낸 것으
로 보아야 한다. 이렇게 보자면 신화가 다루고 있는 다양한 주제들은 모
두 인간이 자신의 삶을 어떻게 바라보았는지 드러내고 있다.

신화는 무지상태에서 신의 도움으로 살아갈 수밖에 없었던 인간이 서서히 자신만의 사고체계를 구축하고 스스로의 세계관을 형성해 나가던 단계에서 생겨난 이야기들이다. 그것은 신 중심의 사고에서 인간 중심의 사고로 이행해가는 과정에서 인간의 세계관이 어떻게 형성되었는지를 드러낸다. 우리는 이 책에서 인간이 신의 영역에서 벗어나 자신만의 고유한 영역을 개척해 나가는 과정에서 나타나는 반항, 위반, 탈출의 행위와 관련된 신화를 고찰하고자 한다.

'반항'이란 신이 부여한 부당한 운명에 저항하는 인간의 행위를 의미한다. 완전한 무지상태의 인간에게 신의 명령은 절대적인 것이었기 때문에 인간은 부당한 것임을 알면서도 복종할 수밖에 없었다. 하지만 인간 지식의 영역이 서서히 확장됨에 따라 신들의 절대권이 무너질 수밖에 없었고 그 결과 인간은 신에 대한 완전한 복종을 거부하게 되었다.

제우스 신은 이해할 수 없는 일을 구실로 인간을 멸망시키고자 했지만 프로메테우스는 이해할 수 없는 이유로 인간을 멸망시키려는 신의 생각을 받아들일 수 없었다. 그래서 그는 엄청난 고통을 각오하고 제우스 신에게 반항했다. 그는 제우스 신의 명령이 얼마나 부당한 것인지를 알고 있었기 때문에 그의 질서를 받아들일 수 없었다. 그래서 그는 신에게 저항했고 그러한 반항의 결과 바위산에 묶여 독수리에게 간을 쪼아 먹히는 형벌을 받았다. 그는 그러한 형벌 속에서도 신에 굴복하지 않고 저항함으로써 형이상학적 반항의 영웅이 된다. 시시포스 역시 프로메테우스와 마찬가지로 신의 법을 무시하고 삶과 죽음의 벽을 마음대로 넘나들었다. 그 벌로 그는 무의미한 노동의 무한한 반복이라는 형벌을 받아 바윗돌을 산꼭대기로 굴려야 했다. 하지만 그는 신의 형벌에 복종하는 대신 그것을 인간의 것으로 만들어 버림으로써 신에게 반항한다. 오이디푸스는 자신도 모르는 사이에 신이 부여한 부당한 운명을 완수했다. 그런데 그는 자신의 부조리한 운명을 깨닫고 그 일로 신이 자신을 벌하려 하자 죽기를 거부하고 삶을 선택함으로써 신에게 반항한다.

'위반'이란 신의 명령을 어기는 인간의 행위를 의미한다. 위반은 근본적으로 신이 인간에게 부여한 호기심 때문에 생긴 현상이다. 신은 인간에게 금기사항을 전할 때 호기심이라는 요소를 함께 주었다. 그렇기 때문에 인간의 금기 위반은 당연한 수순으로 보아야 한다. 신화 속에서 모든 금기는 파기되기 위해 존재한다. 금기의 위반은 인간에게 새로운 삶을 가져다주고 인간의 인식 영역을 넓히는 계기가 된다. 인간은 호기심을 충족하기 이전과 이후에 삶의 근본적인 변화를 경험한다. 신과의 관계에서도 그렇고 스스로의 삶에서도 그렇다.

그리스 신화에서 최초의 여인 판도라는 신으로부터 선물로 받은 상자를 열지 말라는 명령을 위반한다. 그녀는 상자를 열어 인간에게 오욕칠정을 느끼게 해주었다. 프시케는 자신을 보지 말라는 남편을 보려 하다가 남편을 잃고 만다. 그녀는 그 위반으로 인해 갖은 고초를 겪지만 궁극적으로 이를 통해 신의 반열에 오르는 계기를 스스로 마련한다. 아담과 이브는 신이 특별히 금지한 선악과를 따먹고 에덴동산에서 추방당한다. 하지만 그들은 그 행위를 통해 신의 간섭에서 벗어나 독자적인 삶을 살아갈 수 있게 된다.

'탈출'이란 고통스러운 현실을 벗어나서 행복의 땅으로 나아가려는 근원적인 욕망에서 비롯된 행위를 의미한다. 인간은 태어나서 죽을 때까지 여행을 계속한다. 인간의 삶은 사실 탄생에서 죽음으로 이어지는 여행이라고 할 수 있다. 여행은 현실의 실존에 불만을 품고 새로운 존재양식으로 나아가기 위한 욕망의 결과이다. 여행은 불행한 이승에서의 삶에서 벗어나 행복이 보장된 사후의 낙원으로 나아가는 것을 궁극적인 목적으로 하는 종교의 핵심축이다. 일상에서도 여행이란 고통스러운 현실을 벗어나 좀 더 나은 곳으로 나아가는 행위이다.

　오디세우스는 트로이 전쟁을 승리로 이끌고도 곧바로 고향으로 돌아
가지 못하고 10년간 바다 위에서 방랑해야만 했다. 그 과정에서 그는
끊임없이 고통스러운 항해를 거쳐 이타카를 향해 나아가고자 한다. 이렇
게 해서 오디세우스의 방랑은 행복을 찾아 끊임없이 길을 나서는 인간
삶의 원형이 되었다. 『출애굽기』의 이스라엘 백성 또한 고통스러운 이집
트 땅을 벗어나 신이 약속한 젖과 꿀이 흐르는 가나안 땅을 향해 나아간
다. 40년 동안이나 지속된 광야에서의 방황은 전적으로 가나안이라는 행
복의 땅으로 나아가기 위한 것이었다. 이아손은 아르고호의 선원들과 함
께 황금양털을 구하러 콜키스로 간다. 그 여행을 성공적으로 마친 그는
애초 자신에게 주어져야 했던 왕위를 되찾는다. 수많은 종교에서 나타나
는 성지 순례는 결국 궁극의 행복을 향해 고통스러운 현실에서 벗어나는
행위이다. 인간이 살아가면서 시도하는 모든 여행은 단순한 장소 이동이
아니라 새로운 존재양식으로의 이동이라는 점에서 신화적 의미를 지닌
다.

　대상이 무엇이든 반항하고 위반하고 탈출하는 인간의 행위는 인식 영
역의 확장과 사회발전에 중요한 에너지로 작용했다. 인간 세상에서 반항,
위반, 탈출은 한 인간이 새로운 인식 단계로 접어들기 위해 필연적으로
거쳐야 하는 과정이다. 이는 또한 한 사회가 새로운 가치를 창출하고 그
것을 실현시키기 위해 반드시 필요한 것이다. 이를 통해 인간은 신이라
는 관념에 끊임없이 저항하면서 자신만의 실존을 살아갈 수 있게 되었다.
민중은 기성의 정치권력에 대한 부당한 반항을 감행해야만 자신이 주인
이 되는 세상을 만들 수 있다. 피지배계급은 지배계급의 부당한 욕심과
불의에 대한 지속적인 저항을 통해 인간다운 삶을 개척해 나가야 한다.
기존질서에 저항하는 인간의 노력은 인간의 역사와 더불어 시작되었고

인간의 역사가 지속하는 한 영원히 이어질 것이다. 견고한 기존 관념이나 체제에 반항하려는 욕망, 기성세대의 금기를 위반하려는 욕망, 불만족스러운 현실에서 벗어나 더 나은 곳으로 탈출하려는 욕망은 인간의 역사를 유지하는 원동력이다.

　어떤 신화에서든 수많은 영웅이 신에게 반항하고 금단의 열매를 따먹고 새로운 영역으로 탈출하는 행위를 반복한다. 신화에서 반항하고 위반하고 탈출하는 영웅들의 행위는 인간사회에서도 그대로 반복되어 인간으로 하여금 새로운 세상으로 나아가게 한다. 어떤 사회에서든 기득권을 지키려는 세력은 인간으로 하여금 현실에 안주하고 기존 질서를 수용하도록 강요하지만, 반항하고 위반하고 탈출하는 영웅들은 인간으로 하여금 이런 상황을 거부할 것을 요구한다. 그러므로 신화는 스스로가 만든 신으로부터 벗어나 독자적인 삶을 구축하려는 인간의 노력에서 생겨난 이야기이다. 우리가 이 책에서 관심을 가지려는 것은 바로 인간 중심주의를 구축하기 위해 신에게 저항하려는 인간의 이러한 노력이다.

제2장

반항의 신화

반항이란 인간이 신으로부터
독립하기 위한 필수과정이다

반항이란 인간(노예)이 신(주인)으로부터 독립하는 데 필수적인 과정이다. 신은 인간이 자신이 정해놓은 울타리 안에서 살아가기를 원했지만 인간은 신의 지배에서 벗어나 부단히 자신의 영역을 개척해왔다. 본 장에서는 신에게 항거한 여러 영웅들 중에서 시시포스, 오이디푸스, 프로메테우스의 예를 통해 신화 속 반항의 의미를 살펴보고자 한다. 인간은 애초 독자적인 삶을 갈망하면서 신에게 반항했다. 세 영웅의 이야기는 신에 대한 반항이 인간의 본질적 속성임을 보여준다. 인간의 역사는 신으로부터 벗어나 자신의 것을 쟁취하기 위한 노력의 연속이다.

인간은 신에 대한 반항으로 인해 영원한 고통을 감내할 수밖에 없었다. 시시포스와 프로메테우스의 반항은 직접적인 고통으로 이어지며, 오이디푸스의 반항은 자신의 부조리한 운명을 끝까지 감내해야 하는 고통으로 이어진다. 인간은 처절한 반항 행위에도 불구하고 영원한 자유도 영원한 행복도 획득하지 못했다. 여전히 인간은 신의 속박이라는 굴레를 쓰고 살아가고 있으며 앞으로도 그러한 운명에서 벗어날 수 없을 것이다. 마찬가지로 여전히 생로병사의 문제 중 단 하나도 근본적으로 해결하지 못하고 있으며 앞으로도 그럴 것이다.

하지만 인간의 위대함은 자신의 유한성을 인식하는 가운데서 자신의 삶을 개척해왔다는 데에 있다. 파스칼의 말대로 한 방울의 물로도 인간을 죽일 수 있지만, 인간은 자신이 그러한 운명에 처해 있다는 사실을 잘 알고 있기 때문에 위대한 것이다. 우리가 반항의 영웅으로 보고자 하는 시시포스, 오이디푸스, 프로메테우스의 위대함은 신이 강요한 비극적인 운명을 인식할 수 있는 그들의 능력에서 찾을 수 있다. 인간은 존재 자체의 근본적인 비극성에도 불구하고 그것을 회피하지 않고 정면에서 맞서 싸우는데, 이를 통해 스스로의 위대함을 구축해나간다.

오이디푸스는 자신에게 주어진 운명에 따라 아버지를 살해하고 스핑크스마저 이긴다. 오이디푸스가 스핑크스의 수수께끼를 푼 것은 인간이 아버지인 신에게 반항하면서 스스로의 역사를 만들기 시작했다는 것을 의미한다. 이러한 살부(殺父)의 테마는 처음부터 신화의 중요한 요소로 등장한다. 제우스 신은 아버지 크로노스를 살해함으로써 신화의 역사의 주인공이 된다. 크로노스 또한 아버지 우라노스를 살해하면서 새로운 세상을 열었다. 신화 속에서 일상화된 아버지 살해는 새로운 세상은 항상 기존의 질서를 파괴함으로써 이루어진다는 것을 상징적으로 보여준다. 수많은 신화에서 새로운 세상으로 나아가려는 길목에 살부의 테마가 나타나는 것은 이렇게 해서이다.

스승과 아비에 대한 최대의 존경의 표시는 스승과 아비를 넘어서는 것이다. 인간 인식의 역사에서 아비를 극복하려는 자식의 꿈은 지속적으로 권장되어 왔다. 자식이 자신을 능가하는 것을 싫어하는 아비는 없을 것이며 제자가 자신을 넘어서는 것을 싫어하는 스승도 없을 것이다. 스승과 아비를 넘어서기 위해서는 그들이 구축한 질서에 반항하는 것은 필수적인 일이다. 그래야만 역사가 전진할 수 있다.

오이디푸스 신화의 중요한 측면은 아버지(신)로 대변되는 세계를 끝장내고 삶을 새롭게 개척한다는 데에 있다. 오이디푸스는 살해자이다. 아버지를 죽였고 스핑크스를 통하여 신마저도 죽였다. 천륜을 저버렸고 신성을 모독했다. 하지만 이런 반항 행위를 통해 오이디푸스는 신의 장난에 휘둘리는 초라한 존재가 되기를 거부했다. 그래서 그는 그 대가로 한 '인간'이 되어 자기 자신의 삶을 살아갈 수 있게 되었다. 천륜이라는 말도 신성이라는 말도 깨트릴 수 없는 권위를 상징한다. 오이디푸스는 과감히 이를 깨트리고 한 사람의 인간이 되어 자신의 삶을 살아갔다. 한 사람의 인간이 되었기에 처절한 운명을 완수하고도 신이 부여한 죽음을 거부하고 살아갈 수 있었다.

프로메테우스는 제우스 신이 부여한 운명에 반항함으로써 엄청난 고통을 겪게 된다. 그는 신의 명령에 반항하여 불을 훔쳐 인간에게 전해줌으로써 애초 신의 질서에 순응하면서 살아가야 하는 인간에게는 불가능했던 행복을 가져다주었다. 신에게 저항하면서 인간의 편에 섰던 그는 고통을 당하면서도 용서 빌기를 거부한다. 용서를 비는 순간 그가 수행했던 반항의 의미는 소멸해 버리고 인간은 다시 신의 질서에 예속되어야 한다는 사실을 잘 알고 있었기 때문이다. 그렇게 함으로써 그는 제우스 신의 질서에서 벗어나 독자적인 생존을 추구한다. 부조리한 신의 질서를 받아들인다는 것은 독자적인 인간의 삶을 포기한다는 의미이다. 프로메테우스는 자신의 행위에 대한 용서를 구하지 않고 자신의 운명을 있는 그대로 받아들임으로써 신에 대한 반항을 계속한다.

프로메테우스는 인간에게 불을 전해준 행위에 대한 징벌로 쇠사슬로 바위에 결박당한 채 독수리에게 간을 쪼아 먹히는 징벌을 당하게 되었다. 하지만 이러한 징벌은 그가 인간의 삶에 가져온 혁명적인 변화에 비하면 대수로운 것이 아니다. 인간에게 불은 새로운 지식의 출발이었다. 불의 사용은 인간의 삶에 혁명적인 변화를 초래했다. 신화에서 권력은 불로 상징화되어 나타나는 것이 일반적이다. 불이 없었을 때 인간은 추위와 짐승의 위협에 고스란히 노출되어 있었지만 불을 소유함으로써 그럴 필요가 없어졌다. 인간은 신이 만들어 놓은 자연의 질서에 대항하여 더 이상 어둠과 짐승들의 공격을 두려워할 필요가 없어졌기 때문이다. 인간을 다른 동물들과 구분하면서 '불의 사용'을 예로 든다. 이러한 중요한 인간의 특성은 제우스 신의 절대권력에 반항한 프로메테우스를 통해 인간에게 주어진 것이다.

무의미하게 바윗돌을 굴려야 하는 고통에 처하게 되는 시시포스는 그 고통을 징벌이 아니라 자신의 선택으로 만들어버림으로써 신의 징벌 자체를 무화시켜 버린다. 시시포스는 신에 대한 반항이 인간의 한 속성임을 보여준다. 인간은 반항 행위를 통하여 자유를 쟁취하고 신이 아니라 인간이 중심이 되는 삶을 살 수 있게 되었다. 신화 속 영웅들은 인간 중심의 삶을 위해 목숨을 건 저항을 시도했으며, 그러한 시도는 이후 모든 인간적 반항의 원형이 되었다.

신이 자신에게 징벌로 부여한 바윗돌을 기꺼이 받아 안으면서 시시포스는 주어진 운명을 그대로 받아들이고 살아내기를 선택한다. 그것이야말로 신에게 반항하는 확실하고도 유일한 길이다. 시시포스에게 실패와 성공은 무의미한 것이다. 그는 다만 자신에게 주어진 행위를 반복할 수만 있다. 운명이기 때문에 인간은 자신에게 주어진 삶을 선택할 수밖에 없다. 그에게 주어진 선택은 단지 어떤 행위를 할 것인가 말 것인가의 문제가 아니라 살아갈 것인가 죽고 말 것인가 하는 근본적인 문제이다.

신에 대한 불복종으로 시시포스는 영원히 끝나지 않을 형벌을 받는다. 죽을 수도 없이 끊임없이 이어지는 고통을 감당해야 했던 프로메테우스와 마찬가지로 시시포스의 고통 역시 영원히 이어질 것이다. 그가 굴려야 하는 바윗돌은 아무리 해도 다시 굴러 떨어지고 말기 때문이다. 하지만 시시포스는 바윗돌을 버리고 떠나버리는 선택을 할 수 없다. 바윗돌을 버리고 떠나버리는 순간 신은 그를 영원히 제거해 버릴 것이기 때문이다. 그렇다면 시시포스는 자신에게 주어진 바위돌이라는 운명 속에서 행복을 찾아나갈 수밖에 없다. 오이디푸스처럼 운명이란 피하고 싶어도 피할 수 없다. 피하려는 행위 자체가 오히려 운명을 완수하는 행위가 되고 말 것이기 때문이다.

시시포스, 오이디푸스, 프로메테우스는 자신을 창조한 신에 대한 반항 행위를 통해 스스로의 삶을 구축해나간다. 이들이 자신들을 억압하는 신에게 반항하지 않았다고 가정해보자. 인간은 아직도 독자적인 삶의 가능성을 인식하지 못한 채 신의 질서 안에서 살아가고 있을 것이다. 시시포스, 오이디푸스, 프로메테우스의 반항의 이야기는 인간 의식의 성장은 기성의 권력과 권위에 반항함으로써 가능하다는 것을 보여준다.

부모의 과도한 권위에 짓눌려 거기서 벗어나지 못하는 사람에게서 기성의 것을 넘어서는 새로운 것을 기대할 수는 없다. 이와 마찬가지로 신세대가 기성세대의 논리를 깨지 못하고 안주하는 사회에서 발전을 기대하기란 어려운 일이다. 인간이 자신만의 독자적인 영역을 구축하기 위해서는 반드시 신으로부터 벗어나야 한다. 한 아이가 제대로 성장하기 위해서는 반드시 아버지의 세계관에서 벗어나야 한다. 반항의 의지가 없다면 신과 아버지는 인간과 아이에게 모든 상황에서 자신이 정한 대로 하려 들 것이다. 해방은 반항을 통해 주어지는 것이지 거저 주어지는 것이 아니다.

제1절 시시포스의 반항

1. 시시포스 신화

카뮈의 시시포스는 "부조리의 영웅"[18]이다. 애초 시시포스는 신의 형벌을 받아 바윗돌을 산정으로 굴려 올리는 무용한 노동을 반복해야 하는 운명에 처해지지만, 이러한 부조리에 반항함으로써 자신만의 행복을 찾는다. 부조리의 작가로 알려진 카뮈에 의해 현대의 영웅으로 재탄생한 시시포스는 고대 그리스 신화에서

시시포스

코린토스라는 도시를 건설한 영웅으로 알려져 있다. 카뮈에 의하면, 그는 신의 기분을 거스르는 죄를 범하여 영원히 실현 불가능한 노역에 처해진 불쌍한 위인이다. 까뮈는 그를 "무용한 그리고 희망 없는 노동"[19]을 죽을 때까지 반복해야 하는 운명에 처한 현대 노동자와 동일시하고 있다.[20] 그는 과연 어떤 죄를 저질렀고, 그의 형벌과 반항은 어떤 의미를 지니고 있는 것일까?

그가 코린토스를 어떻게 건설했는지에 대해서는 구체적으로 알려진

---

18 알베르 카뮈, 『시시포스의 신화』, 박영사, 1973, p. 190.

19 위의 책, p. 189.

20 위의 책에서 카뮈는 시시포스의 운명과 현대 노동자의 삶을 다음과 같이 비교하고 있다.; "오늘날의 노동자는 그 생애의 그날그날을 같은 일에 종사하며, 이 운명은 시시포스에 못지않게 부조리하다." (p. 192.)

것이 없다. 다만 고대 그리스에서 코린토스 사람들이 그를 자신들의 전설적인 시조로 받아들였다는 이야기만 남아 있을 뿐이다. 전설은 시시포스의 계보에 관한 몇 가지 다른 이야기를 하고 있다. 테살리아의 왕 헬레나의 아들이라는 말도 있고, 바람의 아들인 아이올로스의 아들이라는 말도 있다. 그리고 어머니 안티클레아가 시시포스의 아버지 라에르테스와 결혼하기 전에 오디세우스를 낳았다는 이야기도 있다. 그러니 그는 오디세우스와 이부형제 사이인 셈이다.

그의 가족적 계보에 대해서는 다른 이야기들이 존재하지만 그가 코린토스의 건설자라는 데에는 여러 이야기가 일치한다. 그런데 신의 징벌과 그에 대처하는 영웅적 행위라는 측면에서 보자면 시시포스의 가족적 계보는 별로 중요한 것이 아니다. 신분이야 어떠하든 시시포스가 대단히 꾀바른 사람이었다는 것은 분명한 사실로 보인다. 그는 자신의 꾀를 바탕으로 여러 사람을 골탕 먹이기 좋아했던 것으로 보인다. 여행객과 방랑자들을 속이고 심지어 그들을 살해하기도 했다고 한다.

이러한 만용이 단지 인간만을 대상으로 한 것은 아니었다는 데에 문제의 심각성이 있다. 즉 한 번은 자신을 데리러 온 죽음의 신 타나토스를 잡아 가두어 버렸기 때문에 아무도 죽지 않는 일이 벌어지기도 했다고 한다. 이러한 행동은 신에 대한 인간의 반항이라는 측면에서 아주 중요한 의미를 지닌다. 신이 인간에게 할 수 있는 최고의 억압인 죽음을 거부했기 때문이다. 다행스럽게도 전쟁의 신 아레스가 타나토스를 구출하여 삶과 죽음과 관련한 세상의 질서를 바로잡아놓기는 했지만, 이 행위는 제우스 신과 하데스 신이 양분하고 있던 세상의 질서를 정면으로 거스르는 행위였다.

신화시대라고 해서 인간들마저 '죽지 않는' 특권을 누리지는 못했다. 불사(不死)란 원래 신들만의 것이었기 때문이다. 이 점을 감안하면 죽음의 신을 가두어버린 시시포스의 행위는 참으로 놀라운 꾀와 용기의 결과였으며, 그 자체로 신이 부여한 운명에 대한 반항이다. 프로메테우스는 제우스 신이 다스리는 질서(삶)에 반항하여 인간에게 불을 전해주었고, 시시포스는 하데스 신의 질서(죽음)에 반항하여 인간에게 정해진 죽음의 질서를 교란시켜 놓았다. 이런 점에서 프로메테우스와 시시포스는 제우스 신과 하데스 신으로 양분된 우주의 질서에 심각한 타격을 입혔던 셈이다. 시시포스는 이러한 괘씸죄를 범하여 신으로부터 무용한 노동의 무한한 반복이라는 천벌을 받게 된다.

시시포스가 바윗돌 굴리기라는 형벌을 받게 된 것은 결정적으로 죽음의 순간에 이루어진 꾀로 인해서였다. 그는 타나토스를 묶은 죄로 아레스에게 잡혀가면서 한 가지 꾀를 낸다. 즉 그는 아내에게 죽은 자에게 행하는 예를 갖추어 장례를 치르지 말아 줄 것을 당부하는데, 이는 다시 지상으로 돌아오기 위한 꾀바른 속임수였다. 유언을 중하게 여기는 것은 신화시대에도 마찬가지였던지 시시포스의 아내는 남편의 유언을 지켜 시시포스의 장례를 치르지 않았다. 그래서 그는 하데스 신에게 부탁하여 죽은 자들에게 갖추어야 할 마땅한 예를 갖추지 못한 아내를 설득하고 다시 돌아오겠다는 핑계를 대고 다시 이승으로 돌아온다.

별주부를 따라 용궁으로 따라나섰다가 용왕님께 자신의 간을 바쳐야 한다는 사실을 알게 된 토선생은 간을 볕에 널어 말려두었다는 핑계를 댄다. 천신만고 끝에 다시 지상으로 돌아온 그가 다시 용궁으로 돌아갈 까닭이 없었다. 이와 마찬가지로 구사일생으로 지옥에서 다시 살아나온 시시포스가 하데스 신의 세계로 돌아가고 싶었을 까닭이 없다. 그래서 그는 오르페우스, 테세우스, 프시케와 더불어 하데스 신의 세계를 다녀온 몇 안 되는 인간으로 기록될 수 있었다. 이렇게 해서 그는 오래도록 명부의 세계로 돌아가기를 거부하고 인간 세상에서 행복을 구가하면서 살았다.

하지만 신이 감히 자신을 속이고 행복하게 살아가는 인간을 가만히 지켜보고만 있을 리가 없다. 결국 하데스 신은 형인 제우스 신에게 부탁하여 헤르메스를 보내 시시포스를 다시 명부로 데려온다. 헤르메스가 어떤 구실을 대면서 그 꾀바른 시시포스를 속일 수 있었는지에 대해서는 알려진 이야기가 없다. 헤르메스가 폭력을 통해 행동을 하는 신이 아니고 보면 시시포스가 제 발로 다시 하데스 신에게 갔다는 이야기인데, 어쨌든 헤르메스는 대단한 설득력을 가졌던 모양이다. 아무튼 하데스 신을 속이고 신의 질서에 반항하여 되살아났다가 다시 명부로 끌려온 시시포스가 거기서 환영받았을 것이라고 생각하기는 어렵다.

시시포스는 삶과 죽음에 관한 제우스 신과 하데스 신의 협약을 무시함으로써 제우스 신과 하데스 신에게 동시에 불경을 범했다. 본래 두 신은 삶과 죽음의 영역을 엄격하게 구분하여 세상을 통치하고 있었는데, 시시포스가 둘 사이의 협약을 무시해버린 것이다. 신의 입장에서 보자면 시시포스는 속임수로써 자신의 권위를 훼손했다. 이런 죄는 도저히 용서받을 수 없는 것이었다. 하지만 인간의 입장에서 보자면 시시포스의 이런 행동은 칭찬받을 만한 일일지도 모른다. 지금까지 어떤 인간도 삶(제우스 신)과 죽음(하데스)의 협약을 거부한 적이 없었다는 점을 고려하면, 제우스 신과 하데스 신의 협약에 대한 시시포스의 반항은 중요한 의미를 지닌다.

그래서 결국 시시포스는 자신의 힘으로 겨우 지탱할 수 있을 정도의 무게를 지닌 거대한 바윗돌을 좁은 산꼭대기에 굴려 올려야 하는 벌을 받았다. 그는 온 힘을 다해 바윗돌을 굴려 산꼭대기에 도달하지만 산꼭대기는 그가 굴려 올린 바윗돌을 받아들일 수 있을 정도로 넓지 못했다. 그래서 바윗돌을 굴리면서 품었던 기대는 산꼭대기에 이르자 산산조각이 나고 만다. 산꼭대기에 도착하자마자 애써 굴려 올렸던 바윗돌은 다시 저 아래로 굴러 떨어져 버린다. 그러면 그는 다시 그 바윗돌을 굴리러 산에서 내려와야 한다.

그는 다시 바윗돌과의 드잡이를 시작하지만 결과는 달라지지 않는다. 여기서 시시포스는 다른 선택을 할 수 없다. 그는 아무리 굴려도 산꼭대기에 올려놓을 수 없는 바윗돌을 내버려두고 도망을 칠 수는 있겠지만, 그것은 단지 일순간일 뿐이다. 자신에게 그러한 벌을 내렸던 신이 도망치는 시시포스를 가만히 두고만 보지 않을 것이기 때문이다. 그러니 부조리하게도 그에게는 애초 다른 선택이 봉쇄되어 있었다. 다만 이러한 무용한 노동을 무한히 반복할 수밖에 없었다.

그런데 시시포스의 행위에서 주목해야 할 것은 꾀바른 시시포스의 행위가 아니라 영원히 신의 형벌을 수행해 나감으로써 자신의 삶을 받아들이는 시시포스이다. 그러니까 우리가 관심 두어야 할 것은 다시 바윗돌을 굴리기 위해 산꼭대기에서 내려오는 시시포스이다. 그는 과연 다시 내려오면서 무슨 생각을 했을까? 이미 몇 차례의 시도를 통해 바윗돌을 산꼭대기에 굴려 올려 안착시킬 수 없다는 것이 확실해졌다. 다시 한 번 시도해봐야 소용없을 것이다. 그렇다면 어떻게 할 것인가? 바윗돌을 내팽개쳐 버리고 이 지긋지긋한 고통을 끝장내 버릴까? 그것은 이미 한 번 실패한 적이 있다. 그렇게 하다가는 멀지 않아 다시 하데스 신과 제우스 신의 협공을 받아 명계로 끌려오게 될 것이 뻔하다.

바윗돌을 내팽개치고 도망을 친다는 것은 곧 영원한 소멸을 의미한다는 것이 분명했다. 그렇다고 해서 희망 없이 다시 바윗돌을 굴린다는 것은 죽음보다 더 무의미한 일이 될 것이다. 그렇다면 어떻게 할 것인가? 그 순간 언뜻 그의 머리에는 기발한 생각이 하나 떠오른다. 그렇다. 저 바윗돌을 나의 것으로 수용해버리자. 그렇게 함으로써 저 바윗돌 굴리기를 나의 과업으로 만들어 버리자. 그래 어디 한번 해보자. 내가 감히 저 까짓 바윗돌에 지고 말 것인가? 그리하여 그는 두 주먹을 불끈 쥐고 다시 바윗돌에 덤벼든다. 이제 저 바윗돌은 신이 부과한 형벌이 아니다. 그는 이렇게 신의 징벌을 경멸해 버리고 바윗돌을 신의 것이 아니라 자신의 것으로 만들어 버린다. 그 순간 그는 신을 이긴 것이다.

2. 무용한 노동의 무한한 반복

바윗돌을 굴려 올려야 하는 시시포스의 노역이 성공할 것이라는 희망은 어디에도 없다. 이 노역을 수행해야 하는 주인공 자신이 그 사실을 너무나 명확하게 인식하고 있다. 시시포스를 오늘날

돌 깨는 사람들 (귀스타브 쿠르베)

에 다시 되살려놓은 카뮈는 시시포스의 노역이 끊임없이 무용한 노력을 반복해야 하는 현대 노동자의 삶을 상징적으로 보여준다고 말하고 있다. 카뮈는 『시시포스 신화』에서 현대인의 삶을 다음과 같이 간명하게 묘사하고 있다.

"기상, 전차, 사무실 혹은 공장에서의 네 시간, 식사, 전차, 네 시간의 노동, 식사, 수면, 그리고 똑같은 리듬으로 반복되는 월, 화, 수, 목, 금, 토, 이 행로는 대부분의 경우 용이하게 계속된다."[21]

시시포스가 상징하는 인간의 운명이란 '자신의 의사와는 무관하게 이

---

21 알베르 카뮈, 위의 책, p. 32.

세상에 와서 죽는 날까지 무의미한 노력을 끊임없이 반복해야 한다.'라는 것이다. 순전히 인간의 입장에서만 보자면, 인간이 이 세상에 온 것은 우연에 의한 것일 뿐이다. 여기에는 당사자의 어떠한 의지도 작용하지 않았다.

본질론의 입장에서 보자면 인간의 역사는 신이나 우주의 어떤 의지가 개입하여 이루어진다. 하지만, 실존주의적 입장에서 보자면 인간은 애초 자신의 의지와 상관없이 이 땅에 태어났다. 인간이 우연히 자신에게 주어진 이 인생이 살 만한 가치가 있다고 결정한다면 삶을 마감하는 순간까지 위에서 카뮈가 요약하고 있는 동일한 행위를 반복해야 한다. 이러한 삶의 순환고리에서 벗어날 수 있는 사람은 없다. 그것은 말 그대로 운명과도 같은 것이다. 우연히 이 세상에 던져진 인간이 감내해야 하는 운명이라는 굴레는 불행하게도 인간 자신의 선택과 무관하다. 부조리의 인식은 여기서 생겨난다.

모든 인간은 생명을 유지하는 방편으로 어떤 것이든 직업을 가질 수밖에 없다. 그런데 현대인의 거의 모든 직업은 반복적인 행위로 구성되어 있다. 즉 아침이면 일어나서 일터로 출근하고, 낮이면 거의 매일같이 동일한 일을 반복하고, 저녁이면 퇴근해서 집으로 돌아온다. 이것이 대다수 인간의 기본적인 일상이다. 인생이 살만한 가치가 있다고 보아 살아가기를 선택한 인간이라면 영원히 이러한 굴레를 벗어날 수 없다. 이런 행위를 수십 년 동안 반복하면 결국 일을 할 수 없는 시기가 찾아오고, 그렇게 되면 죽음을 기다리는 것 말고는 다른 일이 없다. 그러니까 아무리 해도 우리가 영위하고 있는 인생이 반복적인 성격을 지닌다는 사실을 부인할 수 없다.

카뮈는 이러한 현대인의 운명을 시시포스적인 것이라고 보고 이런 상황에서 인간이 과연 어떻게 해야 할 것인가 하는 문제를 제기했다. 시시포스는 아무리 고통스러워도 신이 자신에게 징벌로 내린 바윗돌을 포기할 수 없다. 바윗돌을 버리기로 작정하는 순간 그는 영원히 소멸되고 말 것이며, 모든 것이 끝장나 버릴 것이기 때문이다. 힘겨운 현실에서 생명을 부지하고 살아가야 하는 현대인에게도 사정은 마찬가지이다. 아침에 일어나서 일터에 나가기를 포기한다는 것은 자신에게 주어진 삶을 포기한다는 것을 의미한다. 그것은 시시포스가 바윗돌을 포기하는 것만큼이나 치명적이다. 인간은 부조리한 운명 속에서 현재 수행하고 있는 일을 당장 중단할 수 없다. 그렇게 하다가는 삶 자체가 송두리째 무너져 내리고 말 것이기 때문이다.

이런 운명적 상황에서 인간이 할 수 있는 선택은 그다지 많지 않다. 인간에게는 자신이 행하는 행동의 의미에 대해 고민할 겨를조차 주어지지 않는다. 그저 자신의 바윗돌을 굴리는 행위를 반복할 수밖에 없다. 다음은 카뮈가 『시시포스의 신화』에서 바윗돌을 굴리고 있는 시시포스의 모습을 묘사한 글이다.

> "시시포스의 신화에 있어서는 다만 거대한 돌을 들어 올리고 수백 번 되풀이하느라고 잔뜩 긴장한 육체의 노력만이 보일 뿐이다. 경련하는 얼굴, 바위에 밀착하는 뺨, 진흙에 덮인 돌덩어리를 떠받치는 어깨와 그것을 고여 버티는 한쪽 다리, 돌을 되받아 안은 팔 끝, 흙투성이가 된 두 손 등 온통 인간적인 확신이 보인다."[22]

카뮈는 바윗돌을 굴리기 위해 긴장하고 있는 시시포스에게서 현대인의 운명을 읽어낸다. 인간은 태어나는 순간 자신의 의지와는 무관하게 신으로부터 굴려야 할 바윗돌을 넘겨받았다. 어느 누구도 무위로써 삶을

---

22 알베르 카뮈, 위의 책, p. 191.(일부 수정)

이어나갈 수 없기 때문이다. 무위의 삶을 선택한다는 것은 삶 자체를 포기하는 것을 의미하기 때문에, 자신이 선택하지 않았다고 해서 주어진 바윗돌을 피할 수 없다. 자신의 운명을 피하려고 해봤자 오이디푸스처럼 피하는 행위를 통하여 신이 자신에게 부여한 운명을 완성해나갈 것이다.

인간은 자신의 의사와 상관없이 태어난 이 세상에서 최선을 다해 자신의 운명을 완수할 수밖에 없지만, 그 과정은 결코 쉽지 않다. 그렇다고 해서 자살이 해결책은 아니다. 그렇기 때문에 인간은 살아 있는 한 바윗돌을 굴릴 수밖에 없다. 거꾸로 인간에게 짐이 있고 그것을 부담으로 느낀다는 사실 자체가 살아 있다는 증거이다. 건강하지 못한 사람, 이를테면 우울증에라도 걸린 사람은 주어진 짐을 부담으로 여기지 않거나 거꾸로 실제 이상으로 무겁게 여긴다. 그러니 인간이 인생에서 느끼는 무게는 우리가 건강한 정신으로 살아가고 있다는 증거일 수 있다.

시시포스의 바윗돌은 인생이란 결국 무거운 것이며 반복되는 행위로 이루어져 있다는 사실을 잘 보여주고 있다. 운명처럼 자신에게 주어진 바윗돌을 끊임없이 굴려야 하는 시시포스의 형벌은 무의미한 노동을 계속하는 과정에서 느낄 수밖에 없는 현대인의 자기소외를 드러내고 있다. 시시포스에게 바윗돌은 자신보다 우선적인 존재이다. 자신의 모든 존재는 바윗돌을 굴리기 위한 것일 뿐이다. 게다가 그는 부단히 바윗돌을 굴리면서도 어지간해서는 "왜?"라는 질문을 던지지 못한다. "왜?"라는 질문을 던지지 못하는 것은 모든 인간의 어쩔 수 없는 상황이다. "왜?"라는 질문에 대한 어떠한 합당한 대답도 존재하지 않는다는 것을 너무나 잘 알고 있기 때문이다.

이런 전반적인 무지상황에도 불구하고 신화 속에는 운명에 대한 반항의 드라마가 자주 등장한다. 시시포스는 신이 자신에게 부여한 바윗돌을 굴리면서 어느 날 갑자기 "왜?"라는 질문을 던진다. 왜 내 삶은 신이 부여한 바윗돌의 노예가 되어 있는가? 불쾌하다. 그렇다고 이 바윗돌을 던져버리고 도망을 갈 수는 없다. 이것은 애초 신의 형벌이기 때문이다. 바윗돌을 버리고 떠나는 순간 신은 즉각 그에게 영원하고 결정적인 종말을 선언할 것이다. 그렇다고 해서 이 바윗돌이라는 형벌을 생명이 다할 때까지 짐으로 여겨야 할 것인가? 그렇게는 할 수 없다. 그렇다면 어떻게 할 것인가? 이 바윗돌을 받아들여 버리자. 바윗돌을 받아들이기로 작정한 시시포스에게 그것은 신이 부과한 형벌이 아니라 자신의 선택에 의한 과업이 된다.

무용한 노동을 반복적으로 수행해야 하는 것은 모든 사람에게 마찬가지이다. 학생들의 삶을 한 번 들여다보자. 아침에 일어나면 학교에 가서 강의를 듣고 저녁이면 집에 가서 잠을 잔다. 이런 패턴은 다음날 아침에 어김없이 반복된다. 이렇게 다섯 번을 반복하면 일주일이 지나간다. 그리고 똑같은 일주일이 네 번 모이면 한 달이 지나간다. 그리고 똑같은 한 달이 네 번 모이면 한 학기가 지나간다. 그리고 똑같은 한 학기가 여덟 번 모이면 졸업이다. 졸업을 하면 어떻게 될 것 같은가? 모두들 취직을 하든지 사업을 하든지 나름대로의 생계 수단을 갖게 될 것이다. 그렇게 되면 더 심각해진다. 아침에 일어나면 일터에 가야 하고, 낮에는 끊임없이 반복되는 일을 해야 하고, 저녁이면 집으로 가야 한다. 카뮈가 『시시포스의 신화』에서 하고 있는 현대 노동자들의 삶에 대한 묘사는 잔인할 정도로 정확하다. 다음 날도, 그 다음 날도 마찬가지일 수밖에 없다. 이제 30년, 40년을 그렇게 살아야 한다. 그렇게 하고 나서도 끝이 아니라 여전히 자살하지 않고 영위해 나가야 할 생명이 남아 있다. 아침에 일어나서 낮에 무엇인가로 소일하다가 저녁에 잠을 잔다. 이런 생활을 다시 20년, 30년을 반복하고 나면 인생이 끝난다.

그렇다면 이 무용하고 반복적인 노동을 어떻게 할 것인가? 무조건 이 반복적인 노역을 받아들일 것인가? 카뮈에 의하면 그것은 부조리한 우리의 삶에 대응하는 바람직한 방법이 아니다. 아무런 의식 없이 그저 바윗돌을 굴리는 것은 바위의 승리이자 자신에게 징벌을 내린 신의 승리이다. 그런데 바위에게 이기고 신에게 이기는 방법이 있다. 무용하고도 반복적인 노역으로서의 삶의 부조리를 깨닫고 그것을 자신의 것으로 만들어버리는 것이다. 시시포스가 부조리의 영웅이 되는 것은 자신의 운명을 의식하고 수용하는 순간에 이루어진다. 자신의 운명을 의식하고 그것을 받아들이기로 작정한 사람에게 신이 할 수 있는 일이란 없다. 중요한 것은 주어진 일을 받아들이면서 나의 삶으로 만들어나가는 것이다. 다른 방도가 없다.

3. 철학적 자살을 거부하라.

부조리한 인생을 살아갈 수밖에 없는 인간은 어떤 선택을 할 수 있을까? 카뮈에 의하면, 보통의 인간은 다람쥐 쳇바퀴 돌듯 하는 인생에서 별다른 문제의식을 지니고 있지 않다. 일상적 삶이 그만큼 무겁기 때문이다.

쳇바퀴 속의 사람

많은 사람은 다른 사람들이 부조리하다고 느끼는 이 세상을 너무나 순탄하게 잘 살아내고 있다. 그들에게 있어서 인간의 삶은 있는 그대로 자명한 것이기 때문에 고민할 필요가 없다. 하지만 무작정 현실의 삶에 매몰

된 상태가 항상 그대로 지속되는 것이 아니다. 살아가다 보면 삶이 부조리하다고 느끼는 독특한 순간이 찾아온다.

인간의 삶은 대부분 아침에 일어나서 일터로 가고 저녁에 일터를 떠나 집으로 가는 것으로 구성되어 있다. 이런 패턴은 날마다 반복된다. 이런 일을 수십 년 반복해야 하며, 게다가 이런 삶이 권장되기까지 한다. 현대인은 선택에 의하든 아니든 이러한 다람쥐쳇바퀴 속으로 끼어들기를 바란다. 일단 쳇바퀴 속으로 끼어들면 거기서 빠져나온다는 것은 여간 어려운 일이 아니다. 많은 경우 차라리 여기서 빠져나오지 않기 위해 발버둥을 친다고 말하는 편이 맞을지도 모른다. '이태백'이니 '사오정'이니 하는 말들은 이러한 상황을 설명하는 애잔한 표현일 수 있다.

그런데 쳇바퀴 속에서의 삶을 영위하면서 이렇게 사는 삶이 무슨 의미가 있을까, 아니면 내 삶이 왜 이렇게 흘러가고 있을까 하는 의문이 강하게 들 때가 있다. 우연히 이 세상에 태어나서 생명을 부지하고 살아가고 있는 인간은 여기에 합당한 대답을 할 방도가 없다. 하지만 어느 순간 "왜?"라는 의문이 강하게 드는 때가 있다. 이런 질문을 던지고 나서 인간이 할 수 있는 일은 두 가지이다. 하나는 다시 현실로 되돌아가는 것이며, 다른 하나는 어떤 의미에서든 각성상태에 이르는 것이다.

우선, 현실로 돌아가는 것은 무의미한 현실을 그대로 살아가기를 선택하는 것이다. 여기에는 별다른 고민이 필요하지 않다. 흔치 않게 의미 있는 질문을 던지기는 했지만, 사실 뾰족한 방법이 없다. 아니면 현실적 상황이 너무나 절박하다. 그래서 결국 다시 일상으로 돌아갈 수밖에 없다. 사실 대다수의 사람들은 어쩔 수 없이 이런 선택을 할 수밖에 없다. 삶은 어제와 오늘이 다르지 않고, 오늘과 내일이 다를 것 같지 않다. 게다가 이런 삶이 죽을 때까지 반복될 것이다. 고민한다고 해결될 일도 없을 것 같다. 어차피 인간은 운명적으로 이렇게 살아가게 되어 있고, 신이 부여한 이 일상의 쳇바퀴에서 벗어날 수 있는 방법은 없다. 그래서 이렇게 살지 않으면 다른 무슨 방법이 있을 것인가, 어차피 인생이란 다 그런 거지 뭐 다른 뾰족한 수가 있을까 하는 생각으로 고개를 한 번 휘젓고 나면 그만이다. 그리고는 하던 일을 계속하면 된다. 그래서 계속해서 천형과도 같은 바윗돌 굴리기를 선택한다. 카뮈는 부조리에 대한 고찰에서 이런 부류의 인간들은 아예 배제해 버린다.

부조리에 대한 고찰을 계속해 나가기 위해서는 최소한 자신이 영위하고 있는 삶이 문제가 있다는 것을 받아들이고 그에 대한 해결책을 진지하게 모색할 의지가 있어야 한다. 부조리에 대한 카뮈의 고찰은 일단 각성 이후에 이루어진다. 현실 속으로의 매몰을 선택하든 결정적인 각성의 길로 접어들든 인간이 영위해야 하는 삶의 겉모양은 그다지 달라지지 않는다. 그것은 다만 의식의 문제이기 때문이다. "왜?"라는 의문 끝에 어떤 것을 선택하든, 현상적으로 보자면 삶의 쳇바퀴 속에서 살아가야 한다는 사실은 달라지지 않는다. 하지만 각성은 추가적인 문제로 나아갈 수 있다는 점에서 근본적으로 다르다.

무의미한 일상으로 돌아가기를 거부하는 사람 앞에는 여러 선택이 놓여 있다. 먼저 생물학적 자살이 있는데 카뮈에게서 자살에 관한 성찰은 아주 중요한 의미를 지닌다. 그는 『시시포스 신화』의 첫 번째 장을 자살의 문제에 할애하고 있다. 즉 그는 "인생이 살 만한 가치가 있느냐 없느냐를 판단하는 것이야말로 철학의 근본문제에 답하는 것이 된다."[23]는 말로써 자살의 문제를 제기한다. 비극적인 부조리를 앞에 두고 햄릿처럼 살 것인가(To be), 말 것인가(Not to be)를 선택하는 것은 대단히 중요한 일이다. 살아갈 가치가 있다고 생각했을 때에만 생명을 부지하는 것이 의미를 갖는다. 인생이 가치가 없다고 생각하면서도 삶을 영위하는 것은

---

23 알베르 카뮈, 위의 책, p. 19.

스스로에 대한 기만에 불과하기 때문이다.

인간의 삶이란 오늘과 내일이 다르지 않을 것이고, 지금과 1년 뒤가 다르지 않을 것이다. 심지어 지금과 10년 뒤도 별로 달라질 것이 없어 보인다. 그렇다면 내가 굳이 이 부조리한 행위를 반복해야 할 이유가 없지 않겠는가? 사실 인생이 지금과 10년 뒤와 50년 뒤가 동일하다면 굳이 10년을 더 살 이유가 없을지도 모른다. 50년을 더 살아야 할 이유는 더욱이나 없을 수도 있다. 그렇다면 지금 죽으나 10년 뒤에 죽으나 50년 뒤에 죽으나 다를 것이 없다. 그러므로 자살은 부조리한 삶을 마감하는 하나의 방법일 수 있을지도 모른다. 그런데 카뮈는 자살이 부조리한 신의 형벌에 대항하는 바람직한 태도가 아니라는 점을 분명히 한다. 자살은 부조리한 운명을 해결하는 것이 아니라 그것을 미궁에 빠트리는 것이다.

다음으로, 철학적인, 혹은 논리적인 자살이 있다. 이는 부조리한 상황에서 자신이 구축한 것이 아닌 철학, 도덕, 습관 등에 빠져듦으로써 부조리한 상황을 회피해 버리는 것을 의미한다. 부조리한 상황에서 인간은 어떤 것이든 자신을 위안해 줄 무엇인가를 찾고자 한다. 육체의 종말을 의미하는 생물학적 자살과는 달리 생물학적 육체를 그대로 살려둔 채 정신의 종말만을 초래한다. 이는 위에서 말한 자살과는 다른 것이기는 하지만, 자신의 정신을 죽인다는 점에서 보자면 자살과 다를 바 없다.

철학이란 삶을 살아가는 방식을 체계화한 것이다. 그것은 삶의 여러 문제에 대한 해결책이자 위안이다. 수많은 사상가의 집적된 사유의 결과라는 점에서 사람들은 기성의 철학을 통해 삶의 문제를 해결하려 들 수도 있다. 기존의 사상을 활용하기만 하면 되기 때문에 굳이 자신이 힘든 사고의 노력을 기울일 필요가 없다. 하지만 이는 자신이 힘들여 만들어 낸 것이 아니라 기존의 것을 수용하는 것일 뿐이다. 기성의 철학은 자신의 사유가 아니라 다른 사람의 것이다. 그런 점에서 철학에 의뢰한다는 것은 자신의 정신을 스스로 죽이는, 즉 정신적인 자살을 감행하는 일이 된다.

카뮈는 철학적 자살에 이르는 또 다른 것으로 도덕과 관습을 들고 있다. 대부분의 사람들은 어려운 궁지를 만났을 때 자신이 속한 사회의 일반적인 도덕률과 관습률에 따라 행동방침을 정한다. 그렇게 함으로써 개인은 자신의 선택에 따른 책임을 집단의 책임으로 돌려버리고 위로받을 수 있기 때문이다. 자신만이 그렇게 하는 것이 아니라 자신이 속한 사회의 많은 구성원들이 그렇게 한다는 데서 위안을 받는다. 그것은 개인이 자신의 행위를 합리화하는 아주 흔한 방법이다. 카뮈는 도덕과 관습에 의뢰함으로써 부조리한 궁지에서 벗어나려 하는 것 역시 철학적, 논리적 자살과 마찬가지로 부조리에 대한 바람직한 해결책이 아니라는 점을 분명히 한다.

철학적 자살을 거부하는 것은 각 개인이 처한 실존적 상황에서 주체적 선택을 강조하는 실존주의에서는 당연한 선택이다. 철학적 자살에 대한 카뮈의 입장은 사르트르에게서 부르주아 비판으로 반복된다. 부르주아 계층은 계급의 이해관계를 위해 여러 가치를 만들어내어 공고화시켜 왔다. 거기에는 종교, 철학, 관습, 역사 등 여러 가치가 두루 동원된다. 이러한 가치들은 일단 한번 구축되어 기성의 것으로 자리잡고 나면 점점 더 견고해져 다른 사유가 들어서는 것을 가로막아 준다. 그리하여 부르주아 도덕률은 일단 한번 구축되고 나면 그 계급에 속한 사람들에게 아주 견고한 합리화의 근거를 제공하여 사람들로 하여금 번거롭고 힘든 사유를 면제시켜준다. 부르주아의 가치를 맹목적으로 추종하면서 더 이상 자신의 것을 고민하지 않는 상황을 사르트르는 자기기만(mauvaise foi)이라는 말로 정리하고 있다.

사르트르는 『구토』의 많은 부분을 견고한 자기기만에 대한 비판에 할

애하고 있다. 부르주아 계급은 주변의 사물들을 자신을 중심으로 한 관계망 속에서만 받아들인다. 그 관계망 안에서 주변의 사물은 모두 자신에게 봉사하는 도구로서만 존재한다. 『구토』의 주인공 로캉탱이 느끼는 구토는 견고한 부르주아적 사고의 관계망이 강요하는 도구성을 인식함으로써 생겨난다. 사물을 있는 그대로의 물질로 바라보는 순간 지금까지 견고하게 그 사물을 감싸고 있던 의미가 소멸하고 만다. 사르트르가 부르주아를 비판하는 것은 바로 이런 맥락에서이다. 부르주아는 기존의 견고한 의미망을 그대로 받아들이면서 비판적 사고를 하지 않는다. 사르트르에 의하면 이것이야말로 전형적인 자기기만인데, 카뮈는 이를 철학적 자살이라는 말로 설명한다.

철학적 자살이 부조리한 운명에 대한 해결책이 못되는 것은 자명하다. 그것은 나의 고민을 철학이나 종교 등으로 구체화되는 타자에게 맡겨버리는 것이기 때문이다. 철학적 사유가 아무리 명쾌한 설명체계를 지니고 있다고 해도 그것은 내 사유의 결과가 아니다. 철학적 사유와 도덕률과 관습률에 내 판단을 맡겨버리는 것은 내 의식을 죽여 버리는 것이다. 그런 상태는 비록 생물학적으로 살아 있다고 해도 의식적으로는 죽은 상태와 마찬가지이다. 그러니 철학적인 자살을 거부해야 한다.

4. 행복한 시시포스를 상상해 보아야 한다.

부조리한 상황을 앞에 두고 할 수 있는 인간의 마지막 바람직한 선택은 반항이다. 그것은 바윗돌을 거부하는 것이 아니라 그 바윗돌에 한 걸음 다가서서 신과의 드잡이에 나서는 것이다. 신과의 드잡이에 나선 인간은 신이 부여한 바윗돌을 숙명으로 받아들이지 않고 투쟁해야 할 대상으로 삼아 버린다. 신은 시시포스에게 바윗돌이라는 형벌을 부과하여 영원히 거기서 벗어날 수 없게 했다. 하지만 시시포스는 신의 의도를 경멸하고 바윗돌을 자신이 선택한 과업으로 삼아버린다. 바윗돌은 여전히 존재하겠지만 그것은 더 이상 신의 형벌이 아니라 신에 대한 반항의 매개체가 된다. 시시포스가 바윗돌을 자신의 것으로 받아들이는 순간 신이 시시포

시시포스

스를 벌할 수 있는 수단이 없어져버린다. 이 순간 시시포스는 신으로부터 해방되어 자신만의 행복을 찾게 되는 것이다.

카뮈는 신의 징벌로 받은 바윗돌을 거부하지 않고 자신의 과업으로 받아들이는 시시포스에게서 인간 행복의 한 유형을 본다. "부조리를 발견할 때 우리는 행복의 안내서를 쓰고 싶은 유혹을 느끼지 않을 수 없다."[24]라는 언급을 통해 그는 시시포스의 노역이 인간 행복의 출발점이라는 것을 보여준다.

신화에서 시시포스에게 바윗돌이라는 무용한 노동의 무한한 반복이라는 형벌을 내리게 만든 죄가 무엇인지에 대해서는 몇 가지 설이 있다. 우선, 헤르메스가 아폴론 신이 소유하고 있는 소를 도둑질하는 것을 주인에게 고자질함으로써 신의 미움을 샀다는 설이 있다. 다음으로, 제우스 신이 아이기나를 납치하는 현장을 목격한 시시포스가 아이기나의 부모에게 납치범과 장소를 말해줌으로써 제우스 신의 미움을 샀다는 이야기가 있다. 마지막으로, 아내에게 장례식을 치르지 말라고 하고 이승으로 돌아와 다시 저승으로 돌아가지 않아 하데스 신의 부탁을 받은 헤르메스에 의해 저승으로 끌려갔다는 이야기가 있다.

---

24 알베르 카뮈, 위의 책, p. 193.

이 중에서 가장 많이 언급되는 이유는 세 번째 것이다. 세 번째 죄는 꾀바른 시시포스의 면모를 잘 드러내고 있을 뿐만 아니라, 시시포스의 형벌이 삶과 죽음이라는 인간 삶의 근본 문제와 관련되어 있다는 점에서 가장 설득력이 있어 보인다. 실제로 카뮈는 『시시포스 신화』의 첫 부분을 자살에 대한 고찰에서 시작함으로써 이 에세이의 집필 이유가 삶과 죽음이라는 근본적인 문제에 대한 천착임을 명시적으로 밝히고 있다. 인간의 불행은 많은 부분 삶이 유한하다는 데서 오는 것이다. 아내에게 장례식을 치르지 말아 달라고 부탁함으로써 그는 다시 인간 세상으로 돌아오고자 하는 욕망을 드러낸다. 그의 계획은 성공하여 인간세계로 다시 돌아오지만 신과의 약속을 저버리고 이승에 머무르게 된다. 간을 넣어 말려 놓았다는 거짓으로 간신히 용궁에서 다시 살아나온 토끼가 다시 제 발로 용궁으로 걸어갈 까닭이 없다. 어떻게 살아 돌아온 저승인데 다시 가려하겠는가? 하지만 시시포스가 이승에서 살아가고자 하는 욕망을 끝까지 밀고나가기에 신은 너무나 강한 존재였다.

시시포스가 무슨 죄를 저질렀는가 하는 문제는 사실 시시포스의 징벌과 반항을 이해하는 데 그다지 중요한 요소가 아니다. 시시포스 신화에서 중요한 것은 그가 신의 질서에 반항했다는 점이다. 우리가 신화에서 늘 보는 것처럼 신에 대한 불경죄는 죄형법정주의라는 최소한의 요건도 충족할 필요가 없다. 그것은 인간 세상에서나 유효한 것이지 신에게는 적용되지 않는다. 그만큼 신은 이해할 수 없는 존재이다. 신화에서 신이 인간에게 벌을 주기로 마음먹기만 하면, 귀에 걸면 귀걸이요 코에 걸면 코걸이다. 마음만 먹으면 인간의 모든 행동을 죄악의 산물로 만들어버릴 수 있다. 이 세상에 태어난 것만으로도 죄가 되는 것이 신의 법일 수도 있다. 아무튼 신의 질서에 저항한 시시포스의 행위는 신이 보기에 천벌을 받아 마땅한 죄악이었다.

신이 마음만 먹으면 무조건 걸려들게 되어 있어 인간은 아무리 용을 써도 빠져나갈 수 없다. 그런데 유한한 삶 속에서 신의 속박 안에 갇혀 있다가는 인간은 자신만의 행복을 찾아나갈 가능성이 전혀 없다. 자신의 모든 것을 버리고 온전히 신의 질서에 따라 살기를 선택하면 모를까 그렇게 하지 않고는 영원히 신으로부터 괴롭힘을 받아야 하기 때문이다. 신의 질서를 있는 그대로 받아들일 경우 삶이 부조리하다는 사실을 깨달을 필요가 없기 때문에 불행이 자리할 여지가 없다. 모든 것을 신이 다 해결해주는 마당에 인간이 스스로 고민을 사서 할 이유가 없기 때문이다. 그런 사람에게는 완벽한 복종에 대한 보상으로 사후의 행복이 보장되어 있다.

실제로 많은 신화와 종교에서 나약한 인간은 신의 절대권을 인정함으로써 스스로의 행복을 보장받으려 했다. 그리하여 인간은 삶의 부조리에서 눈을 돌려버린 채 오로지 신이 부과한 질서 속에서만 행복을 추구하고자 했다. 인간은 태어나는 행위 자체를 통하여 이미 신에게 불경을 저질렀다. 이러한 생각은 기독교의 원죄설에 오면 아주 선명해진다. 논리적으로 받아들일 수 없지만 생명을 지니고 인간으로 살아가고 있다는 것 자체가 죄이다. 원해서 태어난 사람이 아무도 없는데도 말이다.

신이 애초 인간을 불행하게 만든 것은 신의 입장에서는 당연한 일이었다. 원죄론에 의하면 인간의 삶은 원래 불행한 것이고 그러한 불행에서 인간을 구원하는 것은 오로지 신만이 할 수 있는 일이다. 살아 있는 동안 인간의 삶이 불행한 것은 당연한 일이고, 인간은 애초 현세에서 모든 불행을 받아들여야 한다. 그래야만 사후의 행복이 보장된다. 신의 질서를 그대로 추종함으로써 사후의 행복을 찾으려는 수용적 태도는 현세에서의 불행을 당연한 것으로 받아들이게 한다. 이런 입장에 서는 인간에게서 신의 승리는 선험적으로 보장되어 있다.

하지만 반항하는 시시포스는 태어난다는 것 자체가 불경이라는 사유에 동의하지 않았다. 그렇기 때문에 그가 신의 질서에 반항한 것은 당연한 일이다. 신이 절대로 용납할 수 없는 반항은 인간 불행의 가장 큰 원인이다. 하지만 이해할 수 없는 신의 절대권을 인정하지 않기로 작정한 인간의 입장에서 보자면 신의 권력은 부조리한 것이다. 그래서 그는 신으로부터 벗어난 곳에서 행복을 추구한다. 신을 속이고 인간의 편에 선 죄로 영원한 형벌을 받게 된 프로메테우스처럼 시시포스는 신의 명령에 온전히 따르기를 거부하고 신의 징벌을 자신의 선택으로 만들어 버린다. 아마도 그는 이렇게 말했을 것이다. "그래. 좋습니다. 어디 한 번 해봅시다. 당신이 이기는지 내가 이기는지 말입니다." 사실 이렇게 덤벼드는 인간에게 신이 할 수 있는 일은 별로 많지 않다. 할 수 있는 일이라는 고작 사후에 지옥불에 던져버리겠다는 위협 정도이다. 하지만 그러한 위협은 신의 질서를 받아들이지 않는 사람들에게는 무의미하다.

징벌로 주어진 바위를 자신의 것으로 만들어 버리는 반항의 순간 시시포스는 신으로부터 해방되어 자신만의 행복을 찾는다. 신의 입장에서 보자면 시시포스의 반항 행위는 그 자체만으로도 벌을 내릴 충분한 이유가 된다. 시시포스는 무용한 노동이라는 형벌에 처해지기 전부터 신의 질서에 저항한 사람이다. 바윗돌로 대변되는 신의 징벌은 인간의 자유를 속박하는 모든 것을 의미하며, 시시포스의 반항은 자유를 향한 인간의 갈망을 의미한다. 애초 자신의 나약함과 무지를 극복하기 위해 전지전능한 신을 창조하고 그의 지배 아래에 들어간 인간은 이제 자신의 마음대로 신을 선택할 수 없다. 그리하여 그는 생명을 부지하는 한 신의 지배를 받을 수밖에 없다. 시시포스의 저항은 인간이 만들어 놓은 신의 절대권이라는 부조리한 상황에 대항해서 이루어진다.

카뮈는 시시포스를 현대에 되살려 놓은 『시시포스 신화』의 마지막을

"행복한 시시포스를 상상해보아야 한다."[25]라는 의미심장한 문장으로 끝을 맺는다. 이 선언은 시시포스(인간)가 신과의 드잡이에서 승리했음을 밝힌다. 신으로부터 도저히 피할 수 없는 바윗돌이라는 형벌을 받아 든 불행한 시시포스가 어떤 과정을 거쳐 행복한 시시포스로 변화하게 되는가? 이 문제는 시시포스의 행복을 이해하는 핵심이다. 무용한 노동을 무한히 반복해야 하는 시시포스는 어떤 이유로도 행복할 것 같지 않다. 절대로 벗어날 수 없는 바윗돌이라는 천벌을 받았음에도 불구하고 시시포스가 행복하다고 말하는 것은 무슨 까닭일까?

반항하는 시시포스에게 행복이란 신의 명령에 굴복하는 삶의 결과물이 아니다. 시시포스는 전지전능한 신의 횡포에 대항하는 방법으로서 신의 징벌에 대한 '경멸'을 권유한다. 시시포스는 신이 자신에게 부여한 바윗돌을 형벌로 받아들이기를 거부하는데, 자신을 경멸하는 인간에게 신이 할 수 있는 일이란 없다. 시시포스는 신의 명령에 경멸로써 답하고 자신의 운명을 오롯이 받아들인다.

신은 자신에게 바위돌이라는 형벌을 내렸다. 시시포스는 애초 신은 전지전능하기 때문에 그 징벌에서 벗어날 수는 없다는 것을 스스로 잘 알고 있다. 하지만 그는 자신에게 징벌을 내린 신의 부당함에 반항할 수는 있다. 의외로 간단한 데서 답을 발견한다. 자신에게 주어진 이 바윗돌을 자신의 것으로 받아들여 버리면 그만이다. 그럴 경우 바윗돌은 더 이상 신의 형벌이 아니다. 적어도 그것만은 신이 개입할 수 있는 일이 아니다. 그리고 그는 신이 자신에게 부여한 이 부당한 징벌의 의미를 깨닫고 있다. 그래서 그는 굴러 떨어진 바윗돌을 다시 굴리러 산 아래로 내려가면서 신의 지배에서 벗어난다. 그 순간 그는 자신의 삶을 신의 질서에서 떼어낸다. 그러니까 행복한 시시포스를 상상해 보아야 한다.

---

25 알베르 카뮈, 위의 책, p. 195.

제2절 오이디푸스의 반항

1. 오이디푸스 신화

시시포스나 프로메테우스와 비교해 보았을 때 오이디푸스는 참으로 안타까운 운명을 타고났다. 잘못된 선택이든 잘된 선택이든, 시시포스와 프로메테우스는 스스로의 의지로 자신의 운명을 개척하는 가운데서 자

스핑크스

초해서 고난을 겪었다. 시시포스가 바윗돌을 굴리는 형벌을 받아야 했던 것은 저승의 신인 하데스 신를 농락하고 두 번 살았기 때문이다. 프로메테우스가 바윗돌에 묶여 독수리에게 간을 쪼아 먹히는 형벌을 받아야 했던 것은 인간을 멸망시키려던 최고신 제우스 신에 저항하였기 때문이다. 시시포스는 자신의 선택을 통해 명부의 신 하데스 신뿐만 아니라 여러 신들을 괴롭혔다. 프로메테우스 역시 스스로의 선택에 의해 제우스 신의 손에서 불을 훔쳐 인간에게 전해주었을 뿐만 아니라 용서를 빌 것을 요구하는 제우스 신에게 끝까지 저항했다. 시시포스는 신이 부여한 형벌을 자신의 운명으로 바꿔버림으로써 신을 극복하려 했으며, 프로메테우스는 바윗돌에 묶이는 형벌을 받았으면서도 끝까지 제우스 신과 타협하지 않았다.

두 영웅과는 달리 오이디푸스는 삶과 죽음의 기로에 설 때까지 자신의 운명과 관련하여 스스로 선택한 것이 아무것도 없다. 순전히 수동적으로

신이 자신에게 부여한 운명을 따를 수밖에 없었다. 그는 태어나기도 전에 아버지에게 내려진 신탁(아들이 자신을 죽일 것이라는 신탁)에 의해 아버지의 버림을 받았다. 그리고 그는 신이 부여한 운명(자신이 아버지를 죽일 것이라는 신탁)을 피하기 위해 아버지를 버렸다. 그 과정에서 그는 어쩔 수 없이 주어진 운명을 완수하게 된다. 자신의 눈을 찌르기 전까지 신에게 어떠한 저항도 하지 않았다. 그저 자신에게 주어진 잔인한 운명을 피하는 소극적인 행위만 했을 뿐이다.

그런데 그는 눈을 찌르는 행위를 통해서야 비로소 자신의 선택에 따른 행동을 시작하게 된다. 실제로 지금까지 살아오는 동안 그가 잘못한 것은 없다. 그런데도 신은 그에게 잔인하기 짝이 없는 징벌을 내린다. 그래서 그는 자신에게 주어진 신의 징벌을 인정할 수 없다. 그에게 내려진 징벌은 신이 자신의 의사와는 상관없이 오로지 신이 부여한 것일 따름이다. 생각이 여기에 이르자 그는 자신이 죽어야할 이유가 없다는 사실을 깨닫는다.

그의 이야기를 따라가 보자. 테바이의 왕 라이오스와 왕비 이오카스테는 아들을 하나 얻었다. 그 아들은 장성하여 아버지를 죽이고 어머니와 결혼하게 될 것이라는 이상한 신탁과 더불어 세상에 태어났다. 신탁을 두려워하지 않을 자가 누가 있을 것인가? 신탁이 실현될 것이 두려웠던 라이오스 왕과 이오카스테 왕비는 신하에게 그를 키타이온 산에 버리라는 명령을 내렸다. 명령을 받은 신하는 왕과 왕비의 말에 따라 그를 버리러 길을 떠난다. 하지만 그는 오이디푸스를 죽이는 대신 길에서 만난 코린토스의 목동에게 주어버린다.

오이디푸스를 건네받은 목동은 코린토스로 돌아가서 자식이 없던 폴리보스 왕에게 아기를 바친다. 오이디푸스가 코린토스 왕의 자식이 되기까지의 과정에는 약간 다른 이야기도 있다. 즉 라이오스 왕이 직접 아들의 발을 묶어 키타이론 산에 버렸는데, 지나가던 코린토스의 목동이 버려진 아이를 불쌍히 여겨 그를 거두어 폴리보스 왕에게 바쳤다는 말도 있다. 아무튼 이렇게 해서 라이오스 왕은 자신과 아들에게 내려진 신탁의 실현에 본의 아니게 기여하게 된다. 신탁을 피하기 위한 그 행위가 오히려 신탁을 실현하는 도구가 된 것이다.

오이디푸스가 라이오스 왕을 떠나 폴리보스 왕에게로 가게 된 과정은 중요한 것이 아니다. 아무튼 '부어오른 발'이라는 이름이 붙은 것을 보면, 왕이 직접 버렸든 목동에게 시켜서 그랬든 그의 발을 묶은 것은 틀림이 없어 보인다. 신탁의 힘이 여기까지밖에 미치지 않았더라면, 라이오스 왕이나 이오카스테 왕비도, 폴리보스 왕이나 메로페 왕비도, 물론 오이디푸스 자신도 행복한 삶을 살았을 것이다. 그렇지만 신탁의 효력이 이 정도에서 싱겁게 끝날 까닭이 없다. 신탁은 인간이 아무리 피하려 해도 어김없이 실현되고 마는 것은 여기서도 마찬가지다. 나중에 오이디푸스는 자신이 아버지를 죽이고 어머니와 결혼할 것이라는 이상한 운명을 타고 태어났다는 것을 알게 된다. 그 순간 지금까지 자신을 키워준 폴리보스 왕이 진짜 아버지라고 잘못 알고 있었던 그는 주저 없이 길을 떠난다. 이렇게 해서 오이디푸스는 라이오스 왕이 그랬던 것처럼 신탁을 피하려다 오히려 신탁의 실현에 한 발짝 더 다가가게 된다. 이번에도 신탁을 피하려는 행위로 인해 그렇게 된 것이다.

의붓아버지 폴리보스 왕의 왕궁을 떠나 방랑하던 그는 노상에서 어떤 노인을 만나 통행 문제로 시비가 붙어 그를 죽이고 만다. 그런데 그 노인이 다름 아닌 테바이의 왕이자 자신의 친아버지인 라이오스 왕이었다. 그 사실을 알 까닭이 없는 오이디푸스는 계속해서 길을 재촉하여 테바이에 이른다. 테바이 입구에는 스핑크스라는 반인반수의 괴물이 지나는 여행객을 붙잡아 놓고 수수께끼 놀이를 하고 있었다. 수수께끼는 핑계일 뿐 지금까지 그 수수께끼를 맞힌 사람이 없었다. 오이디푸스는 "아침에는 네 발로 다니고, 점심에는 두 발로 다니고, 저녁에는 세 발로 다니는 동물이 무엇이냐?"는 스핑크스의 질문에 '인간'이라는 간단한 대답으로 스핑크스를 물리치고 테바이로 들어선다. 테바이 사람들은 오랜 골칫거리를 해결한 오이디푸스에게 라이오스 왕의 사후에 공석으로 있던 왕위를 권한다.

그리고 관습에 의해 라이오스 왕의 미망인인 왕비 이오카스테와 결혼하여 선정을 베풀면서 2명의 아들과 2명의 딸을 낳는다. 많은 세월이 흘러 오이디푸스의 선정이 무르익어 갈 무렵 돌연 테바이에 페스트가 창궐한다. 수많은 백성들이 죽어가자 오이디푸스 왕은 아내의 동생(외삼촌) 크레온을 아폴론 신전에 보내 신탁을 물어보게 한다. 크레온이 받아온 신탁은 "라이오스 왕을 살해한 사람을 찾아 복수를 하면 페스트가 물러간다."는 내용이었다. 자신이 라이오스 왕을 죽인 장본인이라는 사실을 알 까닭이 없는 오이디푸스는 백방으로 수소문하여 선왕을 죽인 사람을 찾는다.

예언자 테레시아스가 나중에 오이디푸스가 찾고 있던 선왕의 살해범이 바로 자기 자신이라는 사실을 알려준다. 영문을 몰라 하던 중 라이오스 왕에게 내려진 신탁을 알게 된다. 그리고 코린토스 왕 폴리보스의 죽음을 알리러 온 사자로부터 폴리보스 왕이 자신의 친아버지가 아니라는 사실을 알게 된다. 결국 라이오스 왕의 명령으로 자신을 죽이는 일을 맡았던 신하가 명령을 어기고 그를 죽이는 대신 코린토스의 목동에게 주어 버렸다는 사실마저도 알아차리게 된다. 이야기가 여기까지 이르자 자신이 바로 라이오스 왕의 아들이자 라이오스 왕의 살해자라는 사실과 자신의 아내가 바로 어머니임을 분명하게 깨닫게 된다.

이오카스테는 라이오스 왕과 함께 아들을 죽이면서까지(사실은 죽지 않았지만 라이오스 왕과 이오카스테의 입장에서 보자면 아들을 죽인 것이나 다름없다.) 피하고자 했던 신탁이 목전에서 실현된 것을 보고 더 이상 살 수가 없어 자살을 선택한다. 오이디푸스는 아버지를 죽일 것이라는 무서운 신탁을 알게 되고 나서 폴리보스 왕을 떠난 행위 자체가 자신에게 내려진 무서운 운명을 완수하는 것이라는 사실을 알게 되었다. 그 순간 그는 살 것인가, 죽을 것인가라는 햄릿적인 고뇌에 사로잡힌다. 그의 고뇌는 여기까지 이르는 동안 자신이 무슨 잘못을 저질렀는지에 대한 자문으로 이어진다. 아무리 생각해도 자신에게는 이토록 잔인한 형벌을 받아야 할 죄가 없다는 결론에 도달하게 된다. 그렇다면 내가 이오카스테처럼 자살할 이유가 없지 않은가? 잘못은 그런 어처구니없는 신탁을 내렸던 신에게 있는 것이지 나에게 있는 것이 아니다. 결국 그는 자신의 처절한 운명을 온전히 받아들이기로 하고, 이오카스테와는 달리 죽지 않고 살아남기로 하고 두 눈을 찔러 장님이 된다.

오이디푸스가 이오카스테와는 달리 단지 자살하는 것으로 자신의 부조리한 운명을 피하지 않는다는 사실은 중요한 의미를 지닌다. 여기서 우리는 자살이 부조리한 삶에 대한 궁극적인 해결이 아니라고 본 카뮈의 생각과 만난다. 카뮈가 『시시포스 신화』의 중요한 대목에서 오이디푸스의 처절한 운명에서 시시포스에 버금가는 부조리를 본 것은 오이디푸스가 자살하지 않고 살기를 선택했기 때문이다. 사실 오이디푸스는 자살할 이유가 없다. 잘못된 것은 신탁이지 오이디푸스의 선택이 아니기 때문이다. 라이오스 왕도 오이디푸스도 어쩔 수 없는 선택을 한 것이다. 아버지도 그도 모두 신이 내린 저주받은 운명을 피하기 위해 할 수 있는 모든 것을 다했다. 그의 부모는 자신들이 낳은 아들을 죽이기까지 했으며, 그역시 자신의 부모를 버리기까지 했다.

물론 그가 버린 아버지 폴리보스 왕이 친아버지가 아니라는 사실을 알게 되었지만, 그를 친아버지로 잘못 알고 있었던 그로서는 달리할 수 있는 일이 없었다. 이처럼 라이오스와 오이디푸스 부자는 극단적인 선택을 하면서까지 운명을 피하고자 했다. 그런데 피하기 위한 그들의 행위가 바로 운명을 완수하는 길임을 알 까닭이 없었다. 인간에게 주어진 운명은 비극적이면서도 부조리한 것이지만, 그것은 인간의 잘못이 아닌 신의 잘못에 의한 것이다. 이 사실을 깨닫고 죽기를 거부하고 신에게 반항한 오이디푸스의 선택은 옳았다.

2. 운명의 수용과 거부

오이디푸스는 "사느냐 죽느냐 그것이 문제로다"라는 햄릿적인 고민 앞에서 단호하게 살기를 선택한다. 부조리한 상황에서 극단적인 선택에 봉착했지만 스스로 죽을 이유가 없다고 판단했기 때문이다. 오이디푸스는 참으로 기

이오카스테

구한 운명을 타고 났다. 자신의 아버지를 죽이고 어머니와 혼인할 운명이라는 신탁 때문에 태어나자마자 아버지와 어머니로부터 버림을 받고 다른 사람의 손에 맡겨져서 성장한다. 성장한 다음에는 자신이 아버지를 죽이고 어머니와 혼인할 것이라는 신탁을 알게 되어 자신을 키워준 가족의 곁을 떠나게 된다.

집을 떠나 방랑하던 중 그는 길거리에서 진짜 아버지와 다툼을 벌이다가 그를 죽이고 자신이 태어난 테바이로 가서 그곳의 왕이 되어 어머니

와 결혼하여 두 딸과 두 아들을 낳는다. 나중에 자신의 왕국에 페스트가 닥치고 그 역병의 원인이 자신임이 밝혀진다. 그것을 계기로 자신의 처절한 운명이 드러나자 어머니이자 아내는 목을 매어 자살하고 만다. 어머니에 이어 오이디푸스마저 자살하고 말았더라면 이 이야기는 흔하디흔한 한 편의 비극으로만 남게 되었을 것이다.

오이디푸스가 햄릿적인 고뇌에 빠지는 것은 바로 이 순간이다. 그는 알지도 못하는 사이에 아버지를 죽이고 어머니와 결혼했다. 이런 상황에서 누군들 삶과 죽음의 경계에서 벌어지는 고뇌에 빠지지 않겠는가? 아니 그러한 고뇌에 빠질 것도 없이 당장 '살지 않기'를 선택하지 않겠는가? 그래야 맞을 것이다. 그러나 오이디푸스는 여기서 바로 자살을 선택하는 것이 아니라 자신의 인생을 한 번 돌아본다. 지금까지 살아오는 동안 자신이 무엇을 잘못했을까? 자신도 모르는 사이에 그는 말도 안 되는 신탁을 타고 이 땅에 왔다. 이 신탁을 철저히 믿었던 아버지로부터 버림받아 부모가 아닌 사람을 부모로 알고 자랐다.

인간적인 입장에서 보자면 이것만으로도 오이디푸스는 동정을 받아 마땅하다. 그는 나중에 아버지를 죽이고 어머니와 결혼할 것이라는 이상한 신탁이 자신에게 내려져 있다는 사실을 알게 된다. 그로서는 부모를 떠날 수밖에 없다. 그 순간 그것 말고 어떤 다른 선택을 할 수 있을 것인가? 그것이 운명을 피하는 행위라고 생각했지 거꾸로 운명을 완성하는 행위가 될 것이라는 사실을 인식하지 못했다. 그때까지 그는 그 사실을 몰랐고 알았더라면 당연히 다른 선택을 했을 것이다. 가족을 떠나 방랑길에서 어떤 노인과 시비가 붙어서 그를 죽이고 만다. 이것만이 그의 죄이다.

그 후 그는 스핑크스와의 드잡이에서 이기고 테바이로 입성하여 왕이 없던 그곳의 왕이 된다. 테바이 시민들의 골칫거리였던 스핑크스 문제를 해결한 공로를 인정받았기 때문이다. 그와 함께 그는 선왕의 왕비와 결혼하여 선정을 베푼다. 그러다가 갑자기 테바이에 무서운 역병이 닥친다. 우여곡절 끝에 테바이의 모든 불행이 자신으로 인한 것임을 알게 된다. 그 사실이 드러나자 이오카스테는 자살하고 만다. 그런데 이런 상황에서 그는 스스로에게 묻는다. "여기까지 오는 동안 내가 과연 무슨 잘못을 저질렀던가?" 아무리 생각해도 도무지 이해할 수도 없고 인정할 수도 없다. 잘못이 있다면 그런 신탁을 내린 신의 잘못이다. 이러한 신탁을 피하기 위해 그는 부모를 버렸다. 벌을 받아야 한다면 오히려 이게 더 큰 죄이다. 인간으로서 해서는 안 될 일이기 때문이다.

이런 경우를 가리켜 운명의 덫에 걸렸다고 표현한다. 인간이 신이 쳐둔 운명의 덫에 걸려 완수할 수밖에 없었던 결과가 잘못이라면, 그것은 신의 잘못인가 인간의 잘못인가? 오이디푸스는 신이 부여한 이러한 부조리한 운명에 끝까지 굴복하여 자신을 희생해야 하는지 심각한 고민에 빠질 수밖에 없다. 그런데 그는 신이 자신에게 부여한 이 부조리한 운명에 반항하기로 결심한다. 신이 자신과 가족에게 부여한 이 잔인한 운명을 받아들여야 할 이유가 없기 때문이다. 잘못은 신이 해놓고 벌은 항상 인간이 받는 악습의 고리를 끊어야 한다고 생각했을지도 모른다.

자신이 죽으면 인간을 노리개 정도로밖에 여기지 않는 신은 또 다른 오이디푸스를 만들어서 가지고 놀 것이다. 지금까지 늘 그랬다. 신은 인간을 노리개로 삼아왔고, 그 가운데서 생겨나는 징벌적 요소에 대한 벌은 언제나 인간이 받아왔다. 이것은 부당한 일이다. 이런 부조리를 영원히 반복해서는 안 된다. 앞으로 그의 삶은 고통스럽겠지만 이를 악물고 버텨야 한다. 부조리한 운명을 인간에게 부과하고서도 죄의식을 갖기는커녕 오히려 큰소리를 치고 있는 신에게 저항해야 한다. 그래서 그는 죽기를 선택하지 않는다. 사실 죽을 죄를 지은 것은 자신이 아니라 그러한 운명을 부여한 신이다. 그는 반항하기로 작정한다. 다만 자신이 했던 연기의 결과를 눈뜨고 볼 수는 없었던 그는 과감히 자신의 눈을 찌른다. 대단히 인간적이다.

그런데 그의 자책은 여기까지이다. 더 이상의 잘못은 신의 탓으로 돌려 버린다. 아마도 신은 오이디푸스가 자신의 죄를 영원히 눈으로 보면서 살아가는 형벌이라도 받기를 원했을지도 모른다. 그러나 오이디푸스는 그러한 징벌마저도 거부한다. 이런 점에서 보다면 오이디푸스가 생존의 방식으로서 자신의 눈을 찌른 것 또한 신에 대한 반항이다. 아마도 그는 이렇게 말했을지도 모른다. 나는 당신(들)이 원하는 대로 내 고통을 눈으로 보지 않을 것이다.

눈이 먼 그는 자신이 어머니와의 사이에서 낳은 안티고네의 팔에 의지하여 살아갈 수밖에 없다. 이 판국에 누가 그를 보살펴줄 것인가? 여기서 안티고네는 대단히 중요한 의미를 지닌다. 지금까지 그는 신이 부여한 운명의 노리개로서만 살아왔다. 하지만 그는 죽기를 선택하지 않고 단지 장님이 되는 것만으로 자신의 운명을 받아들이기로 한다. 그런 다음부터 그에게 중요한 것은 자신이 처한 현재이다. 신의 노리개로 살아왔던 과거는 이제 더 이상 중요하지 않다.

우리가 각자 오이디푸스라고 생각해보자. 자신도 모르는 사이에 아버지를 죽이고 어머니와 결혼을 해서 자녀를 낳았다. 그렇다면 우리는 어떻게 해야 할 것인가? 그런 처절한 운명을 겪고도 살아가기란 쉽지 않을 것이다. 하지만 이런 상황에서 오이디푸스는 죽지 않고 살아가기를 선택한다. 그래서 그는 결국 지금까지 자신이 완수한 운명을 받아들이기로 결심한다. 그러니 그가 자살할 이유는 없다.

지금까지 그가 결정적으로 잘못한 것은 없다. 아버지가 자신을 버린 것도 그가 자신을 키워준 부모를 버린 것도 그의 잘못이 아니다. 아버지도 그도 어쩔 수 없는 상황에서 아들을 죽이고 부모를 버렸다. 그때까지 아버지도 그도 운명을 피하기만 하면서 살아왔다. 불행하게도 그들은 운명을 피하려고 하다가 오히려 완수하고 말았을 뿐이다. 운명이 원하는 대로 오이디푸스는 아버지를 죽이고 어머니와 결혼했다. 자신의 운명이 완수되었다는 사실을 깨닫고 난 다음, 그는 운명을 회피할 것인가 운명에 저항할 것인가의 갈림길에서 지금까지와는 달리 운명에 저항하는 길을 선택하게 된다.

온전한 인간으로서 자신만의 결정을 하게 되는 순간이 이제야 주어졌다. 그때 그는 죽기를 선택하지 않고 살아서 신에게 저항하는 것을 선택한다. 그리고 그는 딸이자 누이동생의 손에 이끌려 삶을 되돌아보면서 자신이 지금까지 했던 모든 행위를 부인하지 않고 그대로 받아들인다. 지금까지 살아오는 동안 그는 항상 인간적인 입장에서 최선의 선택을 하기 위해 노력했지만, 그것이 오히려 최악의 선택이 되어 버렸다. 운명을 피하는 행위가 오히려 운명을 완수하는 행위가 되어버렸던 것이다. 그런데 그로서는 다른 길을 찾을 수 없었다. 그러니 어쩔 것인가? 그에게는 지금까지 벌어졌던 모든 일을 긍정하면서 살아가는 것 이외에 다른 길이란 있을 수 없었다.

손오공이라는 이름의 원숭이는 여의봉을 들고 구름을 타고 천하를 돌아다녔다. 그러나 그는 결국 자신이 천하인 줄 알고 돌아다닌 곳이 부처님의 손바닥에 불과하다는 것을 알게 된다. 어쩌면 손오공의 상황이 오이디푸스의 상황이라고 할 수 있다. 오이디푸스는 그것이 신이 부여한 운명의 덫인 줄도 모르고 자기 방식대로 할 수 있는 온갖 노력을 다했다. 하지만 그의 노력은 오히려 신탁을 완성하기 위한 도구가 되어 버렸다. 오이디푸스는 모든 사실을 확인하고 나서 이오카스테와는 다른 선택을 한다. 지금까지 그는 신의 운명을 피하면서도 그것을 완성할 수밖에 없는 삶을 살았다. 이제 와서 그는 신이 자신에게 부여한 운명을 받아들이기를 거부한다. 그래서 그는 처음이자 마지막으로 결정적으로 신에게 반항을 감행한다. 그렇게 함으로써 지금까지 신이 움켜쥐고 있던 운명을 자신의 손아귀로 옮겨 놓는다.

오이디푸스는 자신에게 주어진 운명을 '받아들일 수밖에' 없었다. 자신에게 부과된 운명을 피하려는 행위를 통해 오히려 운명을 완수할 수밖에 없었다. 지금까지 아버지도 자신도 피할 수 없는 운명을 살아냈다. 아버지는 자식을 죽였고, 그는 아버지를 죽이고 어머니와 결혼했다. 그것을 알고 나서 그는 스스로 눈을 찔러 장님이 되었다. 장님이 된 그는 이제 안티고네의 팔에 의지해서 살아간다. 이것이 그가 받아들여야 하는 현실이다. 인간은 신에 의해 조종당하는 존재이다. 신이 내린 운명이란 선험적인 것이지만 현재를 살아가는 인간에게 운명이란 옳고 그른지를 따지는 것이 무의미한 실존이다. 자신의 고통을 상기시키는 안티고네는 있는 그대로 그의 실존이다. 오이디푸스는 지금까지 운명에 따라 살아올 수밖에 없었지만, 그것은 그 자체로 그의 실존이었다. 그러니 어쩌란 말인가? 계속해서 살아가는 수밖에 다른 방도가 없다.

3. 나는 인간이다.

인간은 미지의 자연과 우주 속에서 자신의 힘이 하잘것없는 것임을 깨달을 수밖에 없다. 시시각각으로 변하는 주위 환경과 어둠과 죽음이 주는 공포 앞에서 스스로 할 수 있는 것이 거의 없기 때문이다. 그래서 인간은 자신의 안위를 지켜줄 신을 창조했다. 자신이 할 수 있는 것이 없는 만큼 인간은 신에게 강력한 힘을 부여했다. 그래서 신은 전지전능한 힘을 갖게 되었다. 모든 것을 아는 신과 자신의 무력함 외에는 아는 것이 전혀 없는 인간 사이의 관계는 미리 정해져 있었다. 그것은 신에 대한 인간의 절대복종으로 나타날 수밖에 없었다.

이렇게 해서 인간은 신에게 전적으로 예속되어 버린 것이다. 대단히 역설적이다. 현대 사회에 들어와서 인간이 스스로 만든 기계에 복종하게 된 것과는 질적으로 다른 상황이다. 기계가 인간의 삶을 지배하는 몫이 아무리 크다고 한들 동력만 끊어버리면 아무런 힘을 쓰지 못한다. 하지만 신은 다르다. 신에게 절대적인 힘을 부여하고 그의 보호를 기대한 것까지는 좋았는데, 그렇게 하다 보니 인간은 정작 자신의 운명조차 스스로 결정할 수 없게 되어 버렸다. 그 이후 인간은 자신의 힘을 되찾기 위해 오랜 투쟁을 감행해야 했다. 신화는 신에게 모든 것을 맡겨놓은 무력하고 무지한 인간의 자기 인식과정에 관한 이야기라고 할 수 있다. 이런 사실은 스핑크스가 오이디푸스에게 낸 수수께끼의 답이 '인간'이라는 데서도 분명하게 드러난다. 오이디푸스 신화는 인간의 비극적인 운명에 대한 하나의 해석이다. 그 중에서도 특히 스핑크스와 관련된 이야기는 신과 인간의 싸움의 의미를 극적으로 보여준다.

오이디푸스 이야기를 하다 보면 오이디푸스 콤플렉스라는 개념을 떠올리는 것은 어쩔 수 없다. 하지만 오이디푸스 신화를 성장기의 사내아이가 겪게 되는 성적인 욕망에 초점을 맞춘 콤플렉스만으로 해석하는 것은 오이디푸스 신화의 의미작용을 제대로 이해하는 것이 아니다. 오이디푸스가 하나의 콤플렉스 이야기로 받아들여지게 된 것은 순전히 프로이트 때문이다. 그런데 소포클레스가 오이디푸스 3부작을 통해 드러내고자 했던 것은 프로이트의 콤플렉스 이론과는 아무런 관련이 없다. 프로이트가 오이디푸스 이야기를 자신이 발견한 유아의 성장단계를 이론화시키는 데 사용했을 따름이다. 소포클레스의 오이디푸스 이야기는 무엇보다도 피할 수 없는 인간의 숙명과 그에 대한 인간의 태도에 관한 것이다. 오이디푸스의 이야기를 따라가다 보면 부조리한 운명을 피하려는 인간의 노력이 오히려 운명을 완성해간다는 사실을 확인할 수 있다. 다시 말해 오이디푸스 신화는 인간이 과연 운명을 피해갈 수 있는 것인가 하는 삶의 근본적인 문제를 제기한다.

여기서 우리는 '운명'이라는 개념을 좁은 의미로만, 다시 말해 신이 인간에게 내린 피해갈 수 없는 과정 정도로만 받아들여서는 안 된다. 여기서 운명은 좀 더 넓은 의미로, 다시 말해 인간 삶의 얼개를 말하는 것으로 받아들여야 한다. 인간은 살아가면서 여러 문제에 봉착하게 된다. 그 중에는 죽음이나 불의의 사고와 같이 인간으로서는 해결할 수 없는 것들도 있다. 우리는 운명이라는 표현을 동원하여 신이 만들어 놓은 상황에 대한 절대적인 수용을 정당화한다. 그런데 오이디푸스가 제기하는 운명의 문제는 삶 전체와 관련되어 있다. 소포클레스가 오이디푸스라는 비극적인 영웅을 통해 말하고자 했던 것은 신이 부여한 운명의 지배를 받을 수밖에 없는 비극적인 삶의 얼개이다.

소포클레스의 의도는 인간의 삶을 사이에 둔 스핑크스와 오이디푸스의 대면에서 잘 드러난다. 스핑크스는 테바이로 들어가는 길목을 지키고 있다가 지나가는 나그네에게 수수께끼를 내고는 바른 대답을 제시하지 못하는 인간을 죽여 버렸다. 그런데 오이디푸스 이전까지 아무도 그 수수께끼에 정답을 알아맞힌 사람이 없었다. 질문은 이랬다. "아침에는 네 발로 걷고 낮에는 두 발로 걷고 저녁에는 세 발로 걷는 동물은 무엇인가?" 이 질문을 통해 스핑크스는 '인간'인 오이디푸스가 어린 시절, 청장년 시절, 노년 시절을 포함하는 인간 삶의 모든 과정을 이해하고 있는지를 묻고 있다.

오이디푸스는 지금까지 아무도 알아맞히지 못한 이 질문에 '인간'이라는 정답을 찾아 스핑크스에게 제시한다. 사실 오이디푸스가 제시한 대답은 인간의 입장에서 보자면 어려운 것이 아니다. 바로 인간 자신의 삶을 이야기하는 것이기 때문이다. 그런데도 지금까지 누구도 그 질문에 올바른 답을 제시하지 못했다. 이는 곧 오이디푸스 이전에는 아무도 자신이 인간임을 제대로 인식하고 있지 못했다는 것을 의미한다. 다시 말해 지금까지 인간은 스핑크스가 묘사하고 있는 동물이 인간이라는 사실을 모르고 전적으로 신의 의지에 따라 살았다는 것을 의미한다. 그러니까 스핑크스는 지금까지 인간에게 스스로 인간임을 알고 있는지 묻고 있었던 셈이다.

그것은 프로메테우스가 신으로부터 불을 훔치고 에덴동산의 아담과 이브가 선악과를 따먹은 이후에 일어난 또 다른 의식의 혁명이다. 인간은 프로메테우스가 전해준 불을 계기로 완전히 다른 삶을 살아갈 수 있게 된다. 신과 인간을 다르게 만들어주었던 불을 인간도 사용할 수 있게 되었기 때문이다. 불을 사용할 수 있게 되고 난 다음부터 인간은 기술과 문명을 비약적으로 발전시키게 되었다. 마찬가지로 선악과를 따먹은 후 인간은 선악을 분간함으로써 신과 같은 지식을 소유할 수 있게 되었다. 애초 신이 자신에게 부여한 것 말고는 아무 것도 알지 못했던 인간은 선악과 이후 신과 거의 동일한 수준의 지식을 소유할 수 있게 되었다.

오이디푸스 이후 인간은 드디어 자신의 삶의 전 과정을 이해할 수 있게 되었다. 그것은 인간의 자의식이 성장했다는 것을 의미한다. 인간은 이제 신과의 관계에서 자신을 규정하는 데서 벗어나 자기인식만으로도 스스로를 규정할 수 있게 되었다. 스핑크스와 오이디푸스의 드잡이는 우리가 신화를 어떻게 받아들여야 할지를 모범적으로 보여주고 있다. 신화의 모든 이야기는 인간이 수십만 년, 수백만 년을 이어오면서 자신의 삶을 어떻게 이해해왔는지를 보여주고 있다. 프랑스의 철학자 귀스도르프는 이러한 관점에서 『신화와 형이상학』에서 원시인의 정신세계를 드러내는

'신화'를 현대인의 '형이상학'으로 바꾸어 이해해야 한다고 주장한다.

오이디푸스가 아버지를 죽인 것은 새로운 삶을 향해 나아가는 길목에 서였다. 그것은 신이 자신에게 부여한 운명을 완수하는 첫 단추를 끼우는 일이기도 했다. 그에게는 삶을 시작하기 위한 첫 과업이 자신도 모르는 사이에 '아버지'를 죽이는 일이었던 셈이다. 여기서 아버지는 단순히 생물학적인 아버지만을 의미하는 것이 아니다. 아버지는 이 세상의 모든 아들이 자신만의 삶을 온전히 살아내기 위해 반드시 극복해야 할 권위의 소유자로서 새로운 것을 향해 나아가는 길목에서 반드시 제거되어야 할 기성의 것을 의미한다.

이어서 그는 '신'마저도 죽인다. 이렇게 볼 때 최초로 신의 죽음을 선언한 사람은 니체가 아니다. 그보다 훨씬 전에 소포클레스의 오이디푸스가 먼저 신을 죽여 버렸다. 지금까지 아무도 스핑크스의 질문을 통과하지 못했다. 이는 곧 인간이 정신적으로 신의 예속물이었다는 것을 의미한다. 스핑크스(신)가 지속적으로 원했던 대답은 '인간'이다. 그런데 지금까지 아무도 그 문제에 대답하지 못했다. 하지만 오이디푸스는 간단하게 그 문제를 풀어버린다. 그 대답을 통하여 인간을 지배했던 스핑크스라는 괴물(신)은 이제 존재의미를 상실해버린다. 수수께끼라는 것이 한번 풀리고 나면 무의미해지는 것과 마찬가지다. 어떻게 해서든 첫 시작이 중요한 것이다. 지금까지 스핑크스는 자신이 인간의 운명을 지배할 수 있다고 생각해왔다. 하지만 인간이 자신의 운명을 알게 되고 난 다음 스핑크스는 더 이상 절대적인 신의 위상을 지닐 수 없게 되었다. 인간이 자신의 운명을 알아버리고 나면 신의 권능은 더 이상 무의미해져 버리기 때문이다.

다음 두 그림을 보자. 르네상스(Re-Naissance)시대, 그러니까 인간이 신으로부터 벗어나서 자신의 독자적인 영역을 개척하고자 했던 시기에

앵그르(Ingres)와 모로(Morot)가 각각 그린 것이다. 두 그림은 모두 스핑크스와 오이디푸스를 다루고 있다. 그런데 이상하게도 지금까지 인간 죽이기를 인간이 파리 목숨 다루듯 했던 스핑크스의 모습이 너무나 연약하게 그려져 있다. 그 동안 수도 없이 많은 인간을 죽였던 스핑크스가 저런 정도로 초라한 존재였다는 것이 허탈할 지경이다.

오이디푸스와 스핑크스
(귀스타브 모로)

오이디푸스와 스핑크스
(장 오귀스트 도미니크 앵그르)

　스핑크스와 관련된 수많은 전설을 뒤로 하고 순전히 그림 속의 것으로만 판단한다면 스핑크스는 절대로 오이디푸스를 죽일 수 있을 것 같지 않다. 오히려 오이디푸스가 마음만 먹으면 언제든, 그리고 어떤 방식으로든 스핑크스를 죽여버릴 수 있을 것 같다. 게다가 그의 손에는 창까지 들려 있다. 두 그림에서 스핑크스(신)가 오이디푸스(인간)을 죽일 수 있을 것이라고는 상상하기 어렵다. 스핑크스의 표정을 보면 오히려 오이디푸스에게 삶을 구걸하고 있는 것 같다. 심지어 모로의 그림에서 스핑크스는 오이디푸스의 사랑을 구걸하는 것처럼 보이기도 한다. 앵그르의 그림에서는 스핑크스의 표정이 어둠에 가려져 있어 잘 보이지도 않는다. 그에 반해 그림의 조명은 온통 오이디푸스의 멋진 자태에 초점이 맞추어져 있다.

스핑크스에게서 오이디푸스에게로 조명을 옮긴 위의 두 그림이 의도하는 바는 무엇일까? 두 화가가 살았던 르네상스 시기에 인간은 지금까지 자신을 지배해왔던 신의 질서에서 벗어나 자신의 운명을 스스로 결정하고자 하였다. 그것은 신 중심주의에서 인간 중심주의로의 이동을 의미한다. 중세 때 인간은 스스로 생각할 필요가 없을 정도로 모든 생각이 신의 의지를 구현하는 것에 맞추어져 있었다. 모든 사고와 행위의 기준은 신의 의지였다. 신의 의지를 거스르는 사고나 행위를 한다는 것은 곧 죽음을 의미했다. 그러니 아무도 감히 신의 의사를 거스를 생각을 하지 못했다. 근대 르네상스 시대의 인간 중심주의는 스핑크스의 수수께끼에 '인간'이라는 답을 제시한 오이디푸스에게서 유래하는 것이라고 보아도 무방하다.

4. 모든 것이 좋다.

아버지 라이오스를 죽이고 어머니 이오카스테와 결혼을 했다는 사실을 알게 된 오이디푸스가 할 수 있는 것은 무엇이었을까? 이오카스테는 이 끔찍한 사실을 깨닫고 나서 바로 자살을 하고 말았다. 그런데 카뮈에 의하면 '자살'은 부조리한 운명을 해결하는 것이 아니라 영원히 미궁 속으로 빠트리고 마는 것이다. 아마도 오이디푸스 역시 그렇게 생각했던 모양이다. 그래서 그는 자살하지 않고 자신에게 주어진 처절한 운명에 직면하여 살기를 선택한다. 그러나 눈을 찔러 스스로 장님이 된 그는 혼자서는 살아갈 수 없게 되어 자신의 딸이자 누이동생인 안티고네의 팔에 의지해서 살아갈 수밖에 없다. 안티고네는 자신의 잔인한 운명의 결과물로서 살아 있는 한 끊임없이 비극적인 운명을 상기시켜주는 존재이다.

그는 신을 향해 자신이 지금까지 살아온 것이 자신의 잘못이 아니라고 외친다. 인간적인 입장

오이디푸스와 안티고네

에서 보자면 그는 잘못한 것이 없다. 오이디푸스가 목숨을 끊지 않고 살아가는 행위 자체가 바로 인간을 농락하기를 좋아하는 신들에 대한 반항이다. 그는 안티고네의 팔에 의지해서 살기를 선택한다. 장님인 그가 누군가의 도움 없이 살아간다는 것은 불가능하다. 그런 그에게 도움을 주는 안티고네는 오이디푸스의 현재를 가능하게 하는 불가피한 구성요소이자 자신의 처절한 운명을 끊임없이 상기시키는 역할을 한다. 이처럼 오이디푸스는 처절한 운명의 결과물을 피하지 않고 정면에서 직시하면서 신에게 저항하고 있다.

프로이트를 통해 우리에게 알려져 있는 오이디푸스 이야기는 아버지를 죽이고 어머니를 아내로 취했다는 사실을 알고 그에 대한 징벌로 자신의 눈을 찔렀다는 것 정도이다. 하지만 소포클레스의 오이디푸스 이야기는 그 뒤로도 이어진다. 오이디푸스는 이오카스테와는 달리 자살을 하지 않고 계속해서 살아간다. 카뮈는 이런 오이디푸스에게서 바윗돌을 끝

까지 포기하지 않고 자신의 과업으로 변환시켜 신의 징벌을 무화시켜 버리는 시시포스의 모습을 발견한다.

그는 자신에게 주어진 부조리한 운명을 피하는 과정에서 수많은 고난을 당한다. 아버지 역시 부조리한 운명을 피하기 위해 노력했다. 자신들에게 부여된 부조리를 깨닫는 순간 그들은 가장 고통스러운 선택을 했다. 즉 아버지는 외아들을 버렸고 아들은 아버지를 버렸다. 인간으로서 이보다 더한 고통이 어디 있겠는가? 이런 자발적인 고통에도 불구하고 그들은 운명을 피할 수 없었다. 운명을 피하려는 고통스러운 행위가 오히려 운명을 완성해 갔다. "모든 것이 좋다."는 오이디푸스의 외침은 인간이 피할 수 없는 부조리한 운명과의 드잡이에서 피하지도 패하지도 않았던 한 영웅의 자기 인식을 표현한다.

인간은 아무리 해도 죽어야 한다는 궁극적인 운명에서 벗어날 수 없다. 그리고 살아 있는 동안 시시포스의 노동을 반복해야 한다는 일상적인 운명에서도 벗어날 수 없다. 그렇다고 해서 부조리를 영원히 유보시켜버리는 죽음을 선택해서도 안 된다. 그렇다면 오이디푸스적인 선택이 운명에 대한 유일한 선택으로 남게 된다. 온갖 노력의 결과가 이것인데 도대체 이제 와서 어쩌겠는가? 오이디푸스의 과거와 현재의 삶은 신이 인간에게 부여한 부조리한 운명으로부터 벗어나기 위한, 다시 말해 신에게 반항하기 위한 노력의 연속이다. 그는 죽지 않고 끝까지 살아남아 신에 대한 인간의 반항을 계속한다.

삶은 내 의사와 무관하게 나를 속인다. 누구도 원하지 않건만 끔찍한 불행은 누구에게라도 떨어질 수 있다. 이러한 불행을 피하기 위해 인간이 할 수 있는 일은 거의 없다. 어떤 시인은 이를 슬퍼하거나 노여워하지 말라고 권고하고 있다. 이러한 태도는 처절한 운명 앞에서 "모든 것이 좋다"고 외친 오이디푸스가 선택한 삶의 태도를 반영한다. 그는 운명을 완수한 자신의 모습을 바라보고 운명 그 자체에 대해 슬퍼하거나 노여워하지 않는다. 그가 한 일은 단지 자신에게 이러한 부당한 운명을 부여한 신에게 반항하는 것이었다.

그는 결국 안티고네의 팔에 의지하여 살아간다. 안티고네는 자신의 운명의 '결과'이자 부인할 수 없는 자신의 '현재'이기도 하다. 돌이켜 보면, 지금까지 그는 인간으로서는 참아내기 힘든 삶을 살아왔다. 할 수만 있다면 모든 것을 부인하고 잊어버리고 싶다. 하지만 그가 아무리 부인하려 해도 부인할 수 없고 아무리 잊으려 해도 잊을 수 없는 것은 현재 곁에서 자신을 인도하고 있는 딸 안티고네이다. 과거를 부인하는 것에 성공한다고 해도 자신이 지내온 운명의 결과물인 안티고네는 어쩔 수 없는 것이 아닌가? 현실적으로 이제 장님이다. 장님이 되었다는 것은 주위의 현재를 받아들일 수밖에 없게 만드는 요소이다. 스스로 장님이 되기를 선택한 사람으로서 그는 안티고네의 도움 없이는 살아갈 수 없다. 그래서 그는 이제 그 현실을 받아들여야 한다. 소포클레스의 『콜키스의 오이디푸스』는 오로지 안티고네의 팔에 의지하여 살아가는 오이디푸스를 보여준다.

카뮈는 『시시포스 신화』의 마지막 장에서 안티고네의 팔에 의지하여 살아가는 오이디푸스의 한 장면을 다음과 같이 포착하고 있다.

> 이렇듯 오이디푸스도 처음에는 알지 못한 채 자신의 운명에 복종한다. 그가 알게 되는 순간부터 비극은 시작된다. 그러나 바로 그 순간에 눈멀고 절망한 그는 자기를 이 세상에 이어주는 유일한 끈은 젊은 처녀의 싱싱한 팔이라는 것을 안다. 이때 부조리한 말이 울려온다. "이 많은 시련에도 불구하고, 나의 늙음과 나의 위대한 영혼은 나로 하여금 '모든 것이 좋다'고 판단하게 한다."[26]

카뮈는 여기서 오이디푸스의 반항을 시시포스의 반항과 동일한 맥락에서 파악하고 있다. 시시포스 역시 자신에게 부여된 바윗돌 굴리기라는 부조리한 운명을 피하지 않는다. 그 역시 바윗돌을 버릴 수 없었다. 그에게 있어서 바윗돌을 버린다는 것은 완벽한 종말을 의미한다. 그가 바윗돌을 버리는 순간 바윗돌의 형벌을 부과한 신이 가만히 있지 않을 것이다. 바윗돌은 시시포스에게 고통스러운 '현재'이다. 그는 이를 악물고 바윗돌을 굴리기로 작정한다. 그것은 신이 자신에게 부여한 운명에 반항하면서 그것을 오롯이 살아내는 것이다. 이렇게 오이디푸스 역시 시시포스처럼 신과의 드잡이를 선택한 것이다.

우리는 "모든 것이 좋다."라는 오이디푸스의 말의 의미를 새겨보아야 한다. 이 말은 잔인한 운명을 몸소 살아온 오이디푸스가 할 수 있는 말은 아닌 것 같다. 그는 아버지를 죽이고 어머니와 결혼했다. 그런 다음 장님이 되어 자신이 겪어온 불행한 운명을 상기시켜주는 딸 안티고네를 옆에 두고 살아갈 수밖에 없다. 하지만 그는 지금까지 살아오면서 겪은 경험에 비추어 감히 "모든 것이 좋다."고 단언한다. 자신에게 아버지를 죽이는 얼토당토 않는 운명을 부과한 신의 장난 속에서 자신이 할 수 있는 일이 없었다는 것을 안다. 운명 앞에서 그가 할 수 있는 일은 없었다. 그 모든 운명을 완수하고 그가 할 수 있는 것은 단 한 가지였다. 그것은 신에게 반항함으로써 자신의 삶을 정당화시키는 것이었다. 그렇게 하지 않았더라면 신의 장난에 송두리째 무너져 내렸을 인생을 자신의 것으로 수용한 것이다. 자신의 고통을 수시로 상기시켜주는 안티고네가 이제는 삶의 일부가 되어 있는 현실마저도 받아들인다. 시시포스처럼 인간이 처한 현실을 수용하는 것이야말로 신에 대한 반항이 된다.

오이디푸스는 자신의 운명을 너무나 분명하게 의식하고 있었다. 그의

---

26 알베르 카뮈, 위의 책, p. 193.

운명은 시시포스처럼 자신의 운명을 의식하기 때문에 비극적이다. "멸시로써 극복되지 않는 운명이란 존재하지 않는다"[27]라고 본 시시포스처럼 그 역시 자신에게 처절한 운명을 부여한 신의 징벌을 멸시한다. 시시포스는 과감히 신이 부여한 운명에 반항했다. 그는 반항하는 행위를 통하여 행복할 수 있었고, 그러한 행복은 오이디푸스에게서도 마찬가지였다. 카뮈는 『시시포스의 신화』를 "행복한 시시포스를 상상해보아야 한다."라는 의미심장한 문장으로 마감하고 있는데, 우리는 그를 따라서 "행복한 오이디푸스를 상상해보아야 한다."라고 말할 수 있을 것이다.

처절한 운명을 깨닫고 신에게 반항하고 나서야 오이디푸스는 온전히 자신일 수 있었다. 온전히 자신이 되기를 선택한 인간에게 신이 할 수 있는 일은 그다지 많지 않다. 기껏해야 사후세계에 지옥불에 보내버리겠다는 위협 정도가 고작이다. 하지만 실존하는 인간에게 지옥불은 무의미하다. 설사 지옥불에 떨어진다고 해도 그것은 현재와 다른 실존 속에서이다. 적어도 현 실존 속에서 지옥불을 체험한 사람은 아무도 없다. 카뮈는 다시 돌을 굴리러 산 아래로 내려오는 시시포스에게서 인간행복의 전형을 보았다. 이와 마찬가지로 우리는 죽지 않고 안티고네의 팔에 이끌려 처절하면서도 꿋꿋하게 주어진 운명을 살아내는 오이디푸스에게서 행복의 또 다른 유형을 발견할 수 있어야 한다. 그것이 바로 인간으로서의 우리의 모습이기 때문이다.

---

27 알베르 카뮈, 「시시포스의 신화」, 박영사, 1973, p. 192.

제3절 프로메테우스의 반항[28]

1. 프로메테우스 신화

프로메테우스는 그리스 신화 전체에 걸쳐 반항하는 영웅의 전형이다. 신들만이 사용할 수 있는 불을 훔쳐 인간에게 전해 준 프로메테우스의 행위는 신의 입장에서 보나 인간의 입장에서 보나 반항의 전형이 되기에 충분하다. 그는 그 죄로 바위에 묶이어 독수리에게 간을 쪼아 먹히는 형벌에 처해진다. 이러한 프로메테우스의 이야기

사슬에 묶이는 프로메테우스(루벤스)

는 신에 대한 인간적 반항의 전형이 되었다.

프로메테우스는 '불의 도적'이자 '인류 문명의 아버지'로 받아들여진다. 그는 원래 크로노스와 레아의 자손으로 이루어진 올림푸스 신보다 한 세대 앞서는 티탄 족이다. 티탄 족은 제우스 신을 정점으로 하는 헬레니즘 시대의 신들의 일원이 아니라 제우스 신의 할아버지인 우라노스와 가이아의 자손들을 일컫는다. 그러므로 항렬을 따지자면 그는 올림푸스 신의 주신인 제우스 신의 아저씨뻘이 된다. 아무튼 그는 티탄족의 영웅이었던 이아페토스의 아들이자, 지구의 한 축을 떠받치는 역할을 하는

---

28 이 항목은 저자의 다른 논문(「카뮈, 현대의 아이스킬로스」, 『프랑스문화예술연구』, 제50집, 2014, pp.59~81)에서 일부 수정하여 활용함.

아틀라스의 동생이자, 판도라의 남편으로 잘 알려진 에피메테우스의 쌍둥이 형이다.

프로메테우스는 신화 속에서 그다지 중요한 위치를 차지하고 있지는 않았지만, 불을 사이에 둔 제우스 신과의 투쟁을 통하여 일약 유명해지게 된다. '먼저(Pro) 생각하는(Metheus) 사람'이라는 이름에서 보듯이, 그는 '나중에(Epi) 생각하는(Metheus) 사람'인 동생 에피메테우스와 달리 대단히 사려 깊었던 것으로 보인다. 그는 신에게 제물을 바칠 때 먹기 좋은 살코기와 내장은 볼품없는 가죽으로 감싸고, 뼈들은 가지런히 모아 윤기가 흐르는 비계로 감싸두고 제우스 신으로 하여금 어느 것을 취할 것인지 선택하게 했다. 신화에서 항상 그렇듯이 모든 것을 알고도 속아 넘어가는 척한 제우스 신은 윤기가 흐르는 비계로 싸인 뼈를 선택했다. 이를 빌미로 불경을 심판하기 위해 인간을 이 세상에서 소멸시켜버리기로 작정하고 있었기 때문이다.

제우스 신과 프로메테우스의 싸움은 여기서 시작된다. 프로메테우스는 신의 삶과 인간의 삶의 가장 큰 차이가 불의 사용 여부에 있다는 것을 잘 알고 있었다. 그래서 그는 신으로부터 인간을 보호할 수 있는 가장 효과적인 방법은 인간이 불을 사용할 수 있게 해주는 것이라고 생각했다. 그리하여 프로메테우스는 회양목 가지로 신만이 그 혜택을 누리던 불을 인간에게 전해줌으로써 인간이 신의 도움 없이 독자적으로 살아갈 수 있게 해주었다.

"자신의 아버지가 차지했던 왕위를 제 손아귀에 넣자마자 제우스 신은 여러 신들에게 권력을 나누어주고 자신은 그 제국 전체의 통치자가 되었소. 하지만 가엾은 인간들은 거들떠보지도 않았소. 기존의 인간들을 몰살시키고 새로운 종족을 만들려고 생각했기 때문이오. 제우스 신의 이런 계획에 반기를 든 건 나 프로메테우스밖에 없었소, 나는 감히 제우스 신에게 맞섰소. 완전히 명계(冥界)에 빠질 인간들을 구해준 것은 바로 나였단 말이오. 그 대가로 나 프로메테우스는 이렇게 고통스럽게 바위에 묶이게 되었소."[29]

프로메테우스가 신들로부터 불을 훔쳐 인간에게 전해준 것을 계기로 신과 인간 사이에 새로운 관계가 설정된다. 신들만의 것이었던 불을 인간들도 사용할 수 있게 됨으로써 인간은 신으로부터 독립할 수 있었기 때문이다.

프로메테우스는 제우스 신이 절대적 권한을 가지고 지배하고 있는 세상의 질서에 반항한 셈이다. 그 결과 프로메테우스는 제우스 신으로부터 잔인한 형벌을 받는다. 그는 사막의 뜨거운 태양에 달궈진 바윗돌에 쇠사슬로 결박당한 채 독수리에게 간을 쪼아 먹힌다. 신들만이 향유하게 되어 있던 불을 인간에게 전해준 프로메테우스는 자신이 저지른 죄에 합당한 형벌을 받게 된 것이다. 아이스킬로스의 『사슬에 묶인 프로메테우스』에 의하면, 그는 '힘', '폭력', 헤르메스, 헤파이스토스에 의해 끌려와서 헤파이스토스가 만든 쇠사슬로 바윗돌에 결박당한다. 프로메테우스의 형벌은 시시포스의 형벌만큼이나 고통스러운 것이었다. 시시포스가 받은 형벌처럼 그의 형벌도 영원히 끝나지 않게 되어 있었다. 낮에 독수리에게 쪼아 먹힌 간은 밤이면 다시 자라나기 때문에 아무리 많은 세월이 흐르더라도 그 고통이 끝나지 않을 것이기 때문이다.

'미리 생각하는 자'라는 이름에 걸맞게 프로메테우스는 제우스 신의 운명을 미리 알고 있었다. 그리하여 그는 신으로부터 지속적으로 협박과 회유를 당하지만 끝까지 제우스 신에 시달리고 타협하기를 거부한다. 제우스 신은 헤르메스를 통하여 프로메테우스로부터 자신의 앞날의 운명

---

29 아이스킬로스, 『사슬에 묶인 프로메테우스』, 지식을 만드는 지식, 2010, p. 30.

에 대해 알고자 하지만, 프로메테우스는 끝까지 저항하면서 제우스 신의 운명에 대해 함구한다. 프로메테우스는 "대지가 신음소리를 내고, 천둥소리가 으르렁거리고, 번개가 번쩍거리고, 폭풍이 소용돌이치고, 먼지가 흩날리고, 돌풍이 이리저리 부딪치고, 하늘과 바다가 뒤엉키는"[30] 상황에서도 고집스럽게 제우스 신에게 용서를 빌기를 거부한다. 카뮈는 『반항하는 인간』에서 인간을 사랑한 죄로 견딜 수 없는 고통과 헤르메스의 조롱을 참아내는 프로메테우스의 인간적인 모습에 주목한다.

프로메테우스가 반항의 영웅이 된 중요한 이유는 인간들과의 유대감을 확인하고 강화하려는 욕망 때문이었다. 아이스킬로스의 프로메테우스는 다음과 같은 외침을 통해 인간과의 유대라는 스스로의 행동의 의미를 부각시킨다.

> "인간들에게 좋은 선물을 주었다고 이런 고초를 당하면서 비참한 지경에 이르게 된 것이오. 나는 불의 원천을 찾아냈고 회향풀 가지에 숨겨진 불을 훔쳐 불쌍한 인간들에게 주었소. 불은 그 자체로 모든 기술을 가르쳐주는 선생이고 그것을 가능하게 한 훌륭한 수단이오. 이게 바로 내가 지은 죄이고 보복을 받게 된 이유라오."[31]

제우스 신이 부과한 징벌을 앞에 둔 프로메테우스의 이러한 외침은 신에 대한 저항이라는 행위의 이면에 인간을 구원하려는 의도가 있다는 사실을 보여준다. 프로메테우스의 반항은 무엇보다도 인간의 삶을 개선하기 위한 행위였다. 그가 제우스 신에 대한 반항을 끝까지 밀고 나갈 수 있었던 것도 인간 삶의 조건을 개선하기 위해서였다. 프로메테우스는 자신의 행위의 목적을 다음과 같이 분명하게 드러낸다.

---

30 아이스킬로스, 위의 책, pp. 111~112.
31 아이스킬로스, 위의 책, p. 18.

"하지만 불쌍한 인간들을 위해 내가 어찌했는지 한번 들어보시오. 전
　　에는 미숙한 어린애처럼 살던 인간들을 지성을 지닌 이성적 존재로 만
　　들어 준 건 바로 나 프로메테우스란 말이오."[32]

　프로메테우스의 행동의 중요성은 신에 대한 저항 행위를 통해 "미숙
한 어린애"를 "지성을 지닌 이성적 존재"로 만들어 준 것이다. 프로메테
우스의 행위가 의미 있는 이유는 거기에 함축된 인간에 대한 사랑 때문
이다. 인간 중심의 관점에서 보자면 프로메테우스의 행위는 인간 삶이
구체적으로 어떻게 변화하게 되었는가 하는 데서 더 큰 의미를 지닌다.
　불은 신이 인간에게 금지한 지식을 상징한다. 그것은 에덴동산에서
'알게 하는 나무'였던 선악과와도 같은 것이었다. 그래서 신은 인간에게
다른 많은 혜택을 주면서도 유독 불은 사용하지 못하게 했다. 그것은 불
을 사용함으로써 인간이 신과 동일한 지위에 오를 것을 염려했기 때문이
다. 그렇기 때문에 인간이 불을 가지게 되었다는 것은 신이 강요한 질서
에서 벗어나 독자적인 영역을 구축하게 되었다는 것을 의미한다. 그리하
여 프로메테우스는 신에 대한 증오와 인간에 대한 사랑이라는 두 개의
축을 통해 시시포스와 더불어 부조리한 운명에 반항하는 인간의 모델이
된다. 제우스 신은 헤르메스를 보내 자신에게 잘못을 빌고 자신의 운명
을 알려줄 것을 요구하지만 그는 끝까지 신에게 복종하기를 거부했다.
이를 통하여 그는 신에 대한 인간적 반항의 원형이 된다.

2. 불이라는 권력

　불은 사물을 변화시켜버리는 성격을 가지고 있다. 불은 물을 공기로

---

32 아이스킬로스, 위의 책, p. 51.

만들어 버리고 흙을 돌로 만들어버리고 금속을 액체로 만들어 버린다. 불은 또한 여러 요소가 합쳐진 물질을 분리시키기도 한다. 야금술은 사물을 변화시켜버리는 불의 이러한 성격을 이용한 것이다. 우리는 불에 대한 태도로 인간의 정신적 삶과 물질적 삶의 많은 부분을 분류하기도 한다. 불의 활용도는 문화적 수준을 나타내는 기준이기도 하다.

화로   화재

현대 문명에서는 야금술이 없는 문명을 상상한다는 것은 불가능한 일이다. 그것을 사용하는 능력에 따라 인간의 역사가 바뀌어왔다. 실제로 불을 사용할 수 있는 능력은 이 세상의 지배권을 강화하는 것으로 이어졌다. 인류의 문명을 가르는 석기시대, 청동기 시대, 철기시대 등의 용어는 불을 사용한 야금술의 발달 정도에 따른 것이다. 게다가 불을 사용할 수 있는 능력에 따라 권력의 분배가 이루어져 왔다. 그리하여 인간의 상상세계에서 불은 세상의 변화를 주관하는 것으로 자리 잡았다.

인간 삶에서 불은 밤의 추위와 짐승들의 공격으로부터 인간을 안전하게 지켜주는 역할을 수행했다. 불은 인간의 삶에 대단히 유용한 물질이지만 잘못 다룰 경우 대단히 위험한 것이기도 하다. 그래서 불은 어느 문화권에서든 많은 금기의 원천이 되어왔다. 불이란 한 번 잘못 건드려 위험한 상황에 처하게 되면 좀체 통제할 수 없는 상황에 이르러 인간의 의지와는 상관없이 많은 것을 집어삼키고 만다.

불을 가지고 장난을 하는 아이들에게 어른들은 "불을 가지고 장난하면 오줌 싼다."라는 말로 그 위험성을 경고한다. 예전에 아이들이 이불에 오줌을 싸면 키를 뒤집어쓰워 이웃으로 소금을 얻으러 가게 했다. 아무것도 모른 채 그저 어른들의 심부름인 양하고 소금을 얻으러 가면 "네 이놈. 간밤에 오줌 쌌구나."하고 창피를 준다. 이렇게 해서 아이는 불이라는 것이 어른들의 것임을 인식하게 된다.

불이 권력을 상징하는 물질이라는 것은 아이들의 성장 과정에서 어른들이 아이들에게 불의 사용을 허용하는 문제를 통해 잘 드러나 있다. 불을 사이에 둔 신과 인간의 관계는 불을 사이에 둔 아버지와 아들의 관계와 동일한 구조를 드러낸다. 즉 아버지는 미성숙한 아들에게 불의 소유를 엄격하게 금지시킨다. 아들은 불에 대한 금기를 통해 아버지가 가진 권력에 경이로운 시선을 보내고, 아버지 역시 불에 대한 아이들의 접근을 통제함으로써 자신의 권력을 공고히 한다.

최근 들어 과학 기술의 발달과 더불어 불을 관리하고 사용하는 안전한 기법이 개발되어 불은 과거에 비해 훨씬 덜 위험한 방식으로 인간과 공존하게 되었다. 과거에는 상대적으로 위험한 상태에서 관리되던 불이 이제는 보다 편리하고 안전한 형태로 주어진다. 불의 안전한 관리와 관련된 여러 기법들이 발견됨에 따라 불과 관련된 금기도 많이 해제되었지만 모든 문화권에서 불은 여전히 함부로 다루어서는 안 될 위험물로 인식되고 있다. 불의 관리가 안전하게 되었다고 해서 불의 위험성 자체가 사라진 것은 아니기 때문이다. 화재가 한 번 일어나면 과거와는 비교도 할수 없을 정도로 위험한 상황으로 이어진다. 이러한 위험으로 인해 소방 관리 업무는 특별히 자격이 있는 소수의 전문가들에게만 맡겨져 있다.

현대 건축에서 소방 관련 설비는 다른 모든 것에 앞서 대단히 중요한 고려사항이 되고 있다.

예전에는 겨울 밤 추위를 물리치기 위해 방안에 화로를 두었다. 화로의 불은 저녁 아궁이에서 조리를 하면서 조심스럽게 골라낸 숯으로 이루어지는데, 이 불은 적당한 크기의 용기에 담겨 방으로 옮겨진다. 이 불을 관리할 수 있는 사람은 집안에서 제일 큰 어른이다. 누군가 조심스럽게 화롯불을 뒤적이는 것은 자신이 집안의 최고 어른임을 과시하는 행동이기도 하다. 미숙한 아이들은 화롯불에 접근조차 할 수 없었다. 이런 상황에서 화롯불을 만지는 어른의 손은 부러움과 경이의 대상이었다.

신들만이 향유할 수 있는 불은 인간에 대한 신들의 지배권을 상징하는 것이었다. 그리하며 불은 효용성이나 상징성에 있어서 여전히 강력한 지배의 도구이다. 프로메테우스가 제우스 신에 대항하여 불을 훔쳐 인간에게 전해준 것은 이런 점에서 대단히 의미 있는 반항 행위였다. 그것은 불의 효용성을 인간에게도 일반화시켰다는 의미와 인간이 더 이상 신의 절대권을 인정하지 않아도 되었다는 의미를 동시에 지닌다. 제우스 신이 프로메테우스의 행위에 분노한 이유는 불의 효용성 때문이라기보다는 이러한 상징성 때문이었다.

하지만 인간 세상에서든 신의 세계에서든 불을 매개로 한 권력은 언젠가는 손상될 수밖에 없다. 인간 세상에서 아버지는 아들이 성장하게 됨에 따라 차차 불에 대한 접근을 허용할 수밖에 없다. 독자 여러분들은 언제부터 라면을 직접 끓여먹기 시작했는가? 초등학교 고학년, 아니면 중학교 입학 후? 상황에 따라 다르겠지만, 아마도 상당히 나이가 들고난 다음부터였을 것이다. 어른들이 아이들로 하여금 라면을 직접 끓여먹지 못하게 했던 것은 라면을 끓이기 위해 만져야 하는 불이라는 위험한 물질 때문이었다. 그것은 어른들만이 누릴 수 있는 상징적 권력이었다. 그리하여 아이들의 입장에서는 스스로 라면 정도는 직접 끓여먹을 수 있는 나이가 훨씬 지났다고 판단했을 때에도, 어른들은 오랫동안 불에 대한 아이들의 접근을 차단했다.

아이들이 성장함에 따라 어린 시절 가해졌던 많은 금기가 해제되고 나서도 유독 불과 관련된 많은 것들은 여전히 어른들의 손에 남아 있게 된다. 불은 가정이라는 작은 조직에서부터 권력의 상징이었다. 하지만 어른들은 언젠가는 아이들에게 불의 사용을 허락할 수밖에 없다. 그런데 그 시점은 아이가 온전한 판단력을 지니게 되었다고 인정하는 순간까지 최대한 미루어진다. 이는 신과 인간의 관계에서도 마찬가지다. 인간의 인식 영역이 확장됨에 따라 인간은 더 이상 불을 신들만의 소유물로 두는 것을 받아들일 수 없게 되었다. 그러므로 신으로부터 불을 훔친 프로메테우스의 행위는 인간에 대한 신들의 절대지배권을 수용하지 않겠다는 선언인 셈이다. 이런 사유가 가정에서도 동일한 구조로 반복된다. 아이들의 의식이 성장함에 따라 어른들만의 것이었던 불은 결국 아이에게 전해질 수밖에 없다. 이는 신의 불이 인간에게 이동해가는 것과 마찬가지이다.

덜 성숙한 아이들이 불을 다루는 것이 얼마나 위험한지는 파에톤의 이야기에서 잘 드러나 있다. 태양의 신 헬리오스는 요정 클리메네와 사랑을 나누어 파에톤을 낳는다. 파에톤이 성장하여 헬리오스를 찾아가 자신이 신의 아들이라는 증거를 보여주기를 원한다. 헬리오스는 아들이 원하는 것은 무엇이든지 들어주겠다고 맹세한다. 그런데 파에톤은 아버지가 몰고 있는 태양의 마차를 한 번만 몰아보게 해달라고 조른다. 태양의 마차는 아무에게나 함부로 줄 수 있는 것이 아니었다. 태양의 마차를 몰기 위해서는 고도의 숙련된 기술이 필요했지만, 파에톤은 그럴 정도로 성숙한 것이 아니었다. 하지만 신이 한 번 약속한 이상 지킬 수밖에 없었다. 아버지는 아들이 직접 자신의 권력에 접근하고 싶다는 욕심을 지니고 있다는 점을 안타까워하면서도 이미 약속한 상태였기 때문에 어쩔 수 없이 아들에게 황금마차를 내어준다. 그렇지만 태양의 마차를 몰 수 있는 능력이 갖지 못한 파에톤은 결국 세상을 태우고 자신마저 태우고 만다.

파에톤의 이야기는 신화시대의 인간이 불이라는 것을 얼마나 중요하게 생각했는지를 보여주고 있다. 불이란 원래 그것을 소유할 수 있는 충분한 능력을 가진 존재만 소유할 수 있다. 그것은 우주의 안정적인 운행을 위해 불가피한 것이다. 하지만 파에톤의 이야기는 그러한 권력이 언제든지 위험에 처할 수 있다는 것을 보여준다. 그리고 이 이야기는 태양신이 자신의 책임을 등한시하면 어떻게 하나 하는 초기 인류의 두려움을 드러내고 있다. 수많은 권력자들이 자신을 태양에 비유하는 것은 이와 같은 이유에서일 것이다.

프로메테우스의 행위가 중요한 것은 불이 더 이상 신들만의 소유가 아니라는 것을 합법적으로 선언했기 때문이다. 인간이 프로메테우스의 행위를 수용하는 것은 더 이상 신들의 절대권을 인정하지 않겠다는 입장을 밝히는 것이다. 그것은 또한 인간의 인식과 지식이 그만큼 발달했다는 것을 의미한다. 불이 단순한 물질로서의 기능을 넘어 인류 문명의 시발점으로서의 가치를 얻게 된 것은 당연한 일이다. 그래서 신화 속에서 프로메테우스의 행위는 더 이상 신의 절대 권력을 인정하지 않겠다는 반항으로서의 의미를 갖게 되었다.

3. 신이 아닌 인간을 사랑하라.

아이스킬로스의 『사슬에 묶인 프로메테우스』는 프로메테우스가 힘,

폭력, 헤르메스, 헤파이스토스 등에 끌려와서 바위에 묶이는 장면에서 시작한다. 프로메테우스는 제우스 신을 도와 크로노스의 지배권을 종식시키는 데 기여했지만 새로운 지배자로 등장한 제우스 신에 예속되기를 거부한다. 그는 제우스 신이 자신의 질서를 구축한 후 인간을 멸망시키려 하자 이에 항거한다. 신들만이 사용할 수 있었던 불을 인간에게 전해줌으로써 인간의 능력을 강화하여 신들에 저항할 수 있게 해준다. 프로

불을 나르는 프로메테우스(얀 코시에르)

메테우스의 반항은 무엇보다도 '신에 대한 증오'에 기초한다. 프로메테우스의 이러한 입장은 바위에 결박당하는 순간에도 전혀 약해지지 않는다.

프로메테우스는 제우스 신이 크로노스의 권력을 찬탈한 다음 인간에 대한 절대적인 지배권을 가지고 인간을 모두 없애버리고 새로운 종족을 만들어 내려는 것을 참아낼 수 없었다. 그래서 그는 제우스 신의 정당성을 부인하면서 영웅적 반항을 감행한다. 프로메테우스는 제우스 신에 저항함으로써 신에 대한 불경을 통하여 인간의 자유를 획득한 영웅이다.

프로메테우스의 이런 성격에 대해 낭만주의자들은 '불의 도적' 프로메테우스가 "억압당한 자들의 챔피언이자 인류의 시혜자"[33]가 되었다고 말한다. 신화 속의 많은 영웅들은 비참한 운명에 저항하여 새로운 인간조건으로 나아가려는 욕망을 실현시키기 위해 노력했다. 그 중에서 프로메테우스가 감행했던 반항은 제우스 신의 권리에 대한 직접적인 거부라는

---

[33] Jeanyves Guérin(dir.), *Dictionnaire Albert Camus*, Robert Laffont, p. 730.

아주 분명한 의미를 띤다. 카뮈는 『반항하는 인간』에서 제우스 신의 정당성을 인정하기를 거부하고 그의 질서에 예속되기를 거부하는 프로메테우스에 대해 다음과 같이 언급한다.

> "최초의 반항하는 인간인 프로메테우스는 그렇지만 처벌의 권리를 부정했다. 제우스 신 자신이, 아니 특히 제우스 신은 이 권리를 가질 수 있을 만큼 충분히 무죄하지 못하다. 그러므로 그 최초의 움직임에 있어 반항은 처벌에 정당성을 부여하기를 거부했던 것이다."[34]

인간에게 징벌을 내리는 데서 그치지 않고 아예 인간을 멸망시키려는 생각을 가진 제우스 신의 정당성을 인정할 수 없었던 프로메테우스는 제우스 신의 질서 자체를 거부하기로 작정한다. 그렇게 하지 않고서는 인간은 영원히 신에 예속된 삶을 살아갈 수밖에 없다는 사실을 인식했기 때문이다. 인간의 불행과 제우스 신의 지배권의 원인이 불의 유무에 있다는 사실을 인식한 프로메테우스는 인간에게 불을 가져다줌으로써 신과 인간 사이의 불평등을 시정하고자 했다.

프로메테우스 이전까지 불은 신의 전유물이었다. 프로메테우스 이후 인간은 불을 통하여 신들만의 특권적인 삶을 누릴 수 있게 되었는데, 이를 통해 인간 존재의 의미가 바뀐 것이다. 그러므로 "프로메테우스가 반항의 상징이 된 것은 신성에 불복종했기 때문"[35]이다. 카뮈가 프로메테우스에게 주목한 것은 무엇보다도 프로메테우스가 벌인 존재론적 투쟁 때문이다. 신에 대한 프로메테우스의 증오와 불복종은 철두철미한 것이어서, 최후의 순간까지도 헤르메스를 통해 전해오는 제우스 신의 회유를

---

34 알베르 카뮈, 『반항하는 인간』, 책세상, 2010, p. 392.

35 Sophie Bastien, *Caligula et Camus, Indifférences Transhistoriques*, Rodoppi, 2006, p. 90.

받아들이지 않았다. 시시포스가 신의 징벌을 받아들임으로써 그것을 극복하려 했던 것과는 달리 프로메테우스는 신에 대한 노골적인 증오를 드러내면서 신의 명령 자체를 거부한다.

카뮈는 「명부의 프로메테우스」의 첫 부분에서 신성의 의미와 관련하여 "신에 맞설 만한 것이 전혀 존재하지 않는 한 내가 보기에는 신성에는 뭔가 결함이 있는 것 같이 여겨졌다."[36]라는 제사(題辭)를 붙였다. 신성이란 항상 인간의 저항을 불러일으키는 뭔가를 지닌다는 의미이다. 인간은 신의 존재를 인정하는 한 거기에 저항할 수밖에 없는 역설에 봉착한다.

그렇기 때문에 프로메테우스의 행위의 의미를 불이 가져다준 기술적 진보라는 차원에서만 찾는 것은 그의 행위의 의미를 제한하는 것이다. 프로메테우스는 단순히 역사적, 물질적, 기술적 진보의 상징을 넘어 인간의 존재 조건에 대한 형이상학적 반항을 상징한다. 프로메테우스의 행위는 기술문명의 진보를 넘어 신에 대한 저항과 그것을 통한 인간존재의 변화를 지향하고 있기 때문이다. 신에 대한 인간의 반항이라는 주제는 헬레니즘 신화에서나 헤브라이즘 신화에서나 집요한 주제이다. 헬레니즘 신화의 제우스 신이든 헤브라이즘 신화의 여호와든, 신은 모든 권력을 혼자서 소유하고 행사하고자 한다. 프로메테우스의 반항과 아담의 불복종은 애초 인간에게 '불'과 '선악과'를 허락하지 않았던 신의 전지전능성을 부정하면서 시작한다. 프로메테우스에게서든 아담에게서든 반항이란 신만이 가진 '불'이나 '지식'을 공유하기를 바라는 욕망의 결과이다.

『사슬에 묶인 프로메테우스』에서 제우스 신은 프로메테우스로 하여금 신의 법을 받아들이도록 두 가지 전략을 사용하는데, 하나는 '힘'과 '폭력'을 통한 억압이었고 다른 하나는 헤르메스를 통한 회유였다. 아이스킬로스는 이 둘을 같이 등장시킨다. 그는 첫 부분에서부터 제우스 신의

---

36 알베르 카뮈, 「명부의 프로메테우스」, 『결혼·여름』, 책세상, 2006, p. 115.

권력에 굴복하지 않으려는 프로메테우스의 모습을 보여준다. 즉 시작과 함께 등장한 '힘'은 "제우스 신의 권력에 봉사해야 무사하다는 것을 배워야 합니다. 인간을 도우려는 생각이 부질없다는 것을 알아야 해요."[37]라는 말로 프로메테우스 신화의 구성요소를 요약한다. 즉 여기서 '힘'은 '제우스 신의 권력에 봉사할 것'과 '인간을 돕지 말 것'을 동시에 요구한다. 하지만 프로메테우스는 제우스 신의 권력에 봉사하지 않고 인간을 돕는 행위를 통해 두 가지 요구를 정면에서 거스른다.

카뮈는 『반항하는 인간』에서 프로메테우스가 "반역자의 고통스럽고도 고귀한 이미지"를 보여주며, 프로메테우스 신화를 "반항적 지성의 가장 위대한 신화"[38]라고 평가하고 있다. 카뮈는 신이 부여한 인간조건에 만족하지 않고 처절한 반항을 수행했던 프로메테우스를 현대 문화 속에서 다시 살려 내었다. 그리하여 프로메테우스는 시시포스에 이어 현대적 반항의 또 다른 중요한 모델이 되었다. 『반항하는 인간』에서 만나는 프로메테우스는 무엇보다도 신의 질서를 거부하고 인간을 향해 돌아서는 프로메테우스이다.

많은 신화에서 불은 인간에 대한 신의 절대적인 권력을 상징하는데, 그리스 신화에서 그것은 프로메테우스에 의해 손상되고 만다. 제우스 신이 인간을 멸망시키려 하자 프로메테우스는 이에 반항하여 오로지 신들만의 소유물인 불을 인간에게 전해줌으로써 인간을 구원하려 했다. 하지만 제우스 신은 프로메테우스의 행위를 용납하지 못하고 인간에게 가혹한 벌을 내린다. 그러나 인간이 이미 불을 소유한 이상 예전처럼 신에게 절대적으로 복종하면서 지낼 필요가 없게 되었다. 제우스 신의 입장에서 보자면 불을 훔쳐 인간에게 전해준 프로메테우스의 행위는 자신의 계획

---

37 아이스킬로스, 위의 책, p. 6.
38 알베르 카뮈, 책세상, 2010, 『반항하는 인간』, p. 55.

을 좌절시키려는 신성모독행위일 수밖에 없다. 신성모독행위의 결과는 가혹한 것이었다. 그것은 신이 아담과 이브에게 부과한 고통이나 신이 시시포스에게 부과한 고통과 같은 것이었다.

제우스 신과 프로메테우스의 관계는 권력 이양으로 인한 사회질서의 변화라는 개념을 구현한다. 애초 제우스 신은 기존의 권력을 상징하며 프로메테우스는 새로운 질서를 원하는 신진세력을 상징한다. 제우스 신은 지식과 기술의 대중화를 상징하는 불을 인간과 공유하기를 거부한다. 하지만 인간은 그 부당함을 받아들이지 못한다. 이런 상황은 모든 혁명적 대립의 기본구도이다. 기성권력은 신진세력이 등장하여 자신의 권력에 도전하는 것을 원하지 않는다. 이런 상황은 제우스 신이 프로메테우스가 자신에게 저항하는 것을 용납할 수 없었던 것과 마찬가지다. 하지만 프로메테우스는 신의 폭력에 반항하여 결국 신과 인간의 관계를 재정립한다. 이런 행위를 통하여 인간은 신으로부터 해방되어 독자적인 삶을 살아갈 수 있게 된다.

4. 불의 기원: 불의 도적과 마찰열

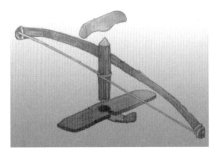 

마찰열과 불   자연상태의 불

인간이 발견해낸 그 어떤 것보다도 불은 인간의 삶을 더 많이 바꾸어

놓았다. 이를 미리 알고 있었던 프로메테우스는 불이 신으로부터 인간을 보호할 수 있는 가장 효율적인 무기라고 보아 이를 훔쳐 인간에게 전해 주었다. 그 이후 불은 인류문명의 역사에서 없어서는 안 될 중요한 역할을 수행한다. 그렇다면 인간이 처음으로 이 중요한 불을 사용할 수 있게 된 것은 어떻게 해서일까? 여기에는 두 가지 '이야기'가 있다. 하나는 우리가 지금 이야기하고 있는 대로 불의 도적인 프로메테우스가 신으로부터 불을 훔쳐 인간에게 전해주었다는 '이야기'이고, 다른 하나는 마찰열의 개념을 경험적으로 알아낸 인간이 그것을 응용하여 나무를 마찰시켜서 스스로 불을 발명했다는 '이야기'이다. 전자는 신화적인 이야기이고 후자는 소위 과학적인 이야기이다.

어느 것이 맞는 이야기일까? 두 가지 모두 불의 발견에 관하여 인간이 만들어낸 이야기이다. 신화적인 것이든 과학적인 것이든 불의 발명에 관한 이론은 이야기에 불과하다. 아무도 언제부터 어떻게 해서 인간이 불을 사용할 수 있게 되었는지 직접 증명하여 알 수 없다. 현대의 과학적 사유에 비춰 보자면 프로메테우스가 신으로부터 불을 훔쳐 내어 인간에게 전해주었다는 이야기는 황당하기 짝이 없다. 태양과 지구의 운행 원리가 태초라고 해서 지금하고 다르지 않았을 것이다. 그런데 신이 관장하는 태양에까지 올라가서 불을 가져온다는 것은 과학이 비약적으로 발전한 현대에 와서도 여전히 불가능한 일이다. 그렇다면 현대적 시각에서 프로메테우스의 불의 도적질과 관련된 이야기를 믿을 수 없다.

그렇다면 마찰열과 관련된 과학적 설명은 우리가 전적으로 신뢰할 수 있을까? 구체적인 사실로서 증명할 수 있는 이야기가 아니라는 점에서 과학적 설명 또한 신화적 설명과 마찬가지로 취약하다. 자연현상에 의해 부딪히는 두 물체 사이에서 불이 생성될 수 있다는 것은 과학적 사실이다. 하지만 신화시대의 인류의 조상들이 마찰 현상을 유심히 관찰하여 추론과 실험의 과정을 거친 끝에 불이라는 물질을 만들어 내었을 것이라는 설명은 믿을 수 없다. 두 개의 물질을 무한정 문질렀을 때 불이 생긴다는 것은 객관적 사실이다. 하지만 원시인들이 이러한 사실에 근거해서 불을 생성시켰을 것이라는 것은 단지 후세의 과학자들이 만들어낸 추론에 불과할 뿐이다.

마찰 현상의 결과를 잘 알고 있는 과학자들이 불의 기원에 대해 설득력 있는 이야기를 만들어내기란 그다지 어려운 일이 아니었을 것이다. 과학적 추론이 아니더라도 현대인이 가연성의 두 물체의 마찰을 통해 열이 생겨난다는 것을 경험을 통해 알아내기란 그다지 어려운 일이 아니다. 그런데 두 물체를 인위적으로 마찰시켰을 때 불이 생겨나지 않을까 하는 의문은 경험의 영역이라기보다는 추론의 영역이다. 두 물체가 마찰을 통해 불을 만들어내려면 상당히 오랜 시간 동안 마찰하는 두 물질을 관찰해야 한다. 하지만 불을 사용할 수 있기 전의 인류의 조상들이 물리적으로나 정신적으로나 그런 여유를 가졌을 것으로 보기는 어렵다.

그러므로 자연상태에서 이미 존재하는 불을 먼저 발견하여 사용하고 나서 그 효용성을 깨닫고 어떻게 하면 불을 만들어낼 수 있을까 하고 생각했을 것이다. 이런 이야기가 훨씬 더 신빙성이 있어 보인다. 그 과정에서 마찰열의 효능을 발견했을 것이다. 그렇다면 마찰열을 통해 불을 만들어냈을 것이라는 과학적인 이야기는 단지 후세 학자들의 추론의 결과물에 불과한 것이다. 불과 관련이 없는 마찰열의 효용성은 일찍부터 알려져 있었을 것이다. 기온이 떨어지면 인간은 지금의 짐승들처럼 서로의 몸을 밀착시킨 채 추운 밤을 보냈을 것이며, 그러는 가운데 인간은 마찰을 통해 열이 발생한다는 것을 자연스럽게 알 수 있었을 것이다.

두 물질을 마찰시켜 보고 나서 불을 발견했을 것이라는 추리는 논리적으로는 맞지만 현실적으로 정말 그랬을지는 의문이다. 인간이 이룩했던 대부분의 과학적 발견과 마찬가지로, 불은 인위적 조작이 아니라 자연 상태에서 자발적 과정을 통해 생성되었을 것이다. 즉 불은 번개나 화산 폭발, 자연발생적 화재를 통해 인간 앞에 존재했을 것이다. 현대에 와서도 불을 생성시키는 자연현상은 변함없이 계속되고 있다. 여전히 번개로 인해 불이 발생하고 원인을 알 수 없는 대형 산불이 발생하여 대지를 태운다. 우리의 신화시대의 조상들이 살았던 태초에도 이와 다르지 않았을 것이다.

인류의 먼 조상들은 자연발생적으로 생겨난 불의 위력에 대해 경외감을 가졌을 것이다. 그리고 우연히 발견한 불이 대단한 효용성을 지니고 있다는 것을 발견하게 되었을 것이다. 삶을 개선하기 위한 욕망이 우리와 다르지 않았을 그들 역시 불의 보존과 생성에 관심을 기울였을 것이다. 그리고 그들은 눈앞에서 선명하게 존재하는 불이 도대체 어떻게 생겨났는지에 대해 의문을 제기하였을 것이다. 자연발생적인 산불이야 그 기원을 눈으로 볼 수는 없었겠지만 눈앞에서 시도 때도 없이 생겨난 번개의 경우는 다르지 않았을까? 번개는 하늘로부터 지상으로 내려온다. 번개가 떨어진 곳에 불이 있다는 사실이 그들에게 무엇을 의미했을지 유추한다는 것은 그다지 어려운 일이 아니다. 그것은 하늘(신)로부터 내려온 것이었다. 그런데 신이 스스로 인간에게 불을 줄 이유는 없다. 그래서 등장한 것이 불의 도적 프로메테우스였을 것이다.

고대인의 것으로 치부되는 신화적 이야기와 현대인의 것이라고 하는 과학적 이야기 사이에는 많은 차이가 있다. 근대 이후 인간의 의식 활동을 과학적 인식이라는 측면에서 파악하게 되면서 인간이 이전부터 지녀왔던 많은 사유방식들이 불합리하다는 이유로 폐기되어 버렸다. 불의 기원에 대한 위의 두 가지 이야기 중 어느 것이 옳은 것인지를 단정지어 말할 수는 없다. 과학적 진실이라고 하는 것이 정말 과학적인지 알 수 있는 방법은 없다. 인간은 기록으로 남길 수 있기 아주 오래 전부터 불을 사용할 수 있게 되었고, 이와 더불어 자연계의 다른 동물들보다 우위에 서게 되었다. 그런데 인간이 마찰열이라는 개념을 먼저 설정해놓고 실제로 나무를 마찰시켜 불을 얻었을 것이라는 생각은 프로메테우스가 하늘의 신으로부터 불을 훔쳐서 인간에게 전해주었을 것이라는 생각만큼이나 그 근거가 취약하다.

그러니까 마찰열을 개념화시켜 이를 실제로 실험해보면서 불을 발견했을 것이라는 이야기는 그야말로 후세의 과학자들 사이에서 이루어진 근거 없는 추론에 불과할 가능성이 높다. 불의 생성과 관련된 과학적 이야기는 마찰열의 개념을 발견하고 난 다음에 인간이 추론해낸 것에 불과할 가능성이 높다. 그러니 인간이 처음으로 불을 얻게 된 것이 실제로 나무를 마찰시켜서라고 보기는 힘들다. 소위 과학적이라는 이런 추론은 후세 사람들이 불의 기원에 대해 설명할 방법을 찾으면서 만들어낸 하나의 이야기에 불과하다. 이런 이야기의 근거가 취약하기는 신화시대에 프로메테우스로 하여금 불을 훔쳐오게 만들었던 생각과 마찬가지다.

현재 우리의 삶의 방식(문화)은 수십만 년, 어쩌면 수백만 년 동안 이어져온 것이 축적된 결과이다. 그것이 인간에게 남아 있는 것은 신화라는 형태밖에 없다. 인간이 문자를 발견하고 자신의 생각을 기록으로 남겨놓게 된 것은 불과 수천 년 전부터의 일이다. 그런데 인간은 그 전에도 100배, 1,000배의 역사를 살아왔다. 우리가 정확하게 알 수 없는 것은 단지 기록이 없기 때문이다. 하지만 기록이 없다고 해서 이야기가 없었던 것은 아니다. 우리가 그것을 짐작만이라도 할 수 있기 위해서는 신화라는 형태를 통하는 것이 유일한 방법이다.

우리는 신화 속에서 벌어진 일이 직접 일어났는지 아닌지 확인할 수 없다. 그러나 확인할 수 없다고 해서 사실이 아니라고 말할 수는 없다.

수많은 과학적 이론의 근거가 되는 추론조차도 확인할 수 없기는 마찬가지이다. 불의 발견을 프로메테우스의 도둑질로 보는 신화적 이야기나 마찰열을 통한 유추로 보는 과학적 이야기는 모두 인간의 정신 활동의 결과이다. 하나는 상상 활동의 산물이고 하나는 추론 활동의 산물이다. 고대인의 정신 활동에서 추론 활동이 상상 활동보다 우위에 있다는 논리는 어디에서도 그 정당성을 찾을 수 없다.

고대인들이 마찰열을 개념화시킨 다음 그것을 응용하여 불을 만들어내었을 것이라는 과학적인 이야기가 사실이라고 단정 지을 수 없는 것과 마찬가지로 프로메테우스가 불을 훔쳐 인간에게 전해주었다는 신화적인 이야기가 사실이 아니라고 단정지을 수는 없다. 기껏해야 300년밖에 되지 않은 과학적 합리주의라는 현대의 신화를 넘어서면 어떤 판단이든 진위를 가릴 수 없다. 중요한 것은 프로메테우스가 정말로 회양목 가지를 꺾어 신들만이 향유하던 불을 인간에게 전해준 것이 사실인가의 문제가 아니라 왜 태초에 프로메테우스가 제우스 신으로부터 불을 훔쳐 인간에게 전해주었다고 생각했을까 하는 문제이다.

태초의 인간은 살아가면서 우연히 불을 사용하게 되었고 그것이 주는 효용성을 알게 되고 나서 불을 보존하고 싶었을 것이다. 하지만 불을 생성시키고 보존한다는 것이 자신의 능력을 넘어선다는 사실을 쉽사리 깨달았을 것이다. 그런데 낮이면 인간의 영역이 닿지 않는 저 곳, 신의 세상에는 항상 불(태양)이 이글거리고 있다. 인간은 감히 거기에 다가갈 수 없다. 그곳은 신들만이 기거하는 곳이었다. 신들이 호락호락 인간에게 불을 줄 리가 없다. 인간이 자신과 마찬가지의 힘을 갖게 될 것이 뻔하기 때문이다. 인간의 입장에서는 불이 반드시 필요했겠지만, 신들이 기꺼이 인간에게 불을 주려고 싶었을 리가 없다. 그러니 어쩌겠는가? 프로메테우스가 탈취하여 인간에게 전해줄 수밖에 다른 방법이 없다.

제4절 반항하는 인간

1. 인간운명의 부조리

　신이 각 사람에게 정해준 운명이라는 것이 있을까? 다른 말로 표현하자면, 그런 운명이라는 것을 믿어야 할까? 운명을 믿지 않는다는 말은 인간의 모든 행위가 자유로운 선택에 의해 이루어진다고 생각한다는 것을 의미한다. 그런데 어떤가? 인간에게 닥치는 크고 작은 고난, 암과 같은 치명적인 질병이나 교통사고 같은 돌발적인 일 등에 대해 어떻게 생각해야 할까? 누구도 원하지 않음에도 불구하고 수많은 사람들에게 왜 이런 불행한 일들이 그토록 자주 일어나는 것일까? 그런 사고가 일어났을 때 인간은 우연하게도 내가 그 사고를 피할 수 있어서 다행이라고 하면서 위안하는 수밖에 없다. 자신에게 그런 일이 일어나는 것을 피하기 위해 최대한 조심을 해야겠지만, 조심만으로 그러한 질병과 사고를 막을 수는 없다. 어떤 사람들에게 닥치는 난치의 질병과 치명적인 사고는 운명에 의한 것인가, 그냥 우연에 의한 것인가? 인간의 의지로 이런 사고는 막을 수 없다는 것은 확실하다. 단지 조심을 통해 그 가능성을 조금은 줄일 수 있겠지만, 그 가능성의 여지가 많지는 않다.

　이런 사정을 감안한다면 인간은 운명의 지배를 받는 존재이며 자유의지로 할 수 있는 부분이 지극히 적다는 사실에 동의할 수밖에 없다. 내 삶이 운명적이지 않다면 내가 여기에 있게 된 연유가 무엇인가? 거꾸로 내 삶이 운명적이라면 여기까지 오는 동안 내가 할 수 있었던 일은 무엇인가? 이런 질문 앞에서 인간은 오이디푸스와 시시포스를 만나게 된다. 시시포스는 신들을 희롱한 죄로 평생 동안 바윗돌을 굴려야 하는 형벌을 받았고, 오이디푸스는 자신도 모르는 사이에 아버지를 죽이고 어머니와 결혼하였고 이를 깨닫는 순간 눈을 찔러 장님이 된다. 대단히 비극적인 영웅들이다. 그러나 그들은 자신들에게 주어진 운명을 묵묵히, 그리고 처절하게 완수한다.

자동차 사고

화재현장

9.11 테러

지진 현장

시시포스는 단 한 번 바윗돌을 정상까지 굴리고 나서 자신에게 주어진 형벌의 부조리함을 깨달았을 것이다. 산꼭대기는 그 바윗돌을 받아들일 수 있을 정도로 안정적이지 못했으니까 말이다. 자기보다 먼저 아래로 굴러 내려가 버린 바위를 다시 굴려 올리려고 산꼭대기에서 터덜터덜 내려오면서 그는 어려운 고민에 빠졌을 것이다. 이 일을 계속해야 하나,

아니면 여기서 그만 두어야 하나? 신이 최후의 종말을 대신해서 그 형벌을 내린 이상, 바윗돌 굴리기를 포기할 경우 그에게 미래란 존재하지 않을 것이다. 그러니까 결국 바윗돌을 앞에 두고 굴릴 것인지 말 것인지를 고민했던 시시포스의 고뇌는 살 것인가 죽을 것인가를 결정해야 하는 근본적인 고뇌였다고 할 수 있다.

산꼭대기에서 걸어 내려오면서 그는 심각한 고뇌에 빠지게 된다. 그런데 어느 순간 그는 그것이 거부할 수 없는 자신의 삶임을 깨닫는다. 그래서 그는 다시 바윗돌을 감싸안으며 힘을 쓴다. 그 순간 그는 바윗돌보다 강하며 그에게 그러한 형벌을 내린 신보다도 더 강하다. 자신에게 주어진 운명을 감내하고 살아가기를 선택한 인간에게 신이 할 수 있는 일이란 아무것도 없기 때문이다. 그 순간 신은 소멸되고 단지 바윗돌을 굴리는 시시포스만이 남는다. 신이 부여한 형벌을 자신의 과업으로 받아들이는 순간 신이 부여한 운명은 인간의 삶으로 변하기 때문이다.

하루하루의 삶이 무의미하게 느껴지는 경우가 있다. 아침에 일어나서 일터에 가야하고 하루 종일 업무에 시달리다 집으로 가서 밤에 잠깐 휴식을 취한 후 다음날 다시 일어나서 일터로 가야 한다. 이렇게 대여섯 번 하고 나면 일주일이 지나간다. 그것이 52번 쌓이면 1년이 지나간다. 그것이 30번 정도 쌓이면 일터를 다른 사람에게 내어주고 긴 휴식에 들어가야 한다. 그런 다음에 할 수 있는 일이라고는 단지 죽음을 기다리는 것밖에 없다. 이것이야말로 시시포스의 형벌이다. 이 형벌이 바로 우리의 인생이다. 인간의 운명이라고 하는 것은 신의 장난과도 같은 것이다. 인간은 신의 노리개나 장난감으로 그러한 운명을 받아들이고 살아갈 수밖에 없다. 카뮈가 말한 대로 이는 정확히 현대 노동자들의 삶이다. 부인할 방법도 없고 벗어날 방법도 없다.

그렇다고 죽음을 맞이할 때까지 하루하루를 이러한 비극적인 인식을 지닌 채 살아가야 할까? 그렇게 할 수는 없다. 운명으로 보든 아니든 어차피 인간은 그것을 받아들일 수밖에 없다. 인간으로 살아가는 이상 이러한 굴레를 벗어날 수 없다. 그렇다면 어떻게 해야 할까? 현실적으로 이 바윗돌을 피할 수 있는 방법은 없다. 신이 부여한 형벌이 바윗돌을 굴리는 것이라면, "그래. 좋습니다. 어디 한 번 해 봅시다. 당신이 이기나 내가 이기나!"라고 하면서 징벌을 과업으로 바꾸어 버리고 덤벼드는 수밖에 없다. 그런 결정 앞에서 신이 할 수 있는 것은 없어 보인다.

시시포스는 신의 형벌을 회피하지도 그것을 슬퍼하지도 않는다. 그는 반항함으로써 신의 형벌을 자신의 선택으로 만들어 버린다. 그래서 그는 신으로부터 받은 형벌을 운명으로 받는 것이 아니라 자신이 선택한 과업으로 수행하게 된다. 더 이상 시시포스는 신의 노리개도 신의 노예도 아니다. 신의 형벌을 경멸해 버리고 그것을 자신의 선택으로 삼아버리기 때문이다.

시시포스와 비슷한 길을 걸었고 그와 비슷한 선택을 한 오이디푸스의 경우를 보자. 인간적으로 보자면 오이디푸스의 삶보다 더 비극적인 것은 없다. 시시포스가 장성해서 저지른 자신의 죄 때문에 형벌을 받는데 반해, 오이디푸스는 태어나기도 전에 아버지를 통해 신이 부여한 운명에 노출된다. 오이디푸스에게서 인간의 운명은 다른 양상으로 전개된다. 그로서는 어쩔 도리가 없었다. 자신에게 주어진 운명을 피해가는 과정에서 운명을 완수해나갔기 때문이다.

오이디푸스의 아버지는 아들이 자신을 죽일 것이라는 운명을 피하기 위해 먼저 아들을 죽인다. 아들이 실제로 죽은 것은 아니지만 죽인 것과 마찬가지다. 그리고 오이디푸스 역시 나중에 자신이 아버지를 죽일 운명이라는 것을 알게 된다. 오이디푸스는 이 부조리한 운명을 피하기 위해 집을 떠날 수밖에 없었다. 자신의 운명을 알게 된 그가 할 수 있는 일이라고는 이것 말고는 아무것도 없었다. 아버지나 아들 중 한 사람이라도 자신의 운명을 피하지 않고 거기에 맞서 싸우고자 했더라면 신탁은 실현되지 않았을 것이다. 아버지가 아들을 버리지 않았어도 그 운명이 완수되지 않았을 것이고, 아들이 아버지(의붓아버지)를 피하지 않았어도 그 운명은 완수되지 않았을 것이다. 두 사람은 운명을 피하려는 바로 그 행위를 통해 운명의 실현에 한 발자국 앞으로 나아갔던 것이다.

그것은 어쩔 수 없었다고 치자. 문제는 그 다음이다. 자신의 왕국을 덮친 페스트의 원인을 알고 나서 그가 어떻게 했는가? 신은 참 이해할 수 없다. 신을 이해하지 못하는 것은 단지 신화에서만이 아니다. 태어나기도 전에 한 왕자에게 아버지를 죽이고 어머니와 결혼할 수밖에 없는 운명의 굴레를 씌워놓는다. 그리고 그것이 완수되었다고 해서 그 왕자가 다스리는 나라에 역병을 내린다. 적어도 인간의 정의로는 이해할 수 없다. 인간은 그러한 부조리 앞에서 할 수 있는 일이 없다. 신은 모든 것을 할 수 있고, 자신이 마음먹은 대로 이 세상을 부당하게 운영해도 되기 때문이다. 부당함은 신의 특권이다.

우리는 신탁에서 거론하고 있지 않은 오이디푸스 자신의 선택에 주목해야 한다. 신탁은 분명 오이디푸스가 아버지를 죽이고 어머니와 결혼한다고만 말하고 있다. 그런 다음 오이디푸스가 어떻게 하는지 말해주지 않았다. 자신에게 주어진 운명을 깨닫고 난 다음 어머니는 목을 매어 자살한다. 하지만 처절한 운명을 앞에 두고 오이디푸스는 대단히 인간적인 선택을 한다. 오이디푸스는 신이 자신에게 내린 그러한 부당한 운명을 받아들이기를 거부한다. 그는 신을 향해 이렇게 외친다. "도대체 내가 무엇을 잘못했는가? 잘못이 있다면 이런 말도 안 되는 운명을 내게 내린 당신에게 있는 것이 아닌가? 그런데 내가 왜 죽어야 하는가? 나는 죽을 이유가 없다."

그는 이렇게 말하고 죽기를 거부한다. 그래서 그는 다만 인간적으로 자신이 저지른 행위를 보기 않기 위해 눈만 찌르고 만다. 그러고 나서 그는 자신의 처절한 운명을 끊임없이 상기시키는 딸이자 누이동생인 안티고네의 팔에 의지하여 살아간다. 이제 안티고네는 그에게 신의 징벌이 아니라 그가 짊어져야 할 인간적 실존의 무게이다. 적어도 이 시간들만이라도 신이 개입하지 못하는 오로지 자신의 삶으로 만들어간다.

시시포스도 오이디푸스도 신이 자신에게 부여한 부조리한 운명을 피하지 않고 살아낸다. 시시포스는 처음부터 그 사실을 알았고 그것을 수행하기로 작정한다. 그는 그렇게 운명을 수용함으로써 신에게 저항한다. 그리고 그는 자신에게 주어진 운명을 담담하게 받아들인다. 그는 자신에게 주어진 형벌을 거부하고 그것을 자신의 운명으로 받아들임으로써 신을 이긴 것이다. 바윗돌을 굴리기로 작정한 시시포스에게 신이란 무의미한 존재가 되어버린다. 오로지 바윗돌을 굴리는 그의 육체와 의식만이 존재한다.

오이디푸스는 어떤가? 그는 처음에는 자신에게 주어진 비극적인 운명을 알지 못했다. 장성할 때까지도 그는 여전히 자신의 운명을 모르고 살아간다. 보통의 인간의 삶을 살아갔던 것이다. 그러나 그는 자신의 운명을 깨닫는 순간 신에게 반항하기로 결심한다. 신이 자신에게 부여한 운명, 자신이 이미 실현한 운명을 거부하지 않는다. 그는 삶과 죽음의 경계에서 느끼는 극적인 고뇌 앞에서 살기를 선택함으로써 신에게 저항한다. 오이디푸스의 선택은 신의 영역에서 인간의 영역을 분리시키는 행동이다. 스핑크스와의 대면에서 그는 이런 입장을 미리 보여주었다. 그는 신을 거부하고 자신이 인간임을 깨달은 최초의 인간이다. 말하자면 그는 신이 부여한 운명에 정면으로 맞섬으로써 고대의 인간 중심주의자(휴머니스트)가 되었다.

2. 반항을 통한 인간해방

우주탐험

히말라야 등반

신에 대한 반항은 근본적으로 신으로부터의 해방이라는 인간 중심주의적 세계관에 토대를 두고 있다. 오이디푸스 신화는 신와 인간의 관계와 관련하여 많은 것을 말해준다. 오이디푸스 신화는 신이 인간에게 얼마나 비극적인 운명을 부과할 수 있는지를 알려줄 뿐만 아니라 인간에게서 운명이란 것이 어떤 역할을 하는지를 생각하게 해준다. 그리고 오이디푸스는 신이 인간에게 부여한 처절한 운명을 어떻게 완수하는지, 그리고 인간이 신으로부터 독립하여 어떻게 자신의 영역을 개척해 나가는지를 보여준다.

오이디푸스가 등장하기 전까지 스핑크스가 인간을 괴롭혀왔던 질문이 무엇인지, 그리고 오이디푸스가 제시했던 대답이 무엇인지는 잘 알려져 있다. 스핑크스는 지나가는 모든 인간에게 유아기, 청장년기, 노년기로 나누어진 인간의 삶에 대한 질문을 끊임없이 제기해왔던 것이다. 그리고 그 질문에 대답하지 못한, 다시 말해 자신의 삶을 제대로 의식하지 못한 채 살아가고 있던 인간을 죽여 왔다. 이는 자신의 삶을 제대로 인식하지 못한 인간은 살아갈 가치가 없다는 것을 보여주는 것이다. 스핑크스가 죽였다기보다는 인간 스스로 죽어 있는 상태라는 의미일 것이다. 인간이 스스로 인간임을 인식하지 못하고 있을 때 스핑크스는 대단히 크게 보일 수밖에 없다. 하지만 오이디푸스가 수수께끼를 풀어버리자마자 상황은 간단하게 역전되어 버린다.

오이디푸스는 인간의 인간됨을 알고 있었기 때문에 스핑크스는 그에게 절대적인 힘을 행사하지 못했던 것이다. 이제 오이디푸스는 마음만 먹으면 언제든지 스핑크스를 떨쳐버릴 수 있는 힘을 지닌 존재이다. 최초로 스핑크스의 수수께끼를 풀었던 오이디푸스는 신이 인간에게 내린 지식의 나무(선악과)를 범한 것이다. 그는 스핑크스와의 드잡이에서 승리를 쟁취하고 테바이로 들어가서 신이 자신에게 부여한 비극적인 운명을 완수한다. 그는 나중에 자신이 걸어온 삶의 비극적인 궤적을 깨닫게 된다. 그때도 역시 오이디푸스는 운명에게 자신을 맡기지 않기로 결정한다. 그는 이미 젊은 시절 스핑크스를 이김으로써 운명을 극복했다. 그래서 그는 목을 매어 자살한 이오카스테를 따르지 않는다.

오이디푸스가 신이 준 자신의 운명을 완수한 것은 어쩔 수 없었다. 오이디푸스가 자신의 운명을 깨닫는 순간 운명은 이미 과거의 것이 되어 있었다. 이제 와서 그가 할 수 있는 일은 아무 것도 없다. 그의 아버지도 그도 신탁을 알고 아무런 조치를 취하지 않았더라면 오히려 그 신탁은 실현되지 않았을 것이다. 신탁이 이루어지기 위해서는 반드시 인간의 조력이 필요하다. 인간의 행동이 덧붙여지지 않는다면 신이 내린 운명은 의미가 없어져 버린다.

애초 오이디푸스에게는 신이 부여한 운명을 완수하는 것 말고는 다른 방법이 없었다. 오이디푸스에게는 아무런 잘못도 없다. 그럼에도 불구하고 벌은 오이디푸스가 받아야 한다. 오이디푸스는 이런 사실을 깨닫는 순간 죽기를 거부한다. "나도 운명을 피하기 위해 할 수 있는 대로 최대한 노력했다. 심지어 부모마저도 버렸다. 나더러 어쩌란 말인가? 도대체 내가 무엇을 잘못했는가?” 이런 생각 끝에 그는 자신이 죽을 필요가 없다는 것을 스스로 깨달았다. 스스로 자신의 삶에 최선을 다했기 때문에 신에게 반항을 할 수 있었다. 자신이 지금까지 영위해온 삶에 대한 대단한 자부심이다. 이 순간 신이 부여한 운명은 무의미해질 수밖에 없다.

우리는 일반적으로 아무도 모르는 것을 가리킬 때 ‘신만이 아는’이라는 표현을 사용한다. 이는 거의 대부분의 언어에서 모르는 것을 지칭하는 관용적인 표현이다. 인간 인식의 확장 과정은 ‘신만이 아는(인간은 모르는)’ 영역을 ‘인간도 아는’ 영역으로 만드는 것이었다. 그런 점에서 오이디푸스와 스핑크스의 드잡이는 인간이 자신만의 고유한 영역을 개척해 나가는 과정의 시초에 있는 사건이다. 오이디푸스 이전에는 수수께끼에 대한 대답을 ‘신만이 알고’ 인간은 아무도 몰랐다. 인간은 감히 알 수 있을 것이라고 생각조차 하지 못했다. 그만큼 신의 권위가 가치의 절대적 기준이었다. 신은 인간이 앎의 경지에 도달하는 것을 방해해왔다. 이런 상황에서 인간은 부단히 자신의 영역을 확장하기 위한 반항을 계속해왔다.

인간은 많은 미지의 영역을 안고 살아갈 수밖에 없다. 오이디푸스 이전에는 인간과 스핑크스와의 드잡이에서 스핑크스의 일방적인 승리가 이미 확정되어 있었다. 인간은 애초 자신의 영역을 보장받을 의지도 능력도 없었기 때문이다. 그런데 인간이 자신의 삶의 의미를 찾고 그것을 깨닫는 순간 전세는 간단히 역전되어 버린다. 삶에서도 마찬가지이다. 온갖 권위는 자신만의 견고한 영역을 구축하고 다른 사람들이 그 영역을 침해하는 것을 용납하지 않는다. 그래서 자신의 영역으로 들어오는 사람들을 핍박한다. 하지만 그러한 상황을 체념으로 받아들이지 않고 일어나서 반항하는 사람에게는 상황이 달라진다. 이렇게 해서 오이디푸스는 스핑크스와 인간 사이의 관계를 역전시킬 수 있었다.

시시포스는 신을 농락한 죄로 굴러 떨어지는 바윗돌을 끊임없이 산꼭대기로 굴려 올려야 하는 운명을 받아들인다. 하지만 바윗돌이 다시 굴러 떨어지고 말기 때문에 그 과업은 영원히 완수될 수 없는 것이다. 그래서 그는 죽을 때까지 무의미한 노동을 반복해야 한다. 벌을 받는 순간 시시포스의 인생은 정해져 버렸으므로 더 이상 다른 삶의 가능성은 없어져 버렸다. 그의 앞에는 징벌을 수용한 채 살아가든지 죽음으로써 상황을 끝내버리든지 두 가지 선택만 놓여 있다.

그런데 그는 두 가지 선택을 모두 거부하고 새로운 방법을 강구한다. 처음에 그는 굴러 떨어지는 바윗돌을 보면서 다시 그것을 굴리러 산 아래로 내려간다. 하지만 자신에게 내려진 형벌이 영원히 끝나지 않을 것임을 아는 데에는 그다지 많은 시간이 필요하지 않았다. 그리하여 그는 자신의 운명을 받아들이면서도 굴복하지 않는 길을 찾아낸다. 그것은 신의 의지를 자신의 의지로 돌려버림으로써 운명에 반항하는 것이었다.

오이디푸스나 시시포스를 보면 인간이란 한갓 신의 장난감이나 노리개에 불과하다는 사실을 깨닫게 된다. 인간은 언제나 신에게 질 수밖에 없는 존재이다. 그리스 신화에서든 기독교 신화에서든, 신은 모든 것을 할 수 있고 모든 것을 알고 있기 때문이다. 인간은 너무 약한 데 반해 신은 너무 강하다. 그렇기 때문에 인간은 신의 손아귀에서 벗어날 수 없다. 그런데 오이디푸스나 시시포스는 신이 자신에게 부여한 운명을 받아들이면서 그것을 자신의 것으로 만들어 버린다. 오이디푸스는 죽기를 거부함으로써 신에게 항거하면서 지금까지 신이 자신에게 부여한 삶을 자신의 것으로 만들어 버린다. 시시포스는 바윗돌을 다시 굴려 올리는 것을 선택함으로써 자신에게 징벌로 주어진 노동을 자신의 삶의 일부분으로 만들어 버린다. 이렇게 해서 두 영웅은 모두 과거와 미래의 삶에 정당성을 부여했던 것이다.

인간은 신 앞에서 한없이 나약한 존재이다. 라이오스 왕과 오이디푸스는 각각 자식을 버리고 부모를 버리는 극단적인 선택을 하고도 신의 손아귀에서 벗어나지 못했다. 죽음을 선택하지 않는 이상 그들이 달리할 수 있는 일은 없었다. 신화에서 인간의 운명은 대단히 취약하다. 신이 준 제한된 것만을 가지고 신과 드잡이를 해야 하기 때문이다. 인간이 신을 이긴다는 것은 애초 불가능한 일이다. 그러나 인간적인 차원에서는 인간이 신을 이기는 일은 얼마든지 가능하다. 신이 자신에게 부여한 형벌을 형벌로 받아들이기를 거부해 버리면 그만이다. 그 순간 신이 인간에게 할 수 있는 일은 아무것도 없다. 지금까지 스핑크스는 테바이로 들어가려는 수많은 사람들을 하데스의 세계로 몰아넣었다. 하지만 스스로 인간임을 인식하고 인간으로 살아가기로 작정한 오이디푸스를 만나자마자 그 동안의 모든 힘을 잃어버리게 된다.

온갖 유형의 부당한 권위는 그것을 받아들이고 복종하는 사람에게만 힘을 행사한다. 그것에 반항하는 사람들에게 절대적인 권위란 있을 수 없다. 자신의 눈을 찌르고 살기를 결정한 오이디푸스에게 신이 할 수 있는 일이 없다. 그리고 굴러 떨어지는 바윗돌을 다시 산정으로 굴려 올리러 산 아래로 내려가기로 결정한 시시포스에게 신이 할 수 있는 일이란 없다.

영화 「트루먼 쇼」의 마지막 장면을 떠올려 보자. 트루먼은 지금까지 무지상태에서 크리스토프가 만들어준 영역에서만 살아왔다. 인간 트루먼은 자신이 처한 상황을 깨닫고 스튜디오 전체를 통제할 수 있는 크리스토프에게 저항한다. 크리스토프가 만든 세트장의 끝에 이르러 계단을 하나씩 밟고 올라가던 트루먼은 자신의 세계에 그대로 머물 것을 충고하는 크리스토프에게 작별인사를 고한다. 그리고 그는 과감히 어둠에 휩싸인 문으로 걸어 나간다. 그런 트루먼에게 크리스토프가 할 수 있는 일은 없다. 자신이 기용한 배우지만 트루먼은 엄연한 인간이기 때문이다.

오이디푸스가 당한 모든 일들은 손오공처럼 그야말로 부처님 손바닥 안에서 벌어진 일이었다. 모든 일은 신의 의지대로 이루어졌고 그 과정에서 오이디푸스가 한 일은 없어 보인다. 그런데 오이디푸스의 운명은 그가 없이는 완수되기 힘든 것이었다. 운명을 부여하는 것은 신이지만 그것을 완수하는 것은 어쨌거나 인간 자신이다. 그렇다고 해서 어떻게 할 것인가? 그는 자발적으로 삶을 마감하지 않고 자신의 죽음을 요구하는 신에게 "나는 잘못한 것이 없다."고 반항한다.

오이디푸스가 잘못한 것은 없다. 징벌을 받아야 할 죄가 있다면 그것은 영문도 모르는 인간에게 그러한 운명의 굴레를 씌워 놓은 신의 몫이다. 오이디푸스는 그런 인식에 도달하는 순간 신에게 반항하고 그 순간 자기 운명의 주인이 된다. 그리하여 그 순간부터 살아간다는 것은 오로지 자신의 선택이 된다. 인간이 살아간다는 것은 신에게 반항하여 신의 몫을 인간의 몫으로 바꾸어 나가는 것이다. 인간에게 운명을 부여하는 것이 신이라는 것을 인정한다고 하더라도 그 운명을 완수하는 것은 인간의 선택이어야 한다.

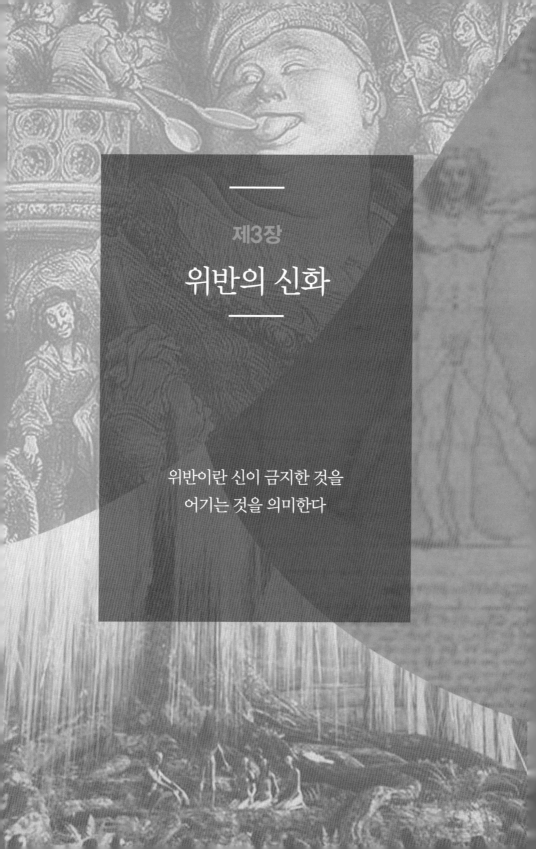

제3장

위반의 신화

위반이란 신이 금지한 것을
어기는 것을 의미한다

위반이란 신이 금지한 것을 어기는 것을 의미한다. 인간이 신의 금기를 위반하는 것은 신의 명령에서 벗어나 독자적인 의식을 갖기 시작했을 때 가능하다. 반항의 다른 형태라고 할 수 있는 위반

판도라 상자

행위를 통해 인간은 신과의 관계를 단절한다. 이러한 관계단절을 통해 인간은 새로운 세상으로 나아간다. 이 장에서는 신이 부여한 금기를 위반한 여러 신화적 영웅들 중에서 판도라, 프시케, 이브의 예를 중심으로 위반을 통한 새로운 삶의 개척이라는 주제를 살펴보고자 한다.

그리스 신화에서 최초의 여인 판도라는 인간의 호기심을 완벽하게 구현하고 있다. 판도라는 원래 프로메테우스가 신의 질서에 종속되어 살기를 거부하여 불을 훔친 죄로 신이 인간에게 내린 징벌이다. 즉 제우스 신은 불을 가지게 된 인간에게 어떤 징벌을 내릴까를 고민하던 중 호기

심 많은 판도라를 만들어 인간 세상에 내려 보내기로 결정했던 것이다. 그래서 신은 판도라에게 온갖 길흉화복이 든 상자와 더불어 호기심이라는 것을 선물로 주어 인간 세상에 내려 보냈다. 판도라는 신의 예상대로 상자를 열어 모든 길흉화복을 인간 세상에 풀어놓았다. 판도라는 상자를 여는 행위를 통해 인간에게 지금까지 모르던 많은 새로운 것을 경험할 수 있도록 해주었다.

프시케는 신의 금기를 위반하여 불행에 빠진 인간의 전형으로 자주 거론된다. 그녀는 보지 말아야 할 것을 봄으로써 파국을 맞게 되는 비극적인 주인공을 대표한다. 그녀는 애초 인간 세상에서 자신에게 주어진 불행을 극복하고 사랑의 신 에로스의 아내로서 행복하기 그지없는 삶을 살아간다. 하지만 그녀는 자신의 얼굴만은 보려 하지 말라는 남편의 당부와 호기심을 동시에 안고 살아가야 하는 운명에 처해진다. 프시케는 에로스 신의 금기를 위반함으로써 불행에 빠진 여인이 되고 만다. 프시케 이야기는 여기에서 끝나지 않고 그 중요한 부분이 더 이어진다. 즉 그녀는 시선의 금기를 위반함으로써 처음에는 파국을 맞이하지만 결국 자신이 원하던 대로 영원히 에로스와 함께 살 수 있게 된다. 그런 점에서 프시케에게서 위반은 행복을 쟁취하기 위한 필연적인 과정이었다.

헬레니즘 신화와 더불어 서구문화의 중요한 두 축을 형성하고 있는 헤브라이즘 신화에서 이브의 위반은 유대기독교적 맥락에서 중요한 의미를 지닌다. 그리스 신화에서 최초의 여인인 판도라와 같은 역할을 수행하는 이브 역시 호기심의 포로가 되어 인간에게 온갖 불행을 가져다준다. 이브의 위반 역시 신이 인간에게 부여한 호기심의 당연한 결과였다. 판도라에게 인간의 온갖 길흉화복이 든 상자를 준 제우스 신와 마찬가지로 야훼는 인간에게 세상을 다스릴 수 있는 온갖 능력을 부여했다. 하지만 이브는 선악을 알게 하는 나무의 과실만은 먹을 수 없었다. 그런데 제우스 신과 마찬가지로 야훼는 자신의 피조물에게 호기심을 주었다. 신의 입장에서 보자면 이브는 호기심으로 인해 선악과를 먹지 말라는 금기를 위반함으로써 에덴동산에서 쫓겨난다. 하지만 인간의 입장에서 보자면 그녀는 에덴에서 벗어남으로써 신에 대한 완전한 예속상태에서 벗어나게 된다.

헬레니즘에서든 헤브라이즘에서든 신화는 신의 금기와 이에 대한 인간의 위반으로 점철되어 있다고 해도 과언이 아니다. 신은 인간에게 끊임없이 자신의 법을 준수할 것을 요구하지만, 인간은 그러한 신의 명령을 어김으로써 한사코 독자적인 영역을 개척해 나가려 한다. 위반하는 인간은 처음에는 엄청난 고초를 겪지만 궁극적으로는 행복한 결말에 도달한다. 판도라가 열지 말라는 상자를 엶으로써 인간은 오욕칠정을 경험할 수 있게 되었고, 프시케는 보지 말라는 남편을 봄으로써 남편을 영원히 볼 수 있게 되었고, 이브는 먹지 말라는 선악과를 먹음으로써 선악을 분간할 수 있게 되었다.

반항의 영웅 프로메테우스는 신으로부터 불을 훔쳐 인간에게 전해주었다. 불을 통해 새로운 존재양식으로 옮겨갈 수 있었던 인간에게 프로메테우스는 자신들을 문명세계로 이끈 영웅이다. 게다가 프로메테우스는 인간에게 여러 기술(앎)을 전수해준 영웅이기도 하다. 인간으로 하여금 모든 것을 알게 해준 불은 히브리 신화에서 선악과와 동일한 기능을 한다. 아담과 이브는 신이 금지한 선악과를 따먹음으로써 새로운 존재양식으로 접어들었다. 선악과 이전에 그들은 완전한 무지상태에서 모든 것을 신에게 맡겨둘 수밖에 없었다. 하지만 선악과 이후 그들은 알게 되어 굳이 신의 도움이 없어도 살아갈 수 있게 되었다.

인간이 선악과를 먹음으로써 새로운 지식을 갖게 되었다는 사실은 이브와 뱀과의 만남에서 잘 드러난다. 뱀은 야훼의 명령 때문에 두려워하는 이브가 선악과를 먹게 만들기 위해 다음과 같은 말로 유혹한다. "너희가 그것을 먹는 날에는 너희 눈이 밝아 하나님과 같이 되어 선악을 알 줄을 하나님이 아심이니라." 뱀의 말은 이미 자의식을 가지고 자신의 영역을 확장하고 싶었던 인간에게 결정적인 꼬드김이었다. 이 말은 인간으로 하여금 지금까지 자신이 처해 있던 무지상태를 깨닫게 해주고 새로운 존재양식으로 들어설 가능성을 보여준 것이다.

신은 인간에게 다른 동물들과는 다른 특별한 재능인 '지성'을 주었다. 헤브라이즘 신화에서 신은 여러 육축을 만들어 인간에게 주면서 자신을 대신해서 다스리도록 했다. 이는 인간이 다른 모든 육축들보다 상위의 존재임을 보여주지만 야훼가 인간에게 부여한 지성은 제한된 지성이었다. 그 지성은 선악과를 따먹음으로써만 완성될 수 있었고 신은 그 사실을 잘 알고 있었다. 그런데 인간이 자신과 같은 경지에 이르는 것을 두려워한 신은 인간에게 선악과를 따먹지 못하게 했다. 자신의 피조물이 자신과 동등한 경지에 이르는 것을 받아들일 수 없었기 때문이다.

하지만 신이 인간에게 부여한 것은 금기뿐만이 아니었다. 신은 그러한 금기와 함께 금기 너머의 세상에 대한 호기심을 함께 주었다. 그러므로 인간에 대한 신의 의도는 이중적이다. 제우스 신는 인간의 온갖 감정이 들어 있는 상자를 주고 열어보지 말라고 하면서도 반드시 충족되어야 할 호기심을 함께 주었다. 야훼 역시 인간에게 선악과를 금지하면서도 반드시 충족되어야 할 호기심을 함께 부여했다. 신은 선악과를 따먹지 못하게 하는 금지행위를 통해 선악과를 따먹을 수밖에 없는 인간의 운명을 미리 정해 놓았던 것이다. 결국 인간이 선악과를 따먹은 것은 겉으로는 신의 금지를 위반한 것이지만, 사실은 신이 미리 정한 운명을 실현한 것이다.

선악과를 따먹은 인간의 행위는 두 가지 의미를 지닌다. 우선, 인간은 신으로부터 에덴동산에서 쫓겨났지만 그 대신 '알게' 되었다. 더 이상 에덴동산에서 살 수 없게 되었지만 그 대신 거의 신과 같은 수준의 지식을 얻었으므로, 인간의 입장에서는 그렇게 손해난 장사는 아닌 셈이다. 이렇게 볼 때, 인간은 에덴동산에서 쫓겨난 것이 아니라 지식을 얻기 위해 에덴동산으로부터 스스로 탈출한 것이다. 겉보기에 아담과 이브는 에덴동산에서 쫓겨나는 것으로 되어 있지만, 그들은 사실 고의로 선악과를 먹음으로써 창조주로부터 독립하여 스스로의 삶을 살아가고자 했는지도 모른다. 판도라 역시 그렇게 하지 않았더라면 무미건조하기 짝이 없었을 인간의 삶에 다채로운 색깔을 부여했다. 프시케 역시 남편의 당부를 지켰더라면 평생 남편의 얼굴을 보지 못하고 살아갈 수밖에 없었을 것이다. 인간은 위반을 통해 아주 잠시 동안 불행에 빠지게 되어 있지만, 궁극적으로는 새로운 단계로 나아갔다.

　프로메테우스는 신의 명령에 불복종하여 신들만이 누릴 수 있는 불의 혜택을 인간들도 누릴 수 있게 해주었다. 이브는 야훼의 명령에 불복하여 먹지 말라는 선악과를 따먹었다. 불을 갖기 전의 인간은 제우스 신의 명령에 따라 움직일 수밖에 없는 미약한 존재였다. 선악과를 따먹기 전의 인간도 신의 명령을 따라야만 하는 존재였다. 하지만 불을 가진 이후, 그리고 선악과를 따먹은 이후, 인간은 더 이상 신에 예속될 필요가 없게 되었다. 프시케의 또한 마찬가지였다. 그녀는 위반을 통해 남편의 얼굴조차 보지 못하는 부당한 상황에서 벗어날 수 있었다. 이브가 신의 명령을 거역하고 선악과를 따먹음으로써 인간이 길흉화복을 알게 된 것은 판도라가 상자를 열어 인간의 오욕칠정을 인간 세상에 풀어놓은 것과 마찬가지이다.

　태초부터 인간은 끊임없이 신으로부터 해방되고자 했다. 그렇기 때문에 인간은 신의 구속만이 존재하는 에덴동산에서 제 발로 걸어서 도망을 친 셈이다. 판도라 역시 자신이 처해 있던 무위의 삶에서 벗어나 인간의 오욕칠정을 느끼면서 살고 싶었다. 프시케 또한 남편의 얼굴조차 보지 못하는 부조리한 상황에 과감하게 저항함으로써 궁극적인 행복으로 나아가고자 했다. 판도라도, 프시케도, 이브도 신의 명령이 아니라 자신의 생각대로 살아갈 수 있기를 원했다. 신의 금기를 위반함으로써 인간은 신을 인간 세상에서 저만치 밀어내어 버렸다.

제1절 판도라의 위반

1. 판도라의 신화

모든 것이 사라졌다. 그런데 다행스럽게도 아직 희망만은 남아 있다. 이는 판도라의 신화가 우리에게 주는 메시지의 핵심이다. 인간의 삶이 신의 의지에 따라 언제든 나락으로 굴러 떨어질 수 있다는 것을 말하기 위해 우리는 굳이 오이디푸스를 거론할 필요가 없다. 인간의 삶 속에는 많은 불행의 인자가 들어 있고, 인간은 그것을 너무나 잘 알고 있다. 모든 것이 신의 손아귀에 장악되어 있는 인간의 삶은 취약하기 짝이 없다. 여기서 인간이

판도라(워터하우스)

할 수 있는 일은 거의 없다. 카뮈는 『페스트』의 마지막 장면에서 "페스트 균은 결코 죽거나 소멸하지 않고"[39] 살아남아 손수건이나 책갈피 같은 일상적인 물건 속에 숨겨져 있다고 말하고 있다. 이렇듯 불행이란 언제고 인간의 삶을 망가뜨릴 작정을 하고 있지만 다행스럽게도 판도라는 희망만은 놓치지 않고 상자 안에 붙잡아 두었다.

판도라는 히브리 신화의 이브와 같은 존재로서 그리스 신화에서 최초의 인간 여성이다. 그녀는 인간의 호기심과 그로 인한 파국적 결과를 가장 잘 구현하고 있다. 상자를 여는 판도라의 행위와 상자에서 빠져나간

---

[39] 알베르 카뮈, 『페스트』, 책세상, 2007, p. 410.

것과 남아 있는 것의 의미를 고찰함으로써 인간이 어떻게 해서 무지의 영역에서 앎의 영역으로 넘어오게 되었는지 알 수 있다.

프로메테우스는 신들만의 소유인 불을 훔쳐 인간에게 전해줌으로써 인간에게 새로운 문명을 일구어낼 수 있는 계기를 마련해준다. 프로메테우스를 통해 신과 인간을 가르는 중요한 기준이었던 불을 인간도 사용할 수 있게 되었다. 그 결과 인간은 신과 마찬가지의 삶을 누릴 수 있게 된 것이다. 하지만 인간을 신으로부터 독립시켜 독자적인 삶을 가능하게 한 죄로 프로메테우스 자신은 바윗돌에 묶이어 독수리에게 간을 쪼아 먹히는 형벌을 받는다. 불을 소유한 인간을 더 이상 멸망시키지 못하게 되자 제우스 신은 다른 방식으로 인간을 징벌할 생각을 한다. 그 결과가 판도라이다.

제우스 신는 인간이 불로 인하여 누리게 된 행복에 버금가는 불행을 내려 보내고자 했다. 새로운 징벌을 가할 궁리를 하던 중 제우스 신는 인간에게 온갖 감정을 내려 보내기로 결정한다. 판도라에게 호기심과 더불어 온갖 감정이 담긴 상자를 주어 인간 세상으로 내려 보내고자 했다. 그래서 제우스 신은 헤파이스토스에게 명을 내려 흙으로 여자를 빚게 한다. 이렇게 창조된 판도라는 인간의 모든 감정을 지닌 상자를 선물로 받았다. 제우스 신은 아름다운 인간 여인 판도라를 프로메테우스의 동생 에피메테우스에게 선물로 주려 했다.

그런데 프로메테우스는 제우스 신의 생각을 미리 간파한다. 이름 그대로 미리 생각하는 능력을 지닌 프로메테우스는 판도라를 통해 제우스 신이 인간에게 어떤 짓을 하려는지 간파했던 것이다. 하지만 그의 쌍둥이 동생인 에피메테우스(Epimetheus)는 먼저 행동하고 '나중에 생각하는 사람'이었다. 프로메테우스는 제우스 신의 계략을 미리 알아차리고 동생을 찾아가서 판도라를 아내로 맞이하지 말라고 충고한다. 하지만 나중에 생각하는 에피메테우스는 판도라의 아름다움에 취하여 뒤도 돌아보지 않고 그녀를 아내로 삼는다.

판도라(PanDora)라는 이름은 '모든(Pan)' '선물(Dora)'를 의미한다. 올림푸스 산의 신들은 각자 자신의 역할을 지니고 있어 인간의 길흉화복을 관장한다. 최고신 제우스 신의 당부로 올림푸스의 신들은 자신들이 가진 행운과 불행을 조금씩 떼어 인간 세상으로 내려가는 판도라에게 주었다. 신들에게 인간의 모든 길흉화복을 관장하는 성격들을 조금씩 떼어줄 것을 요구한 것은 제우스 신의 계략이었다. 제우스 신은 최초의 여성인 판도라를 만들면서 자신의 계략을 성공시킬 수 있도록 호기심이라는 요소를 불어넣어 줄 생각하고 있었다. 제우스 신은 호기심이라는 성격을 부여함으로써 언제든지 이를 활용할 생각을 하고 있었기 때문이다. 그는 온갖 것들이 담긴 상자를 선물로 주어 판도라를 인간 세상으로 내려 보내면서 "절대로 열어 보지 말라."고 경고한다.

그런데 제우스 신의 경고는 호기심 많은 판도라에게 "반드시 열어 보라."는 권고로 작용한다. 제우스 신은 호기심의 힘을 잘 알고 있어서 일부러 이런 금기와 함께 판도라에게 상자를 선물로 준 것이다. 하지 말라는 금지는 하라는 권고보다 판도라에게 더 강한 힘을 행사한다. 인간 세상으로 내려 온 판도라는 제우스 신의 의도대로 에피메테우스와 결혼한다. 행복한 나날들을 보내느라 처음에는 상자를 열어보려는 생각은 하지 않아도 되었다. 하지만 그러는 사이 시간은 흘러갔고 판도라는 무료해지기 시작했다. 그녀는 그때까지 열어볼 생각을 하지 않고 소중히 간직해 둔 상자를 보자 호기심을 이기지 못하게 된다.

인간은 하지 말라는 것은 반드시 하게 되는 법이다. 그렇기 때문에 우리는 어떤 사람들이 꼭 하기를 바라는 행위가 있으면, "그것만은 하지 말라."라고 말하기만 하면 된다. 인간은 호기심이라는 것을 가지고 있기 때문에 하지 말라고 하는 것일수록 오히려 더 하고 싶어 하기 때문이다. 신화 속에서 신이 인간에게 준 것이든 어른이 아이에게 준 것이든 금기가 그대로 지켜진 적이 없다. 신화는 엄밀히 말해 '깨어진 금기'의 모음집이라고 해도 과언이 아닐 정도로 금기와 위반으로 가득 차 있다.

예상한 대로 강력한 호기심에 사로잡힌 판도라는 제우스 신의 당부에도 불구하고 상자를 열어 젖혔다. 상자를 열자마자 그때까지 상자 안에 고스란히 갇혀 지내던 인간의 길흉화복이 모두 밖으로 빠져 나와 버렸다. 이에 놀란 판도라가 황급히 상자를 다시 닫았지만, 갇혀 지냈던 만큼 강력한 탈출욕구를 지니고 있던 길흉화복은 거의 대부분이 빠져나가 버리고 이미 상자 안은 거의 텅 빈 상태였다. 하지만 그 와중에 상자의 맨 아래쪽에 있던 '희망'만은 빠져나가지 못하고 상자에 그대로 남게 되었다. 그리하여 인간은 세상에 횡행하는 온갖 불행에도 불구하고 항상 마지막으로 남은 한 가닥 희망에 의지함으로써 삶을 영위할 수 있게 되었다.

지금까지 길흉화복은 상자에 갇혀 있었기 때문에 인간에게 어떤 영향도 끼치지 못했다. 하지만 판도라가 상자를 열어젖힌 후 인간은 통제할 수 없는 많은 길흉화복을 겪을 수밖에 없다. 그 이후 인간사에서 길흉화복이라는 것은 바이러스처럼 인간 세상을 떠돌아다니다가 언제든지 인간을 공격할 수 있게 되었다. 그래서 인간은 불시에 질병을 앓게 되더라도 미리 대처할 방법이 없었다. 뿐만 아니라 수시로 찾아오는 죽음을 비롯한 갖가지 치명적인 일들을 속수무책으로 당할 수밖에 없었다. 하지만 판도라가 상자에서 빠져나가지 못하게 붙잡아 둔 희망만은 달랐다. 희망은 밖에서 활개를 치고 있는 다른 여러 성정(性情)과는 달리 상자 안에 고스란히 남아 있어서 인간이 통제할 수 있었기 때문이다. 그래서 어떤 힘든 상황에서도 인간은 희망만은 필요에 따라 마음대로 꺼내 사용할 수 있게 되어 아무리 어려운 상황에 처해서도 완전한 절망에 빠지지 않아도 되었다.

판도라의 상자에 애초에 들어 있던 것이 과연 무엇인가 하는 것에는 두 가지 이야기가 있다. 하나는 상자 안에는 온갖 불행들이 들어 있었다는 이야기다. 판도라가 상자를 열어보기 전까지만 해도 인간 세상에는 불행이란 없었고 행복만 존재했다고 한다. 말 그대로 에덴동산에서 살았던 셈이다. 에덴동산처럼 완벽한 낙원에 대한 갈망이 판도라의 상자로 표현되어 있었던 셈이다. 다른 하나는 판도라의 상자 안에는 불행이 아니라 여러 축복이 들어 있었다는 이야기이다. 판도라가 상자를 열어 버림으로써 인류를 위해 유익하게 사용될 수도 있었을 축복들이 흩어져 버렸다고 한다. 어떤 방식으로 나타나든 판도라의 행위는 인간을 자신의 통제 하에 두기를 원했던 신에 대한 인간의 반발을 의미한다는 사실에는 다를 바가 없다.

판도라의 상자 안에 애초 들어 있던 것이 불행인가 축복인가 하는 문제는 중요한 것이 아니다. 중요한 것은 판도라의 호기심을 통해 인간이 지금까지 금지되어 있던 여러 일들을 경험할 수 있게 되었다는 점이다. 그렇기 때문에 신의 축복을 받으면서 행복의 땅에 살 수 있었을 인간이 판도라를 통하여 불행을 경험하게 되었다는 비난은 정당한 것이 아니다. 오히려 판도라는 인간으로 하여금 그때까지 느낄 수 없었던 여러 감정을 맛볼 수 있게 해주었다. 이를 통해 인간이 신을 떠나 독자적인 삶을 살 수 있게 되었다는 점에서 그녀는 긍정적인 기능을 수행했다.

판도라가 신의 권고를 철저히 지켜 영원히 상자를 열지 않았더라면 인간은 어떠한 감정도 느끼지 못하면서 살았을 것이다. 그랬더라면 인간은 영원히 신의 지배를 받으면서 살아갈 수밖에 없었을 것이다. 판도라의 호기심을 통하여 인류는 여러 성정을 느낄 수 있게 되었고, 이를 통하여 인간은 신이 자신에게 허락해 주는 제한적인 삶에만 만족하지 않고 다른 삶을 갈망할 수 있게 되었다. 판도라의 호기심을 통하여 인간은 각자의 상황에서 새로운 일을 도모할 수 있게 되었다. 판도라의 호기심이 없었더라면, 인간은 자신의 처지를 깨닫기 이전의 트루먼처럼 신이 지배하는 세상에 영원히 갇혀 살 수밖에 없었을 것이다.

2. 헛된 희망

판도라의 신화는 여러 가지 다른 방식으로 해석될 수 있다. 어떤 식으로 해석되든 판도라에 대한 대부분의 이야기는 인간의 삶에서 '호기심'의 역할과 '희망'이라는 단어의 중요성과 관련되어 있다. 판도라에 대한 이야기를 하다 보면 인간의 삶에서 호기심이 수행하는 긍정적인 역할에 대해 말할 수밖에 없다. 인간은 호기심으로 뭉친 존재로서 호기심을 통해 자신의 인생을 그르치기도 하고 반대로 새로

판도라(폴 세제르 가리오)

운 삶을 개척할 힘을 얻기도 한다. 판도라가 붙잡아둔 희망이라는 문제에 대해서는 서로 상반된 이야기가 나올 수 있다.

개인적인 경험으로 이야기를 시작해 보자. 한번은 판도라에 관한 강의가 끝난 후 어떤 학생의 질문을 받았다. 질문의 요지는 이랬다. "어떤 사람들은 그리스 신화의 원전에 의하면 판도라의 상자에 마지막으로 남은 것이 '희망'이 아니라 '헛된 희망'이라고 주장한다. 그런데 이를 긍정적인 희망으로 잘못 이해하여 판도라 신화의 의미가 제대로 이해되지 못하게 되었다고 주장한다. 그런 문제는 어떻게 이해해야 할 것인가?"

이 질문은 판도라 신화의 의미의 핵심과 그것을 넘어서 신화의 본질과 신화의 타락(변용)과 관련하여 몇 가지 중요한 문제를 제기하고 있다.

■ 신화의 본질

먼저, 신화의 본질과 관련된 것부터 살펴보자. 신화란 세상의 시작과 동시에 선험적으로 존재했던 것이 아니라 인간이 이 세상에 존재하고 나서도 한참 뒤에 자신의 필요에 따라 뒤늦게 만들어낸 것이다. 그리스 신화에서 신들만이 등장하는 것은 우라노스에서 제우스 신에 이르기까지 3대에서 그친다. 그리고 그 이야기는 아주 짧게 마무리되어 있다. 제우스 신 이후의 신화는 대부분 인간과 관련된 것이다. 신화는 신이 만든 이야기가 아니라 인간이 자신의 필요에 의해 만들어낸 것이기 때문이다. 그런데 신화를 처음으로 만들어낼 당시에는 그것을 후세에게 최초의 완전한 상태로 전달할 수단이 없었다. 그리하여 신화는 수십만 년, 수만 년, 수천 년 동안 구전으로 후세로 전해질 수밖에 없었다. 그렇게 원전이 없는 상태에서 입에서 입으로 전해지는 과정에서 이야기의 많은 요소들이 변질되었다.

그러므로 신화의 원전에 관한 논의 자체는 무의미하다. 극단적으로 말해 신화적 이야기에는 원전이란 애초 존재하지도 않는다. 누군가가 자신의 필요에 의해 어떤 신화적 이야기를 만들었고, 후세의 많은 사람들이 애초의 이야기를 자신의 필요에 의해 변형시켜 나간 것이다. 신화가 끊임없이 변화하는 것은 너무나 자연스러운 현상이다. 변화야말로 살아 있는 신화의 속성이다. 살아 있는 모든 것이 변하듯이 살아 있는 신화는 반드시 변화를 겪게 되어 있다. 그렇기 때문에 어떤 신화가 변화한다는 것은 그 신화가 살아 있다는 증거이다. 생명이 없이 모든 의미를 상실해 버린 신화 이야기를 다시 전달하기란 쉽지 않은 일이다. 물론 인간이 이미 죽어버린 어떤 신화를 살려내어 새로운 의미와 생명을 부여할 수는 있지만 그것은 대단히 제한적인 상황에서나 가능한 이야기이다.

설사 신화에 원전이라는 것이 있다고 해도 그것이 완전한 원전이라는 보장은 없다. 아무리 오래된 원전이 있다고 해도 그것은 누군가가 구전으로 내려온 것을 글로 옮긴 것일 수밖에 없다. 텍스트화한다는 것은 이전의 구비적인 전통의 지배를 받고 있었다는 것을 전제로 한다. 오늘날 우리가 가지고 있는 신화적 이야기는 태초에 선험적으로 존재하는 원전을 단순히 복제한 것이 아니다. 그렇기 때문에 원전에는 이렇게 되어 있는데 오해를 해서 그 의미가 변질되어 버렸다는 식의 이야기는 신화의 생성과 변화라는 본질을 제대로 이해하지 못한 데서 비롯된 것이다. 신화를 이야기할 때 누군가가 이것이 원전이라고 말한다고 하더라도 그것을 증명할 방법은 없다. 설사 원전이라는 것이 있다고 하더라도 그것은 단지 처음으로 '기록 되었다'라는 의미일 뿐 처음으로 '만들어졌다'라는 이야기가 아니다. 그러므로 신화적 이야기를 거론할 때 원전이 무엇인지를 따진다는 것은 무의미하다.

■ 신화의 확산

다음으로, 신화의 '확산'과 관련된 문제제기인데 엘리아데는 이를 신화의 '타락'이라고 불렀다. 설사 신화적 이야기의 원전을 확인하는 것이 가능하고 거기에 판도라의 상자의 마지막에 남은 것이 '헛된 희망'이라고 해도 판도라 신화의 의미론적 풍요로움은 줄어들지 않는다. 수많은 사람들이 판도라의 상자에 마지막으로 남은 것이 '희망'이라고 생각한다고 치자. 그것을 통하여 인간이 절망적인 삶 속에서 판도라의 상자를 생각하면서 희망을 가질 수 있다고 치자. 그럴 경우 존재하지도 않는 가상의 원전에 어떻게 기록되어 있든 상자에 마지막으로 남은 것은 '희망'이다.

신화의 생명은 그것이 원전에 어떻게 기록되어 있는가에 달려 있는 것이 아니라 현재 사람들이 그것을 어떻게 이해하고 받아들이고 있는가에 달려 있다. 만일 어떤 신화가 한 번 만들어진 후 아무런 변형을 거치지 않았다면 그 신화가 인간에게 별다른 감동을 주지 못했다는 것을 의미한다. 또한 아무런 변형을 거치지 않고 처음의 것이 그대로 전달되었다면 사람들이 거기서 아무런 흥미를 느끼지 못했다는 것을 의미한다. 사실 그러한 신화는 오늘날 모두 사라져 버리고 존재하지도 않는다. 많은 사람들이 관심을 가지고 있고 서로 다른 의미로 받아들이는 신화는 끊임없이 다시 언급되고 그 과정에서 끊임없이 재생산될 수밖에 없다. 그 과정에서 실제 이야기는 끊임없이 변화를 겪게 마련이다. 엘리아데는 그것을 신화의 타락이라고 말한다.

신화의 타락이라고 하는 개념은 아주 중요한 의미를 지닌다. 원전으로서의 신화는 그 자체로는 의미가 없다. 그것은 박제된 생물과 같은 것이어서 살아 있는 것처럼 보여도 죽은 것과 마찬가지다. 신화는 인간이 그것을 살려내어 현실 속에서 실제로 의미를 부여할 때, 그리고 예술에 활용할 때에야 비로소 그 의미를 지닌다. 그 경우에야 비로소 신화는 원전 상태에서 빠져나와 그 의미를 확산시켜 나갈 수 있다. 신화의 타락이란 원전 상태에서 빠져나와 인간 생활 속에 구현되는 것을 의미한다. 신화는 인간의 사유와 문화 속에서 끊임없이 확산(타락)함으로써 후세에까지 생명을 이어간다. 그러므로 의미 있는 신화는 원전 속에 박제되어 있는 것이 아니라 타락하여 인간생활 속으로 들어온 것이다.

■ 희망의 의미

마지막으로, 판도라 신화의 의미와 관련하여 중요한 의미를 지니는 희망의 의미에 관한 문제가 제기된다. 어차피 '희망'이란 처음에는 모든 것이 헛된 것이다. 현실 속에 존재하지 않는 것을 원하기 때문이다. 헛되지 않은 것을 희망하는 것은 희망하는 것이 아니다. 헛되지 않은 희망은 이미 '현실'이다. 가령, 누군가가 점심을 먹으면서 '나는 오늘 저녁을 먹고 말거야'라고 말하는 것을 희망이라고 부르지는 않는다. 물론 특수한 상황에서는 그것이 희망이 될 수는 있겠다. 가령, 목숨이 경각에 달린 환자가 삶에 대한 강렬한 희망을 품고 그러한 말을 한다면 그것은 희망이 될 수 있다. 하지만 일반적인 상황에서 우리는 그런 류의 단순한 바람을 희망이라고 말하지 않는다. 점심을 먹으면서 저녁을 먹고야 말겠다는 정도의 바람은 단지 이미 현재하는 것을 기다리는 것에 불과하기 때문이다.

희망이란 그것을 말하는 현 상황에서는 실현 가능성이 거의 없는, 그러나 꼭 이루고 싶은 강력한 갈망을 말하는 것이다. 하늘을 날고자 했던 이카로스의 꿈, 열두 가지 과업을 완수하고자 했던 헤라클레스의 꿈, 황금양털을 가져와서 왕위를 되찾아야겠다는 이아손의 꿈과 같이 새로운 존재양식으로 나아가고자 하는 갈망 정도는 되어야 희망이라고 부를 수 있을 것이다. 그렇기 때문에 희망이란 적어도 희망하는 그 순간에는 헛된 것이어야 한다. 인간의 삶이란 그 '헛된 희망'을 '헛되지 않는 것', 즉 '현실'로 만들어 나가는 과정이다.

구약의 어떤 선지자는 "헛되고 헛되며 헛되고 헛되니 모든 것이 헛되도다."[40]라고 말했다. 그런데 인간은 그러한 '헛된 삶'의 한가운데서도 늘 '희망'이라는 것을 가지고 살아가는 존재이다. 우리가 가지는 희망 자체가 아무리 헛되더라도 인간은 그 희망을 통하여 힘겨운 삶을 살아낼 힘을 찾을 수 있다. 우리 인간은 그러한 '헛된 희망'을 품을 수 있어서 행복한 것이다. 헛된 것에 대한 갈망을 포기한 채 실현 가능성이 있는 것만을 희망할 때 인간의 삶에서 발전을 기약할 수 없다. 그러니 인간은

---

40 『구약성경』, 「전도서」, 1장 2절.

살아 있는 한 계속해서 헛된 희망을 품어야 한다. 실현 가능한, 그래서 언제든 현실화할 수 있는 희망은 이미 현실이다. 희망은 크고 강렬할수록 헛되어 보인다. 그리고 희망은 강렬할수록 언젠가는 현실이 될 가능성이 높아진다. 그럴 경우 그 헛된 희망은 결코 헛되지 않다.

이런 점에서 보자면, 앞에서 제기한 질문에서처럼 있을 수 있는 가상의 원전에 판도라 상자에 마지막으로 남은 것이 '헛된' 희망이라고 되어 있다고 해도 판도라 신화의 의미는 달라지지 않는다. 희망이란 어차피 현 단계에서는 헛된 것이기 때문이다. 다만, "그러니까 판도라 신화에 대한 이해가 잘못되었다."고 말하지 않고, "그러니까 판도라 신화가 인간의 삶에서 중요한 것이다."고 말해야 한다. 인간이 신화 속에서 삶의 의미를 찾아가려는 노력을 지속적으로 벌여나가는 이상, 신화적 이야기는 어떠한 변형을 거친 것이라고 해도 그 자체로 또 다른 원전이 된다.

판도라가 상자를 닫아 희망을 다시 가둬 둔 것은 어쨌거나 정말 다행스러운 일이다. 판도라가 상자를 닫아 희망을 다시 가두어 둠으로써 인간은 다른 길흉화복과는 달리 희망을 자신의 의지대로 활용할 수 있게 되었기 때문이다. 인간이 절망이나 불행을 마음대로 할 수는 없다. 그것은 이미 상자에서 빠져나가 버렸기 때문이다. 그래서 인간은 아무도 원하지 않아도 치명적인 질병에 걸리고 불의의 사고를 당해 고통당하고 절망에 빠진다. 하지만 인간에게는 여전히 상자에 가둬놓고 조금씩 음미할 수 있는 희망이 남아 있다. 그 덕분에 모든 것이 무너져 내릴 것 같은 절망 속에서도 인간은 여전히 삶을 영위해나갈 수 있다. 희망이란 그런 것이다. 상자에 고스란히 남아 있어 원하기만 하면 언제든지 꺼내 자신이 처한 상황에서 활성화시킬 수 있다. 희망이란 부질없는 것일 수 있다. 하지만 그 부질없음이 인간으로 하여금 삶을 다시 꿈꾸게 할 수 있다면 그 부질없음은 희망의 중요한 구성요소이다.

3. 판도라의 상자가 열렸다.

"판도라의 상자가 열렸다"는 말이 있다. 지금까지 감추어져 있던 많은 것들이 술술 풀려나오기 시작하여 어떤 수단을 동원하더라도 막을 수 없을 때 하는 말이다. 이 말은 또한 일단 한번 실마리가 풀리고 나면 다음 단계는 그다지 많은 노력을 기울이지 않고도 순순히 진행되어 나가는 경우에 사용된다. 판도라는 신으로부터 온갖 재앙의 원천이 담긴 상자를 선물로 받고 이 세상에 내려와 에피메테우스의 아내가 되었다. 그녀는 처음에는 제우스 신의 권고대로 상자를 고이 간직하지만 세

판도라 (워터하우스)

월이 지나 제우스 신의 권고를 무시하고 상자를 열어 보고 만다.

강력한 힘에 의해 억눌려 있던 것이 판도라의 호기심만이 아니었다. 상자 안에 갇혀 지내던 인간의 온갖 길흉화복을 대변하는 요정들 또한 상자 속에서 기를 펴지 못한 채 지내고 있었다. 지금까지 어두운 상자 안에서 잔뜩 웅크리고 지낼 수밖에 없었던 요정들은 상자가 열리자마자 너도나도 밖으로 뛰쳐나오기 시작했다. 깜짝 놀란 판도라가 황급히 뚜껑을 닫았지만, 이미 많은 것들이 상자를 빠져나간 뒤였다. 그렇게 해서 한 번 상자에서 빠져나온 요정들은 어떤 수를 쓰더라도 다시 상자 안으로 밀어넣을 수 없었다. 이제 인간은 어쩔 수 없이 좋은 것이든 나쁜 것이든 모든 감정들의 영향을 받을 수밖에 없게 될 것이다.

호기심이란 신이 인간을 조종하기 위한 아주 효과적인 방편이다. 신은 호기심을 부여함으로써 인간을 자신의 뜻대로 조종해왔다. 신은 인간이 해주기를 바라는 것이 있을 경우 그냥 "하지 말라"고 말하기만 하면 된다. 그렇게 말하기만 하면 인간은 어김없이 그것을 하고야 말기 때문이다. 호기심이란 것은 일단 한번 발동하고 나면 걷잡을 수 없다. 그러므로 상자를 "열어보지 말라"는 제우스 신의 말은 "반드시 열어보라"는 말과 동일한 의미를 지닌다. 먼저 호기심이라는 것을 주고 나서 하지 말라고 말하는 것은 아무런 의미가 없다.

인간이 호기심의 포로가 되어 신이 금지한 행동을 하고 이를 통하여 파국적 결말에 이르는 것은 신화의 단골 주제이다. 기독교 신화에서도 야훼는 단지 이브에게 선악과를 먹지 말라고만 했다. 그러면서 신은 이브에게 호기심을 동시에 부여했다. 그러므로 야훼의 금지는 선악과를 먹으라고 말한 것이나 마찬가지다. 호기심과 금단의 열매는 양립할 수 없다. 뱀을 통하여 이브의 귀에 금단의 열매에 대한 욕망이 활성화 되어버린 이상, 그 다음 일은 굳이 노력하지 않아도 순조롭게 진행되어 갈 것이다. 억눌려 있던 욕망은 일단 풀려버리고 나면 다시 억누르기 힘들다. 다시 상자를 닫을 수 있다고 해도 이미 빠져나간 것들은 어쩔 수 없다.

그렇다면 판도라가 열지 말라고 한 신의 명령을 무시하고 상자를 연 것은 잘한 일일까 잘못한 일일까? 이에 대한 대답은 신의 입장에서 볼 때와 인간의 입장에서 볼 때 다를 수밖에 없다. 신의 입장에서 보자면, 상자를 연 행위는 자신의 명령을 어긴 것이므로 징벌을 내려 마땅한 일이다. 그래서 판도라는 신의 의사에 따라 세상 모든 악의 근원으로 낙인 찍혀 이후 모든 인류의 원죄를 뒤집어쓰게 된다. 하지만 인간의 입장에서 보자면, 판도라의 행위는 비난의 대상이 아니라 인간으로 하여금 새로운 세상으로 나아가게 해준 행위이다. 신은 인간이 자신에게 절대복종하기를 바랄 뿐 자신과 같아지기를 원하지 않는다. 신은 인간이 신의 의지에 따라 영원히 자신의 주체적인 삶을 포기한 채 살아가기를 원한다. 하지만 인식이 성장함에 따라 인간은 이러한 예속 상태에서 벗어나려 하게 된다.

애초 판도라의 상자 안에 들어 있던 많은 것들은 언제든 기회가 있으면 빠져나가 인간에게 치명타를 날릴 준비를 하고 있었다. 많은 감정들이 상자 속에 갇혀 있을 때 인간은 스스로의 힘으로 길흉화복을 통제할 수 있었다. 판도라의 호기심에 의해 그러한 불행들이 모두 고삐가 풀려 공중으로 흩어져 버린 다음부터 인간은 이런 감정들에 대한 어떠한 통제 수단도 지닐 수 없게 되었다. 상자를 빠져나간 불행은 이제 인간의 의지와는 무관하게 어떤 예고도 없이 인간에게 닥쳐올 것이고 인간은 그것을 피할 수 없게 되었다. 그런데 다행히도 아직 인간에게는 희망이라는 것이 남아 있다.

판도라는 애초 신이 자신에게 넘겨준 상자 속에 무엇이 들어 있었는지 알 수 없었다. 신은 단지 열어보지 말라고만 했을 뿐 그 이유를 알려주지 않았다. 판도라로서는 이유를 물어볼 수도 없었다. 신은 인간이 무지 속에서 자신의 명령에 따라 살아가기를 원하지만, 인간은 그러한 상태에 영원히 만족하면서 그대로 받아들일 정도로 나약하지 않다. 판도라가 상자를 연 것은 단순히 그녀가 호기심의 포로가 되었다는 것만을 의미하는 것이 아니라 인간의 인식 영역이 그만큼 확장되었다는 것을 의미한다. 새로운 삶을 살아가야겠다는 욕망이 없었더라면 판도라는 상자를 열어보지 않았을 것이다. 그랬더라면 인간은 현재와 같은 다양한 감정을 가지지 못한 채 여전히 신이 설정한 한계 내에서 살고 있을 것이다.

힘 있는 자의 금지와 약한 자의 위반은 인간사회에서도 비일비재하게 이루어지는 것이다. 어떤 형태의 것이든 권력을 장악하고 있는 사람들은 다른 사람이 자신들의 권력에 도전하는 것을 용납하지 않는다. 그리하여 그들은 갖가지 금기체계로 권력을 지니지 못한 사람들을 자신들이 원하는 대로 조종하고자 한다. 하지만 이러한 금기가 영원히 지속될 수 없다. 사회의식이 성장함에 따라 사람들은 언제든지 이런 불합리한 금기체계를 깨뜨리려 할 것이기 때문이다.

현대 사회에서 기성의 권력은 신진 세력으로 하여금 자신들이 만든 갖가지 금기를 지키도록 강요한다. 정치적인 차원에서든 경제적인 차원에서든 권력자는 피지배자를 억압하기 위해 제도적인 것이든 신화적인 것이든 갖가지 금기체계를 만들어내는 것은 이런 맥락에서 이해해야 한다. 그러나 금기체계에 의해 작동되는 세상이 영원히 지속되기는 힘들다. 아이들이 마냥 호기심을 억누르고 어른들이 정한 금기사항을 엄격하게 지켜나가는 사회에서 발전을 기대하기란 어렵다. 제우스 신은 자신의 절대적인 지배를 공고히 하기 위해 판도라로 하여금 상자가 닫혀 있을 때 세상이 안전하고 행복한 사회라고 믿게 한다. 하지만 판도라의 호기심은 그러한 상태가 영원히 지속되는 것을 용납하지 않는다.

어떤 신화에서든 신은 인간이 자신이 만든 영역 안에서 영원히 자신만을 숭배하면서 살아가기를 원한다. 그래서 인간의 절대복종을 바라는 신의 욕망은 거의 모든 종교의 핵심이다. 신은 인간을 만들면서 호기심이라는 것을 동시에 부여했기 때문에 인간이 자신의 지배 아래에 영원히 머물지 않을 것이라는 사실을 알고 있었을지도 모른다. 호기심이라는 것이 인간성장의 핵심요소라는 것을 신이 몰랐을 리가 없기 때문이다. 인간이 호기심을 억누르고 신의 세계에 안주한다는 것은 결국 자신을 포기하는 것을 의미하는데, 그러한 상태가 영원히 지속될 것을 기대하기란 어렵다.

판도라는 상자를 앞에 두고 열 것인지 말 것인지를 고민했다. 마찬가지로 이브는 선악과를 앞에 두고 먹을 것인지 말 것인지 고민했다. 프시케는 보이지 않는 남편을 앞에 두고 볼 것인지 말 것인지 고민했다. 판도라, 이브, 프시케의 모습은 새로운 도전을 앞에 두고 포기할 것인지 말 것인지를 고민하는 인간의 모습을 보여준다. 신화 속 영웅들은 어떤 어려운 상황을 앞에 두고 움츠리거나 호기심을 거두기보다는 항상 적극적으로 도전한다.

신화 속 영웅들은 자신들의 호기심을 충족시키는 과정에서 새로운 존재양식으로 나아가고자 했다. 판도라는 전에는 느끼지 못했던 다양한 감정을 느낄 수 있었고, 이브는 신만이 아는 선악에 대한 분별력을 얻었고, 프시케는 여러 시련에도 불구하고 신의 반열에 올라 남편 에로스와 불사의 축복을 누렸다. 이런 축복은 호기심 앞에서 주저하지 않고 과감히 그것을 충족시키는 가운데 일구어낸 것이다. 호기심을 충족시키는 과정에서 여러 어려움에 봉착했지만, 그것은 결국 더 나은 세상으로 나아가기 위해 반드시 거쳐야할 과정에 불과한 것이었다. 그러므로 판도라의 상자가 열렸다는 것은 삶에 대한 새로운 도전이 이루어지고 있다는 긍정적인 징조이다.

4. 축복을 부르는 호기심

판도라는 금기시된 상자를 열어 인간 세상에 그때까지 존재하지 않았던 온갖 새로운 감정을 가져다주었다. 판도라가 상자를 열어보기 전까지만 해도 인간은 신이 만든 세상에서 신의 명령대로 살아가고 있었다. 고통도 불행도 겪을 필요가 없었다. 불행의 원인이 될 모든 것이 신이 정해놓은 질서에 따라 관리되고 있었기 때문이다. 인간이 신의 질서를 따르기로 결정하기만 하면 불행을 겪을 까닭이 없었다. 그렇다고 해서 특별히 어떤 행복감을 느낄 이유도 없었다. 행복의 원인이 될 모든 것도 미리 정해놓은 질서에 따라 움직이고 있었기 때문이다. 매일의 일상이 달라질 것이 없었기에 새로이 실망할 일도 없었고 그렇다고 새로이 기대할 일도 없었다. 자신이 할 수 있는 일이 없었기 때문이다.

판도라가 상자를 열었던 것도 이러한 무료함 때문이다. 날마다 같은 리듬으로 반복되는 무료함을 달래지 못한 판도라의 눈에 제우스 신의 명령대로 고이 간직해둔 상자가 들어왔던 것이다. 극도의 무료함 속에서 갑자기 이런 생각이 든다. '도대체 저 상자 안에는 무엇이 들어 있을까? 도대체 왜 제우스 신은 굳이 열어보지도 못할 상자를 선물로 주었을까?' 판도라의 입장에서 보자면 이런 질문은 당연한 것이었다. 열어보지도 못할 상자를 선물로 준 제우스 신도 이해할 수 없을 뿐만 아니라 그것을 집안에 가만히 두고 보고만 있는 자신도 이해할 수 없었다. 아무리 소중한 것이라고 해도 무엇인지 모른다면 아무런 소용이 없다. 집에 고이 간직하기만 하고 열어보지 못할 것이라면 굳이 집에 둘 이유가 없지 않겠는가?

생각이 여기까지 미친 판도라는 선악과를 앞에 둔 이브처럼 참을 수가 없었다. 상자는 판도라의 기대를 저버리지 않았다. 그 속에는 온갖 감정들이 감추어져 있었던 것이다. 좁은 공간에 갇혀 있던 여러 감정들이 갑작스러운 광명을 맞아 새로운 세상으로 마구 퍼져나갔다. 판도라는 한동안 어안이 벙벙했다. 순식간에 자신이 지금까지 맛보지 못한 감정에 휩싸이는 것을 느꼈다. 그게 무엇인지도 모르면서 그녀는 한 동안 넋을 잃고 그 감정에 취해 있었다. 하지만 새로운 것을 앞에 두게 된 인간이 처음으로 느끼게 되는 감정은 두려움이다. 판도라 역시 마찬가지였다. 자신이 지금껏 겪어보지 못한 감정이 자신의 몸을 휘감아오자 덜컥 겁부터 났던 것이다. 그래서 황급히 상자의 뚜껑을 닫았지만 이미 너무 늦어

버렸다. 상자 속에 있던 거의 대부분의 감정이 이미 빠져나간 뒤였기 때문이다. 그런데 다행스럽게도 다른 감정에 비해 행동이 굼떴던 희망만은 상자에 그대로 붙잡아 둘 수 있었다.

신은 판도라가 자신의 명령을 위반할 것임을 예상하고 있었으면서도 판도라를 벌하고자 했다. 그런데 호기심을 선물한 것이 자신이고 보면 사실상 자신이 판도라의 위반을 허용한 것이나 마찬가지다. 선악과를 먹은 아담과 이브는 이전과 같이 에덴에 머무를 수 없었던 것처럼 판도라 역시 호기심의 결과 신과의 평화로운 관계를 포기해야만 했다. 신이 인간에게 내린 벌이란 고작 그런 것이었다. 애초 신은 판도라를 통해 인간 세상에 여러 감정들을 퍼트리고자 했다. 그런데 이런 제우스 신의 의도가 인간에게 반드시 부정적으로 작용한 것만은 아니다. 인간은 판도라의 열려버린 상자 덕분에 주체적인 삶을 갖게 되었다.

만약 판도라가 호기심을 억누르고 제우스 신의 권고대로 끝까지 상자를 열어보지 않았더라면 어떻게 되었을까? 모든 고통이 상자에 갇혀 있으니 특별히 불행할 일은 없었을 것이다. 뿐만 아니라 모든 기쁨 또한 상자에 갇혀 있으니 특별히 행복할 일도 없었을 것이다. 특별히 불행할 것도 특별히 행복할 것도 없는 이런 상태는 무균상태에서 살아가야 하는 환자의 상태와 같은 것이다. 무균실에서 살아가야 하는 환자는 가능한 대로 거기서 벗어나야 한다. 거기서는 삶이 생명을 유지하는 것 이상의 의미를 찾을 수 없기 때문이다. 모든 것이 외부에서 제공되어야 하고 자신의 욕망에 따라 독자적으로 할 수 있는 것은 아무것도 없다.

판도라는 제우스 신이 선물로 준 상자를 열어젖힘으로써 이러한 무균상태에서 살아가기를 거부한 것이다. 새로운 세계에 대한 호기심은 인간으로 하여금 기존의 한계를 벗어나 새로운 영역 속으로 뛰어들게 했다. 인간에게 호기심이 없다면 똑같은 현재의 무한한 연장만 있을 것이다.

호기심 때문에 불행한 상황을 맞닥뜨릴 수도 있지만, 개인이든 집단이든 호기심을 통한 새로운 세계로의 도약이 없다면 어떠한 변화도 기대할 수 없을 것이다. 이전에 인간은 제우스 신에게 절대복종하는 삶을 살아가고 있었다. 그 반대급부로 인간은 살아가면서 필요한 모든 것을 신으로부터 구할 수 있었다.

그런데 인간은 신이 구축해놓은 세상에 안주하기를 거부하고 자신이 주도하는 삶을 살아가기를 선택했다. 이런 선택을 위해 인간에게는 반드시 충족되어야 할 호기심이 주어져 있다. 호기심은 처음에는 부정적인 상황을 초래한다. 그렇지만 인간은 언제나 희망이라는 것을 간직하고 있기 때문에 무슨 일이 일어나더라도 걱정할 필요가 없다. 호기심의 끝은 언제나 새로운 세계를 향한 도약이었다.

어른이 아이에게 할 수 있는 최악의 행위는 호기심을 꺾어버리는 것이다. 아이들이 성장하는 것은 사물에 대한 호기심 때문이다. 아이들을 앎의 세계로 인도하는 가장 효과적인 방법은 호기심을 자극하는 것이다. 무턱대고 지식을 가져다주는 것은 바람직한 교육방법이 아니다. 세상의 지식을 모두 아이들에게 가져다 줄 필요도 없고 그렇게 할 수도 없다. 중요한 것은 호기심을 통해 스스로 배우도록 자극하는 것이다. 판도라에게 상자를 건네주면서 제우스 신이 했던 일이 바로 그것이었다. 제우스 신은 지혜를 습득하게 하는 가장 훌륭한 방법으로서 인간에게 호기심을 선물했다. 제우스 신이라고 해도 판도라를 인간 세상으로 내려 보내면서 모든 것을 가르쳐줄 수 없었다. 이런 상황을 알고 있었던 제우스 신은 호기심을 자극하는 방법을 사용했다. 그렇지 않았더라면 제우스 신은 인간에게 모든 감정을 가르쳐주기 위해 불가능한 노력을 기울여야 했을 것이다. 호기심이 없는 아이에게 무엇인가를 가르친다는 것은 불가능한 일이기 때문이다.

신이 인간에게 선물로 준 호기심은 인류의 삶에 재앙과 축복을 동시에 가져다주었다. 호기심의 결과가 재앙이 될지 축복이 될지는 상황에 따라 다르게 나타날 수 있다. 하지만 새로운 영역으로 나아가고자 하는 인간의 욕망이라는 측면에서 보자면 호기심의 궁극적인 결과는 항상 긍정적이다. 호기심으로 인해 인간은 신으로부터 허락받은 감정만 누리면서 살아가지 않고 신들이 누리던 다양한 감정을 함께 누릴 수 있었다. 호기심의 결과 인간은 고통을 느꼈을 수도 있겠지만 결국 희망이라는 존재만은 여전히 인간의 통제 하에 남아 있다.

터무니없이 부조리한 상황 속에서도 인간의 삶은 안정적으로 유지될 수 있다. 인간은 여전히 미래에 대한 긍정적인 생각을 버리지 않고 있고, 그것을 통해 절망의 순간에도 새로운 삶을 꿈꾼다. 인간에게 미래란 현재의 꿈이 모인 것이다. 영원히 지속되는 현재 속에서 인간은 더 나은 미래를 위한 꿈을 꾼다. 인간은 현재의 꿈을 통해 미래를 만들어간다. 모든 것이 사라지고 절망과 공포만이 감돌고 있을 때 인간은 자신들이 가지고 있던 상자의 밑바닥에서 희망을 꺼낸다.

호기심을 억누르고 무균상태에서 살아갈 것인가, 호기심을 발동시켜 새로운 존재양식으로 비약할 것인가의 선택은 항상 인간에게 달려 있다. 신화 속 수많은 영웅들은 신들의 금지를 넘어 새로운 삶을 향해 나아가고자 했다. 그러한 시도는 겉보기에는 실패로 이어지는 것처럼 보여도 결과적으로는 성공했다. 그러한 시도를 통해 인간의 의식은 한 단계 더 성숙해졌고 인간의 삶은 이전과 달라졌다. 인간에게 주어진 호기심은 언젠가는 충족되어야 한다. 인간의 모든 지식과 인식의 발전은 호기심을 발동시켜 새로운 것을 향해 나아가려는 욕망에서 기인한 것이다. 그러니 호기심은 어떤 경우에도 인간에게 축복을 가져다준다.

제2절 프시케의 위반

1. 프시케 신화

그리스로마 신화에서 프시케는 판도라와 더불어 신의 금기를 위반한 대표적인 예로 자주 거명된다. 판도라의 위반이 인류 전체의 운명과 관련되어 있었던 반면, 프시케의 위반은 한 인간의 삶과 관련되어 있다. 금기를 위반함으로써 판도라는 인류에게 새로운 삶의 방식을 도입했고 프시케는 자신의 운명을 바꿨다. 판도라와 프시케는 호기심을 통하여 인류 전체와 개인의 삶을 바꾸게 된 예로 자주 인용된

프시케와 에로스(시몽 제라르)

다. 프시케는 시선의 금기를 위반함으로써 처음에는 파국을 맞이하는 것 같지만 결국 자신의 욕망대로 에로스와 함께 살아갈 수 있게 된다. 프시케의 호기심은 금기-위반-고난-행복이라는 호기심으로 인해 벌어지는 사건의 기본구도를 잘 보여준다.

'정신'이라는 의미의 프시케는 호기심으로 인해 인생의 유위변전을 경험한 대표적인 인간 여성이다. 그녀는 어느 왕국의 셋째 딸로 태어난다. 두 언니들도 아름다웠다고 전해지지만 프시케의 아름다움은 신들을 능가할 정도였다고 한다. 그녀가 얼마나 아름다웠던지 사람들은 프시케를 찬미하느라 미의 여신 아프로디테의 신전을 쓸쓸하게 비워두기까지 했

던 모양이다. 상황이 이 정도에까지 이르고 보니 미의 여신의 자존심이 상했을 것이라는 것은 충분히 짐작이 간다. 아프로디테가 어떤 여신인가? 올림푸스 미인 콘테스트에서 헤라와 아테나를 물리치고 당당히 최고 미녀의 반열에 올라선 신이 아닌가? 그런 여신이 신도 아닌 한갓 인간에게 최고 미인의 타이틀을 빼앗겼으니 가만히 있었을 리가 없다. 인간에게 뒤졌다는 생각에서 오는 자존심의 손상 말고라도 아프로디테는 신들 사이에서도 질투심이 많기로 정평이 나 있었던 터이다.

신들의 미움을 받고도 온전한 운명을 누릴 수 있었던 인간은 아직까지 존재한 적이 없다. 질투심 많은 아프로디테의 미움을 받았으니 프시케가 순탄한 삶을 살았을 까닭이 없다. 아프로디테는 아들인 에로스를 시켜 프시케가 세상에 둘도 없는 흉측한 괴물을 사랑하도록 명령한다. 그러나 어쩌겠는가? 프시케는 괴물에게 주어버리기에는 너무나 아름다웠고, 에로스는 미인 앞에서 모든 판단력을 상실해버리는 남자였다는 것이 문제였다. 물론 에로스는 어머니의 명을 받아 프시케에게 저주의 화살을 날리러 가기는 했다. 하지만 어머니의 명령을 수행하러 간 에로스는 프시케가 괴물에게 넘기기에는 너무나 아름답다는 것을 깨닫는다. 그는 프시케의 아름다움에 취해 자신의 본분을 망각하고 그만 프시케와 사랑에 빠지고 만다.

지나치게 아름다우면 사랑하는 사람을 구하기 힘들다고 하는 말이 그녀에게도 예외가 아니었다. 모두들 그녀의 아름다움을 칭송했지만 정작 그녀에게 청혼을 하는 사람은 없었다. 언니들이 모두 좋은 혼처를 찾아 결혼을 하고 나서도 프시케는 혼자 외롭게 지내야만 했다. 남자들이 모두 프시케에게 청혼하기를 마다하자 딸의 장래에 먹구름을 예감한 부모는 신탁을 구했다. 신탁에 의하면 프시케의 남편은 무서운 괴물로 산꼭대기에 있다는 것이었다. 딸의 장래를 걱정했지만 신탁을 무시할 수 없었던 부모는 신부 의상을 갖추어 프시케를 신이 지정한 산꼭대기에 데려다 줄 수밖에 없었다. 사정이 이쯤 되고 보니 프시케 역시 자신의 기구한 운명에 동의할 수밖에 없었다.

사실 이 모든 것이 프시케에게 빠진 에로스 신의 계략이었다. 신탁에 의해 지정된 산에 도착한 프시케가 두려움에 떨고 있자 에로스의 요청을 받은 제피로스(서풍)가 그녀를 감싸안아 화려한 궁전으로 데려갔다. 에로스가 자신의 신방을 위해 마련한 궁전이었다. 프시케가 도착한 궁전에서는 시중을 드는 목소리만 있을 뿐 아무도 없었다. 프시케의 남편은 밤에만 몰래 찾아와서 불을 밝히지 말고 사랑만 나눌 뿐 날이 밝으면 어김없이 떠나버렸다. 프시케는 남편에게 본래의 모습을 보여 달라고 끈질기게 요청했지만 남편은 결코 자신을 보려고 해서는 안 된다는 이해할 수 없는 말만 되풀이할 뿐이었다.

신화 속의 금기는 반드시 깨어지기 마련이라는 사실을 잘 알기 때문에 우리는 이 금기가 지켜질 리가 없다는 것을 미리 알고 있다. 보이지는 않지만 남편의 사랑을 듬뿍 받으면서 하루하루를 행복하게 지내고 있던 차에 프시케는 부모님과 언니들을 향한 그리움을 남편에게 말했다. 가족들을 만나게 해달라는 프시케의 요청에 에로스는 언니들이 궁전을 방문하여 프시케를 만날 수 있도록 허락해 주었다. 언니들은 자신들과는 비교할 수 없을 정도로 아름다운 동생이 신탁에서 말한 것과는 반대로 자신들보다 훨씬 더 행복하게 사는 것을 보자 그만 질투의 포로가 되고 만다. 이 와중에 프시케는 아직 남편의 얼굴을 한번도 보지 못했다는 사실을 언니들에게 말해버리고 만다. 동생의 행복에 질투심을 느낀 언니들은 원래 신탁에는 프시케가 괴물과 만나서 결혼하게 되어 있었다는 말을 상기시키면서 프시케의 호기심을 자극한다.

언니들이 떠나고 나서 호기심의 포로가 된 프시케가 어떻게 했을지는 뻔하다. 남편의 신신당부를 무시하고 남편의 모습을 보기 위해 밤이 되기를 기다렸다. 어김없이 다시 찾아온 남편과 사랑을 나눈 후, 마침내 등잔불을 켜서 곤하게 잠든 남편의 얼굴을 보고 만다. 심지어 언니들의 말대로 남편이 괴물이라면 목이라도 벨 요량으로 칼까지 준비하고 있었다. 그런데 언니들의 말과는 달리 자신의 옆에 나신으로 누워 있는 남편은 괴물이 아니라 아름답기 그지없는 신의 형상을 하고 있었다. 남편의 아름다움에 깜짝 놀라 그만 등잔불의 기름 한 방울을 남편의 몸에 떨어뜨리고 만다. 이렇게 해서 어이없이 깨어져버린 시선의 금기는 결국 파국으로 이어진다. 화상을 입은 남편은 잠에서 깨어나 아내의 경박함을 나무라면서 흰 날개를 펼쳐 떠나버리고 만다. 남편이 떠나버리자 궁전도 함께 사라져버리고 프시케는 혼자 황무지에 내버려지게 된다.

남편의 신신당부에도 불구하고 호기심 때문에 남편을 잃어버린 프시케는 자신을 심하게 책망했지만 이미 엎질러진 물이었다. 황무지에 버려진 프시케는 정처 없이 남편을 찾아다니다가 마침내 아프로디테의 궁전에 이르게 된다. 아무리 찾아도 없는 남편 에로스가 어머니인 아프로디테의 집에 갔을 것이라고 생각했던 것은 지극히 당연한 일로 보인다. 그런데 프시케의 아름다움에 대해 시샘을 하고 있었던 데다 아들까지 자신의 명령을 거부해버린 상황이니 아프로디테가 이 일에 앙심을 품고 있었던 것 또한 너무나 당연한 일이었다. 그런 상황에서 프시케가 아들에게 화상까지 입혀 놓았으니 그녀를 바라보는 아프로디테의 심사가 고울 까닭이 없었다.

아프로디테는 프시케로 하여금 상식적으로 이룰 수 없는 네 가지 과업을 차례로 부과하면서 이를 무사히 완수하였을 때에야 화를 풀겠다고 선언한다. 그 과업이란 서로 뒤섞여 산더미처럼 쌓인 곡식을 종류대로 구분하기, 사나운 양으로부터 황금양털 구하기, 도달할 수 없는 산꼭대기에 가서 샘물 길러오기, 하데스 신의 여왕 페르세포네에게서 미를 구해오기 등의 일이다. 프시케에게 실현 불가능한 과업을 내린 아프로디테의 의도는 프시케를 도저히 용서하지 못하겠다는 것이었다. 하지만 프시케의 안타까운 상황과 간절함에 감동하여 각각 개미, 갈대, 독수리 등이 앞선 세 가지 과제를 해결해 준다. 마지막 관문마저 거의 통과할 찰라 프시케는 자신의 트레이드마크라고 할 수 있는 호기심 때문에 다시 일을 그르치고 만다. 페르세포네에게서 얻은 '미'는 바로 수면이었는데, 호기심이 발동한 프시케는 그만 수면이 갇힌 상자를 열어보고 말았던 것이다. 미에 대한 여인의 갈망과 하지 말라는 것을 반드시 하고야 마는 인간의 속성이 다시 한 번 제대로 합쳐졌던 것이다.

결국 프시케는 수면이 가득 든 작은 병을 열고 깊은 잠에 빠져들고 만다. 이제 공은 에로스에게 넘어간다. 에로스는 첫눈에 반한 아름다운 아내를 잃고 이리저리 방황을 하다가 어머니를 통해 에로스의 운명을 알게 된다. 슬픔에 사로잡힌 에로스는 프시케를 용서해달라고 제우스 신에게 탄원한다. 제우스 신은 인간의 가장 기본적인 본능 중의 하나인 호기심이라는 것을 인간에게 준 장본인이다. 그런 제우스 신이었으니 호기심의 결과로 벌어진 이 모든 일을 인간에게만 뒤집어씌운다는 것이 부조리한 일임을 모를 리 없었다. 그래서 그는 아프로디테를 불러 프시케를 용서해 주는 것이 어떨지를 묻는다. 아프로디테가 여기에 동의하자 에로스는 페르세포네의 미약으로 깊은 잠에 빠진 프시케를 키스로 깨운다. 제우스 신은 이들을 올림푸스로 불러들여 프시케를 신의 반열로 올리고 에로스는 프시케와 결혼하게 된다.

2. 거듭되는 반전

프시케의 인생은 마치 고차 함수 그래프와도 같이 행복과 불행의 반전의 연속이다. 최종적으로는 신의 반열에까지 올라 행복한 삶으로 막을 내리지만, 그녀의 인생은 처음(절세 미인으로서의 삶)과 끝(올림푸스에서의 영생)의 행복 상태 사이에 세 차례에 걸쳐 나락으로 빠졌다가 다시 부상한다. 이를 순서대로 정리해 보면 다음과 같다.

에로스와 프시케 (프랑수아 라그르네)

① 절세미인으로서의 삶을 살다.(행복)

우선, 그녀의 삶은 행복에서 출발한다. 그녀는 부유한 왕의 셋째 딸로 태어나 만인의 부러움 속에서 살아간다. 두 언니들 역시 상당한 미모의 소유자였지만 그녀에게 가려 빛을 발하지 못했다. 그녀의 아름다움은 올림푸스 산의 최고 미녀인 아프로디테보다도 낫다는 칭송을 받았다고 하니 그 미모가 어느 정도였는지 상상조차 하기 힘들다. 사람들은 프시케의 아름다움을 칭송하느라 아프로디테의 신전을 비워둘 정도였다고 한다. 이런 상태가 프시케의 삶의 출발이자 최초 행복의 순간이다.

② 신의 미움으로 고통을 당하다.(불행)

뭐든지 지나치면 모자람만 못하다고 했다. 신은 프시케의 운명을 순조롭게 내버려두지 않았다. 사람들이 프시케에게 바치는 칭송이 오히려 화근이 되어 불행으로 돌아오고 만다. 사람들이 자신의 신전을 황폐화시켜 놓고 프시케의 아름다움에 홀딱 반해 있었으니 아프로디테가 가만히 있었을 까닭이 없다. 아프로디테는 자신의 아들 에로스를 동원하여 아무도 그녀를 사랑하지 않게 만들어 버린다. 그리하여 왕궁으로 모여든 청혼자들은 두 언니들에게만 손을 내밀 뿐 프시케에게는 감히 청혼하지 못했다. 두 언니들이 출가하고 난 후 쓸쓸히 혼자서 삶을 살아가고 있는 막내딸을 걱정한 부모는 신탁을 구하기로 한다. 신탁은 해괴하기 짝이 없었다. 프시케의 남편은 산꼭대기에 있는 괴물이라는 것이다. 우리는 인간이 아무리 피하려고 해도 신탁은 결국 완성되고 만다는 것을 잘 알고 있다. 왕과 왕비 역시 그 사실을 잘 알고 있었기 때문에 슬픔을 무릅쓰고 딸에게 신부의 예복을 입혀 신탁에 의해 지정된 장소에 두고 온다.

③ 에로스와 만나 행복한 결혼생활을 영위하다.(행복)

하지만 세상에서 둘도 없는 미인으로 태어나 행복한 삶을 살아가던 그녀에게 닥친 불행은 일단 거기까지였다. 사실 그녀에게 내려진 신탁은 모두 아프로디테의 명령을 거역하기로 작정한 에로스가 꾸민 것이었기 때문이다. 프시케의 미모는 에로스로 하여금 어머니의 명령을 어기고 자신의 본분까지 망각하게 할 정도였다. 신들 사이의 역할은 부모와 자식 사이라고 해도 서로 침해할 수 없다. 이러한 운명의 유위변전을 속속들이 알 까닭이 없는 인간의 눈에만 불행으로 보일 뿐이다. 신탁을 어길 수 없었던 부모에 의해 지정된 산꼭대기에 도달한 프시케는 자신의 신세를 한탄하며 하염없이 눈물을 흘렸다. 이런 프시케 앞으로 에로스의 명령을 받은 제피로스가 다가와 그녀를 에로스가 준비해놓은 화려한 궁전으로 데리고 간다. 거기서 프시케의 삶은 완전히 바뀌게 된다. 비록 눈으로 직접 볼 수도 없고 밤에만 찾아오는 남편이지만 에로스는 세상에서 둘도 없이 다정한 남편이었다.

언니들이 부추긴 호기심이 발동하기 전까지 에로스가 얼마나 행복한 삶을 누리고 있었는지 상상한다는 것은 그다지 어려운 일이 아니다. 아침에 눈을 뜨면 밤새 그지없이 다정하고 부드러운 손으로 자신의 몸과 마음을 어루만져주던 남편이 가버리고 없다는 것 말고는 모든 것이 만족한 삶이었다. 시중을 드는 시녀들이 프시케가 바라는 모든 것을 해결해주었기 때문에, 원하는 모든 것이 생각만으로 충족되는 행복의 절정을 맛보았다.

④ 호기심의 포로가 되다.(불행)

언니들만 만나지 않았어도 남편을 보지 못한다는 한계는 있었지만 프시케의 행복은 영원히 지속되었을지도 모른다. 하지만 그녀의 행복은 영원히 지속되지 못했다. 호기심 때문이었다. 사랑하는 가족들을 보고 싶었을 뿐만 아니라 내심 자신의 행복한 삶을 자랑하고 싶은 생각이 들었던 것이다. 그래서 에로스에게 간청하여 언니들을 자신이 살고 있는 궁전에 올 수 있게 했다. 자신들보다 아름답기도 한데다 자신들에 비해 훨씬 행복하게 살고 있는 동생을 보자 언니들의 시샘은 극에 달한다. 그래서 원래 신탁에는 프시케의 남편이 무시무시한 괴물이었던 것을 상기시키면서 밤에 불을 켜서 확인해보라고 했다. 언니들이 가고 나자 극심한 혼란에 사로잡힌 프시케는 그만 호기심의 제물이 되고 만다. 하지만 불을 밝혀 확인한 남편의 휘황찬란한 모습에 당황한 프시케는 한 방울의 기름을 떨어뜨려 남편에게 화상을 입힌다. 에로스는 그렇게 신신당부를 했음에도 불구하고 호기심의 포로가 되어버린 프시케를 지켜줄 수 없었다. 그래서 그는 프시케를 책망하고 떠나버리는데 에로스가 떠나자마자 지금까지 프시케의 행복을 이루고 있던 모든 것이 함께 사라지고 만다. 자신의 어리석음을 탓하지만 한번 벌어진 일을 다시 주워 담을 수는 없었다. 남편을 잃고 세상을 방황하던 프시케는 곡식 정리, 황금양털 구하기, 샘물 긷기, 지옥 방문 등 여러 시련을 겪는다.

⑤ 마지막 시련을 끝내다.(행복)

사실 신화 속에서 인간에게 주어지는 시련은 언제나 새로운 존재양식으로 나아가게 한다. 헤라클레스의 시련이 그랬고, 신데렐라의 시련이 그랬고, 콩쥐의 시련이 그랬다. 많은 신화에서 영웅은 새로운 존재양식으로 나아가기 위해 가혹한 시련을 겪게 되어 있다. 프시케의 삶에는 또 다른 반전이 준비되어 있었다. 아프로디테 여신은 마지막 과업으로 프시케에게 하데스 신의 아내 페르세포네에게 가서 아름다움을 얻어오라는 명령을 내린다. 하데스 신의 세계로 가라는 말은 곧 죽음을 의미하는 것이지만, 카론의 도움으로 무사히 스틱스 강을 건넌 프시케는 케르베로스마저 유순하게 만들어버린다. 무사히 지옥에 도달한 프시케는 자신의 지내온 삶을 지옥의 여왕 페르세포네에게 털어놓는다. 이를 불쌍하게 여긴 페르세포네는 프시케에게 아름다움이 담긴 작은 상자를 건네준다. 그렇게 함으로써 프시케는 아프로디테의 명령을 모두 수행하고 새로운 삶으로 나아갈 수 있는 계기를 맞는다.

⑥ 또 다시 호기심의 포로가 되다.(불행)

그 상자를 그대로 간직하고 지상으로 돌아와서 아프로디테에게 건네주었더라면 얼마나 좋았을까? 하지만 우리가 그것을 기대할 수는 없다. 프시케가 누구인가? 언니들의 무책임한 꼬드김에 넘어가 호기심의 포로가 되어 자신에게 주어진 복을 제발로 걷어차 버린 사람이 아닌가! 어쩔 수 없는 프시케의 호기심은 마지막 과업에서 다시 한 번 되살아나 그녀의 운명을 또 다른 파국으로 치닫게 한다. 아름다움에 대한 본능으로부터 자유로운 여성은 없다. 미의 여신 자신도 끊임없이 아름다움을 과시하면서 살아가고 있었으니 말이다. 프시케의 운명이 반전에 반전을 거듭하는 것도 따지고 보면 아름다움에 대한 아프로디테의 과도한 집착 때문이라고 할 수 있다. 아무튼 아름다움에 대한 유혹에서 벗어나지 못했던 프시케는 그 상자를 조금 열어 아름다움을 얻고자 했다. 하지만 상자 안에 들어있던 아름다움은 바로 '잠'이었다. 잠의 공격을 받은 프시케는 그만 깊은 잠에 빠져들고 만다.

⑦ 용서를 받고 신의 반열에 오르다.(행복)

인간의 기본적인 속성인 호기심에 때문에 아내를 잃어버리고 상심하기는 했지만 에로스는 여전히 프시케를 사랑하고 있었다. 프시케를 잃고 상심한 채 백방으로 떠돌아다니던 에로스는 깊은 잠에 빠져든 프시케를 발견한다. 신의 거처인 올림푸스 산으로 가서 제우스 신에게 프시케를 아내로 맞이하게 해줄 것을 간청한다. 에로스의 청을 들은 제우스 신은 아프로디테를 설득하여 프시케에게 신의 음료를 마시게 하여 신의 반열로 올린다. 신이 된 프시케는 에로스 신과 결혼한다. 이렇게 해서 결국 프시케의 이야기는 행복한 결말을 맞게 된다. 신의 반열에 올라 다시 남편과 결합한 프시케는 영원히 하늘에서 살 것이다.

3. 못 볼 것을 보다

프시케는 에로스의 사랑을 받았지만 호기심의 포로가 되어 남편을 보지 말라는 금기를 위반함으로써 인간으로서는 감히 누리기 어려운 최고의 사랑을 잃어버리고 만다. 신은 인간에게 금지된 여러 욕망을 부여했다. 그러한 금기 중에서도 가장 흔한 것이 보지 말아야 한다는 금기였다. 그런데 보는 것은 먹고 만지고 하는 감각 행위와 연관된 다른 호기심과 비교해서 인간 의지의 통제에서 가장 많이 벗어나 있다. 즉 인간의 여러 감각 행위 중에서 가장 손쉽게 이룰 수 있는 것이 '보는' 것이다. 다른 욕망을 충족시키기 위해 여러 노력을 기울여야 하지만, 보고자 하는 욕망을 충족시키는 것은 상대적으로 간단하기 때문이다.

보는 행위는 의도하지 않아도 할 수 있다. 의도하지 않게 아르테미스의 목욕 장면을 훔쳐본 죄로 사슴으로 변해 자신이 부리던 사냥개에게 물려 죽은 악타이온의 경우를 생각해보자. 악타이온은 사냥을 하다

디아나와 악타이온(티치아노)

가 정말 우연히 목욕을 하고 있는 여신의 몸을 보게 된다. 그 죄 아닌 죄로 그는 끔찍한 징벌을 받았다. 그가 아르테미스의 몸을 보게 된 것은 정말 우연한 일로 전혀 의도하지 않은 것이었다. 그는 그녀에게 손을 대지도 않았고 심지어 음심을 품지도 않았다. 죄가 있다면 그의 의지와 상관없이 먼저 그 장면을 보아버린 시선이 문제였을 뿐이다. 눈을 감고 다닐 수 없었던 악타이온의 입장에서는 억울하기 짝이 없다.

금지된 시선에 대한 프시케의 호기심은 이브와 판도라의 호기심보다 훨씬 견디기 어려운 것이었다. 게다가 그녀가 보지 말아야 할 것은 다름 아닌 자신의 남편이다. 세상에 억만금을 준다고 해도 평생 동안 남편의 얼굴도 모르고 살아가기를 원하는 여자가 있을까? 그렇기 때문에 인간의 기준에서 보자면 프시케의 죄는 죄로 성립될 수 없다. 하지만 신화 속에서 시선의 금기의 위반은 치명적인 결과로 이어지는 일이 많다. 가령, 누구도 메두사의 머리를 정면으로 쳐다보아서는 안 된다.

프시케는 워낙 아름다워서 질투심 많은 아프로디테의 미움을 사게 되어 불행한 인생을 살아갈 수밖에 없었다. 우여곡절 끝에 그녀는 아름다운 궁전에서 보이지 않는 남편과 함께 살아가게 된다. 처음에는 알 수

없었지만 남편은 세상에서 둘도 없는 사랑의 신 에로스였다. 자신의 운명을 한탄하던 프시케로서는 황홀한 궁궐과 함께 주어진 남편의 사랑은 지금까지의 불행에 대한 슬픔을 보상하고도 남음이 있었다. 하지만 그녀에게는 자신을 보려 하지 말라는 지킬 수 없는 금기가 동시에 주어진다. 남편의 당부에도 불구하고 언니들의 부추김 때문에 결국 불을 밝혀 에로스의 얼굴을 보려 하다가 남편과 이별하고 만다.

시선의 금기를 위반한 프시케의 행위는 이후 인간의 삶에 여러 방식으로 구현된다. 동서고금을 막론하고 인간에게서 '보는 것'은 모든 지식의 출발이다. "보는 것이 아는 것이다.(To see is to know)"라는 서양의 격언과 "백문불여일견(百聞不如一見)"이라는 동양의 격언은 공연히 나온 것이 아니다. 선악과에 대한 이브의 욕망도 애초 시선에서 출발한다. 신이 금지한 선악과는 "먹음직"함과 동시에 "보암직"하기도 했다. 신은 인간이 진실에 다가가는 것을 마땅치 않게 생각할 때 우선 시선의 금기를 부여했다. 신은 시선의 금기를 통해 자신의 지배를 확인하려 하지만, 인간은 그러한 무지의 상태에 머물러 있지 못한다. 프시케의 욕망은 진실에 대한 접근이 차단당한 현실에서 앎의 세계로 나아가려는 인간의 본질적 욕망을 대변하고 있다.

질베르 뒤랑에 의하면 프시케의 신화구조는 세 가지 단계로 구분되어 나타난다.[41] 우선, 호기심의 포로가 된 프시케가 에로스를 보아서는

---

[41] Durand은 Swhan을 따라서 서구의 보편적인 신화구조의 하나인 프시케 신화를 다음과 같이 세 가지 단계로 구분하고 있다. 우선, 호기심의 포로가 된 프시케에 의해서 에로스를 보아서는 안된다는 금기가 깨어진다. 그 결과 남편과의 이별이라는 징벌을 받아 수많은 시련을 겪으면서 남편을 찾으려는 시도를 하게 된다. 마지막으로 최후의 시련을 통해서 남편이 돌아오고 다시 남편과 합치게 된다.(Jan Ojwind Swhan, *Cupid and Psyché*, 1955.; Gilbert Durand, *L'Ame tigrée*, Gonthier, 1980, pp. 167~180.; 김종우, 「쥘리앙 그린의 크리스틴에 나타난 '현실세계'와 '신비세계'의 갈등 양상」, 『불어불문학연구』 제37집, 1998, pp. 77~91.(78의 각주 5번)

안 된다는 금기를 깬다. 호기심과 금지가 공존할 수 없기 때문에 프시케의 위반은 당연한 것이었다. 다음으로, 프시케는 남편과의 이별이라는 징벌을 받아 수많은 시련을 겪게 된다. 프시케가 겪어야 했던 시련은 신의 명령을 위반한 만큼 당연한 것이었다. 마지막으로, 최후의 시련을 통해 남편 에로스가 돌아와서 다시 그와 합치게 된다. 위반으로 인한 프시케의 고난은 결국 새로운 존재양식으로의 도약을 위한 필연적인 과정이었다.

시선의 금기와 위반이라는 두 축 사이의 긴장관계는 인간의 삶이 영위되는 중요한 요소이다. 프시케의 삶은 보지 말라는 금기와 금기 위반 사이에서 영위된다. 프시케가 보지 말라는 금기를 끝까지 지켰더라면 어떻게 되었을지를 상상한다는 것은 어려운 일이 아니다. 그녀는 평생 동안 남편의 얼굴도 보지 못한 채 생을 마감한 가련한 여인으로 남았을지도 모른다. 신화에 의하면 금기는 반드시 깨어지고 만다. 금기 위반의 결과는 가혹했다. 프시케는 남편을 잃어버림과 동시에 삶의 근거를 송두리째 잃어버리고 만다.

인간은 부단히 미지의 것을 알고자 하는 욕망을 지니고 살아간다. 하지만 드러난 것이 감추어진 것보다 항상 나은 것은 아니다. 프시케의 신화는 때로는 감추어진 신비를 그대로 간직하는 것이 더 나을 수도 있다는 것을 보여준다. 하지만 그것이 프시케 신화의 궁극적인 의미는 아니다. 프시케는 금기를 위반함으로써 처음에는 이루 말할 수 없는 불행을 겪지만, 결국 남편 에로스를 다시 만나 신의 반열에 올라 올림푸스에서 살 수 있게 된다. 프시케는 금기의 위반을 통하여 오히려 삶을 한 단계 더 고양시킬 수 있었다. 프시케에게 주어진 금기는 현실세계를 떠나 이면에 감추어진 신비세계로 나아가고자 하는 욕망을 억누르는 것이다. 프시케는 이러한 비정상적인 금기에 순응할 수 없었다.

금기를 위반하기 전 프시케가 겪은 갈등은 인간 삶의 기본적인 구성요소이다. 이러한 긴장상태에서 인간은 결국 욕망의 강도를 최대한으로 높이게 되며, 그렇게 해서 강화된 욕망은 삶을 살아가기 위한 중요한 에너지가 된다. 이와 마찬가지로 호기심의 충족을 통해 초래된 파국적 상황 또한 새로운 존재양식으로의 이동에 반드시 필요한 것이다. 억눌린 욕망을 해소하지 않고는 결코 새로운 존재양식으로 나아가지 못하게 된다. 그렇기 때문에 욕망이 해소되고 난 다음의 파국적인 상황은 미리 피할 것이 아니라 일단 저지르고 나서 해결하는 것이 나을 수도 있다.

프시케의 '시선'은 신이 부여한 금기를 위반하고 새로운 존재양식을 갈망하는 인간의 욕망을 상징적으로 드러낸다. 애초 신은 인간에게 호기심이라는 것을 부여했다. 그렇기 때문에 금기는 근본적으로 위반될 수밖에 없고 또 그렇게 되어야 한다. 인간은 절대로 호기심을 극복할 수 없다. 심지어 인간은 호기심을 물리쳐서도 안 된다. 인간은 호기심을 통하여 성장하는 존재이기 때문이다. 신화에서든 현실에서든 호기심을 극복한 사람보다는 오히려 그에 굴복한 사람이 훨씬 더 많은 것을 얻었다.

아담과 이브가 범했던 금기의 위반은 결국 신으로부터의 인간해방이라는 여정을 가능하게 했다. 신으로부터의 인간해방은 태초부터 지금까지 인간 의식의 역사를 이끌어온 것이다. 금기를 위반한 판도라는 인간의 삶에 온갖 감정을 도입함으로써 인간에 대한 신의 지배를 마감하고 인간의 역사를 새롭게 시작했다. 시선의 금기를 위반함으로써 프시케는 결국 신이 되어 에로스의 명실상부한 아내가 된다.

언니들의 꾐에 빠진 프시케는 자신의 내부에 억눌려 있던 욕망을 끝내 잠재우지 못하고 램프와 칼을 준비하고 만다. 호기심이 신중함을 이긴 것이다. 어떤 방식으로 나타나든 호기심의 드라마는 자신에게 거부된 행복을 찾기 위한 노력으로 이어진다. 프시케가 자신을 보려 하지 말라는 에로스의 당부에 끝까지 충실했었더라면 어떻게 되었을까? 아마도 그녀는 죽을 때까지 남편의 얼굴을 보지 못하고 살았을 것이다. 프시케는 그러한 불완전한 행복에 만족하지 못하고 남편의 얼굴을 보고야 만다. 그 결과 처음에는 고난을 겪었지만 궁극적으로 신이 되어 남편과 영생을 누리게 된다. 그러니 프시케는 못 볼 것을 본 것이 아니다.

4. 마지막 반전

모든 일에서 행인지 불행인지는 끝나봐야 알 수 있다. 프시케 신화에서 관심을 가져야 할 것은 프시케가 호기심 때문에 에로스를 잃어버리는 순간이 아니라 마지막 순간에 일어나는 반전이다. 우리는 일반적으로 프시케라는 여성을 호기심 때문에 굴러온 복을 발로 걷어차 버리고 신세를 망친 불쌍한 여자로 인식한다. 그러고 나서 인간이란 호기심의 노예가 되어서는 안 된다는 교훈을 말하곤 한다. 하지만 이는 프시케 신화의 의미를 완전히 이해한 것이라고 볼 수 없다. 황량한 산으로 인도된 프시케는 괴물과 결혼할 것이라는 신탁과는 달리 화려한 궁전으로 인도된다. 그리고 비록 눈으로 보지는 못했지만 그지없이 달콤한 남편의 사랑을 받는다. 신탁이 말한 운명에 비하면 이런 반전이 있을 수 없다. 그러니 단순한 호기심의 포로가 되어 굴러온 복을 발로 차버린 프시케를 안타까운 시선으로 바라보는 것은 당연한 일이다.

처음으로 프시케에게 주어진 행복은 반의 반쪽짜리였다. 아무리 결혼생활이 안락하고 그 환경이 화려하면 뭐하겠는가? 설사 프시케처럼 배우자가 신이라고 한들 평생 동안 그 배우자를 보아서는 안 되는 결혼생활을 원할 사람이 있을까? 심지어 프시케는 남편이 신이라는 사실을 알지도 못했다. 설사 신이라는 것을 알았다고 하더라도 마찬가지였을 것이다.

평생을 이렇게 살아가야 한다면 그것을 행복이라고 할 수 있을까? 밤에만 찾아와서 얼굴도 보여주지 않는 남편과 할 수 있는 일이란 무엇일까?

프시케에게 호기심은 주어진 부조리한 삶을 거부할 수 있는 수단이었다. 결과적으로 그녀는 호기심을 무기로 부조리한 삶의 모순을 해소하고자 했다. 프시케는 아프로디테와 에로스라는 신이 인간에게 부여한 말도 안 되는 비정상을 바로잡은 것이다. 인간의 모든 비정상 상황은 정당한 희생을 치르지 않고서는 바로잡을 수 없다. 자유는 결코 거저 주어지는 것이 아니다. 자유를 위해서는 투쟁을 해야 한다. 지배자들은 항상 비정상적 논리로 피지배자들에게 불합리한 상황을 강요한다. 교묘한 논리로 피지배자들이 노예 상태를 수용하도록 한다. 이런 상황을 극복해야 하는 것은 피지배자들 자신이다. 그렇지 않을 경우 설사 외적 요인에 의해 상황이 변한다고 하더라도 취약하고 제한적인 상태에 머물러 있을 수밖에 없다. 프시케가 자신에게 주어진 최초의 행복에 만족했더라면 그 행복은 제한적인 수준에서 끝나버렸을 것이다. 육신의 안락이야 보장되었겠지만 영원히 남편의 모습을 보지 못하고 살아야 했을 것이기 때문이다.

프시케의 호기심은 취약하고 제한적인 행복에서 벗어나기 위한 반항의 수단이었다. 하지만 시시포스, 오이디푸스, 프로메테우스에게서 보았던 것처럼 신은 반항하는 인간이 원하는 것을 거저 주는 법이 없다. 프시케는 이 영웅들처럼 자신의 한계를 넘어서는 수많은 시련을 이겨내야 한다. 인간은 아무리 어려운 과업을 받아든다고 해도 가능한 모든 수단을 동원하여 결국 그것을 완수해내고야 만다. 열두 가지 시련을 완수한 헤라클레스가 그랬고 온갖 어려움을 헤치고 마침내 황금양털을 가지고 귀향해서 왕위를 되찾은 이아손이 그랬다. 프시케 역시 자신에게 주어진 어려운 시련을 극복하고 궁극적으로는 천상의 행복을 누리게 된다. 프시케가 겪어야 했던 고난은 비극적 현실을 벗어나 새로운 존재양식으로 나아가려는 모든 사람이 공통적으로 겪어야 하는 시련이다. 그녀가 겪어야 했던 시련은 헤라클레스가 겪었던 열두 가지 시련처럼 하나같이 그녀의 한계를 넘어서는 것들이었다. 하지만 그러한 시련은 결국 최후의 행복에 이르기 위해서 반드시 겪어야 할 과정이었다.

첫 번째 과제로 아프로디테는 프시케에게 산더미처럼 쌓여 있는 곡식 낟알들을 보여준다. 그 곡식더미는 옥수수, 보리, 수수, 양귀비씨, 완두콩, 편두, 강낭콩 등 갖가지 종류가 뒤죽박죽으로 섞여 있는 것이었다. 아프로디테는 프시케에게 이들을 모두 종류대로 분류하라고 명령한다. 인간이 할 수 있는 일이 아니었다. 프시케는 모든 것을 포기하고 망연자실해 할 수밖에 없었다. 그런 프시케 앞에 일군의 개미들이 나타나 인간으로서는 수행하기 어려운 과업을 대신 수행해 주었다. 하지만 아프로디테가 그 사실을 몰랐을 리가 없다.

두 번째 과업은 무시무시한 숫양에게서 황금양털을 뽑아오는 것이었다. 무시무시한 뿔이 달린 숫양들은 아주 공격적이어서 프시케는 감히 다가갈 엄두를 내지 못하고 있었다. 이 역시 프시케의 한계에서는 완수할 수 있는 과업이 아니었다. 망연자실해 있는 프시케를 도와준 것은 이번에는 갈대였다. 프시케는 갈대로부터 양들이 해질녘이면 양털을 고르기 위해 가시에 털을 비빈다는 사실을 알게 된다. 프시케는 이때를 기다려 가시에 남아 있는 양털을 안전하게 채취할 수 있었다. 하지만 아프로디테는 이번에도 이를 프시케의 공적으로 돌리지 않고 또 다른 과업을 부과한다.

세 번째 과업은 스틱스 강과 레테의 강이 서로 만나는 곳에 위치한 샘에서 물을 길어오는 것이었다. 이 샘은 프시케로서는 도저히 오를 수 없는 험한 곳에 있는데다 오르는 계곡 양쪽에는 무시무시한 괴물이 지키고 있었다. 아프로디테가 계속해서 자신으로서는 해결할 수 없는 과업을 내리자 프시케는 완전히 절망에 빠져 버렸다. 역시 망연자실한 프시케에게 독수리가 나타나 들고 있는 항아리를 물고 날아올라가 샘물을 가득 채워 왔다. 불가능하다고 생각했던 과업을 완수하는 것을 보자 화가 난 아프로디테는 최후의 일격을 가하기 위하여 마지막 시련을 내린다.

마지막 과업으로 아프로디테는 프시케에게 조그만 상자를 주면서 지하세계로 가서 하데스 신의 아내인 페르세포네로부터 '아름다움'을 조금 얻어 오라고 한다. 하데스 신의 세상으로 내려가는 것은 곧 죽음을 의미한다. 이를 잘 알고 있는 프시케는 더 이상 어떤 희망도 남아 있지 않다는 사실을 깨닫고 높은 탑으로 가서 몸을 던지고 만다. 하지만 이번에도 탑의 신이 그녀를 받아 안아 하데스 신과 그의 아내 페르세포네에게 데려간다. 자포자기한 프시케의 사정을 들은 페르세포네는 자신의 아름다움을 조금 떼어 프시케가 가지고 온 상자에 담아준다. 이렇게 해서 의도하지 않게 마지막 과업까지 완수하게 된 프시케는 이승을 향해 나아간다.

호기심으로 똘똘 뭉친 프시케가 지옥의 여왕으로부터 받은 상자 속의 아름다움을 온전히 아프로디테에게 전달했을 것이라고 생각할 수는 없다. 프시케는 누구인가? 호기심에 사로잡혀 남편마저 잃어버린 여인이다. 게다가 상자 안의 것은 신들마저 탐을 낸다는 페르세포네가 건네준 '아름다움'이었다. 프시케의 호기심이 잠자코 있을 까닭이 없다. 판도라처럼 마음을 조이면서 프시케는 아름다움의 상자를 아주 조금 열어버리고 만다. 상자 속에 담겨 있던 아름다움은 다른 아닌 '잠'이었다. 아마도 '미인은 잠꾸러기'라는 말이 여기서 나왔을 것이다. 프시케는 그만 깊은 잠에 빠져들고 만다. 모든 상황을 알게 된 에로스는 아프로디테와 제우스 신에게 간구하여 키스로 프시케를 깨워 신들의 음료를 마시게 하여 신의 반열로 올려 그녀와 결혼한다.

신은 인간에게 금기의 대상과 호기심을 동시에 줌으로써 그것을 깰 수 있는 인간의 권리와 더 나아가 그것을 깨어야 할 의무마저 부여했다. 인간의 호기심은 반드시 충족되어야 한다. 하지 말라고 하면 더하고 싶어지는 것이 인간의 속성이다. 금기에 억눌려 현실에만 안주하는 인간에게서 도전적이고 창의적인 정신을 기대할 수는 없다. 그런 인간들이 많은 사회는 정체될 수밖에 없다. 인간의 삶이란 금기 파기의 연속이라고 해도 과언이 아니다. 어떤 사회조직이든 구성원에게 강요된 금기가 깨어지지 않으면 안 된다. 금기가 깨어져야만 새로운 단계로 나아갈 수 있기 때문이다.

그런데 금기의 파기는 처음에는 삶의 부정적인 측면을 과장하여 드러낸다. 고요한 삶에 평지풍파를 일으킨 판도라가 그랬고, 에덴동산에서 추방당한 이브가 그랬다. 프시케 자신도 호기심을 충족시킨 결과 남편을 잃고 온갖 고초를 겪는다. 하지만 프시케의 고통이 영원히 이어진 것은 아니다. 마지막 반전이 그녀를 위해 준비되어 있었기 때문이다. 다시 호기심의 포로가 되어 깊은 잠에 빠진 프시케를 깨운 것은 남편 에로스였다. 이제 그녀는 궁극적인 행복을 누릴 수 있게 되었다. 호기심을 억누르고 살았더라면 불가능했을 행복이었다. 판도라가 인간에게 오욕칠정의 행복을 선사하고, 이브가 인간에게 신으로부터 자유로운 삶을 선사한 것과 마찬가지의 결말이다. 그러니 마지막 반전을 기대하고 금기는 무조건 깨고 볼 일이다.

제3절 이브의 위반

1. 이브 신화

판도라와 프시케의 경우에 서 보는 것처럼 그리스 신화에 서 금기 위반은 인류가 신으로 부터 독립된 개체로 살아가는 과정에서 반드시 필요한 것이 었다. 금기의 위반은 판도라와 프시케 말고도 그리스 신화에 서 여러 번에 걸쳐 나타나고 있다. 그런 만큼 금기와 위반 은 그리스 신화 전체를 관통하 는 일관된 주제라고 할 수 있 다. 유익한 것이든 해로운 것

아담과 이브(뒤러)

이든 신화 속의 금기는 대부분 지켜지지 않는다.

그런데 이러한 금기 위반의 주제가 그리스 신화만의 전유물은 아니다. 어떤 행위를 금지하는 신의 명령이나 권고를 따르지 않고 자신의 욕망을 먼저 생각하는 인간 유형은 유대기독교 전통에서도 중요한 의미를 지닌 다. 사실 유대기독교의 전통에서 신이 인간에게 내린 율법은 대부분 어 떤 행위를 금지하는 것으로 구성되어 있다. 신이 이집트 땅을 떠난 이스 라엘 백성에게 직접 전해준 십계명 중 부모를 공경하고 안식일을 지키는 것을 제외한 8개의 계명이 어떤 행위를 금지하는 것으로 이루어져 있다. 유대기독교 신화의 최초의 여성인 이브는 그리스 신화에서 최초의 여성

인 판도라의 모습과 겹친다. 판도라의 호기심에 비해 정도가 결코 약하지 않은 이브의 호기심과 금기 위반은 히브리 신화에서 신과 인간의 관계를 살펴보는 데 있어서 중요한 기능을 한다.

『구약성서』의 「창세기」에서 이브가 야훼의 명령을 위반하고 선악과를 따먹은 행위는 판도라가 금단의 상자를 연 행위와 유사한 의미를 지닌다. 두 여인의 위반 행위는 인류 역사의 기원에서 신이 금지한 지식을 인간에게 가져다주었다. 판도라의 위반에서처럼 히브리 여인 이브의 위반 역시 신이 인간에게 부여한 호기심의 필연적인 결과였다. 신으로부터 호기심이라는 선물을 받은 이상 두 인간의 위반은 필연적인 것일 수밖에 없었다. 호기심 때문에 선악과를 먹은 이브는 에덴동산에서 쫓겨난다. 하지만 선악과 이후 인간이 신으로부터 해방되어 독자적으로 살아가게 되었다는 사실을 감안할 때, 이브는 에덴동산에서 탈출하기 위해 일부러 선악과를 먹은 것으로 볼 수도 있다.

기독교의 우주창조론에 해당하는 「창세기」 1, 2, 3장은 야훼가 빛을 필두로 하여 세상만물을 창조하고 그것을 지배할 인간을 창조하고, 그 인간들이 에덴동산에서 벗어나기까지의 과정을 그리고 있다. 제우스 신이 판도라를 만들 때와 마찬가지로 야훼는 이브를 만들면서 많은 선물과 함께 호기심이라는 요소를 주었다. 야훼 역시 인간을 세상의 중심에 두고 인간으로 하여금 자신이 만든 모든 것을 다스리는 권리를 부여했다. 그런데 단 한 가지 에덴동산의 한가운데에 있는 선악을 알게 하는 나무만은 손을 대지 못하게 한다. 하지만 인간에게 호기심을 함께 선물함으로써 그 금기가 금방 위반될 것임을 야훼 역시 잘 알고 있었을 것이다. 「창세기」 1, 2, 3장 중에서 특히 아담과 이브의 창조와 이들의 에덴동산 추방과 관련된 부분을 따라가 보자.[42]

---

42 이하는 구약성경의 『창세기』 중 아담과 이브의 창조와 그들의 호기심으로 인한 낙원

『창세기』 제1장은 야훼가 5일 동안에 걸쳐 인간을 제외한 세상의 모든 구성요소를 창조하고 나서 6일째에 인간을 창조한 사건을 기록하고 있다. 즉 야훼는 자신의 형상을 따라 인간을 만들어 바다의 고기, 공중을 날아다니는 새, 육식동물과 가축, 온 땅을 다스릴 계획을 수립한다. 그 계획에 따라 야훼는 자신의 모양대로 남자와 여자를 창조한다. 특별히 인간에게 복을 주어 그들에게 생육하고 번성하여 땅에 충만하고 땅을 정복하고 바다의 고기와 공중의 새와 땅에 움직이는 모든 생물을 다스리게 한다. 그리고 야훼는 씨를 맺는 지상의 모든 짐승과 씨를 가진 열매를 맺는 모든 나무를 인간에게 먹을 것으로 준다. 또 땅의 모든 짐승과 공중의 모든 새와 생명이 있어 땅에 기는 모든 것에게는 푸른 풀을 식물로 준다. 야훼는 자신이 지은 곳을 보고 흡족해하였다. 저녁이 되고 아침이 되니 이는 여섯째 날에 이루어진 일이다.

『창세기』 제2장은 특별히 인간을 만든 일을 기록하고 있다. 야훼는 흙으로 사람을 지어 코에 생기를 불어넣어 사람이 살아 있는 영이 되게 한다. 신은 동방의 에덴에 동산을 창설하여 자신이 지은 사람을 거기에 서 살게 한다. 신은 에덴동산에 보기에 아름답고 먹기에 좋은 나무를 나게 하였는데, 그 동산의 한 가운데에 생명나무와 선악을 알게 하는 나무도 나게 했다. 동산의 한가운데서 강이 발원하여 동산을 적시게 했다. 신은 자신이 만든 사람을 동산으로 이끌고 와서 거기서 살게 하고 동산을 지키게 했다. 신은 동산에 사람을 데려다 놓고 동산에서 나는 모든 나무의 열매는 마음대로 먹을 수 있지만 선악을 알게 하는 나무만은 먹지 말라고 하면서 그 나무의 열매를 먹을 경우 당장 죽음을 맞게 될 것이라고 경고했다. 아마도 아담은 한 동안 신의 명령을 충실하게 지켰을 것으로 보인다. 한 동안 아담이 살아가는 것을 지켜본 신은 사람이 혼자서

추방의 이야기를 풀어서 기록한 것이다.

살아가는 것을 불쌍하게 생각하여 그를 돕는 배우자를 만들기로 결심한다. 그래서 신은 아담을 돕는 배우자를 만들어주기 위해 아담을 깊이 잠들게 하고 그가 잠이 들자 갈빗대 하나를 취하여 살로 채우고, 그 갈빗대로 여자를 만들어 아담에게 데려다준다. 새로 지은 사람을 아담에게 데리고 와서 그가 아담의 뼈와 살로 만든 것임을 알리고 남자에게 취하였으므로 여자라고 부른다. 그리고 남자가 성장하여 부모를 떠나 여자와 한 몸을 이루게 할 것이라고 정한다. 처음에 남자와 여자는 벗은 몸이었지만 부끄러워하지 않았다.

『창세기』 제3장은 신이 창조한 인간이 신이 금지한 선악과를 따먹고 에덴동산에서 추방당하기까지의 과정을 상세하게 기록하고 있다. 신이 창조한 들짐승 중에서 가장 간교한 뱀이 신이 새롭게 창조한 여자에게 접근하여 유혹한다. 먼저 뱀은 신이 인간에게 동산의 모든 나무의 열매를 먹지말라고 했는지 묻자 여자는 동산의 모든 나무의 열매를 인간이 먹을 수 있지만 동산 중앙에 있는 나무의 실과만은 먹지도 말고 만지지도 말라고 했다는 사실을 뱀에게 전해준다. 그러자 뱀은 그 나무를 먹어도 절대로 죽지 않을 것이며, 오히려 그 나무를 먹으면 인간의 눈이 밝아져 신과 같은 경지에 이르러 선악을 분간할 줄 알게 될 것을 두려워한 신이 공연히 금지한 것이라고 알린다. 뱀의 말을 듣고 인간 여자가 나무를 보니 정말로 먹음직스럽기도 하고 보기에도 좋아 지혜롭게 해줄 수 있을 정도로 탐스러운 나무라는 생각이 들었다. 그래서 여자는 그 나무 열매를 따 먹고 나서 인간 남자에게도 전해주니 아담도 그 나무 열매를 먹었다. 그 열매를 먹자마자 아담과 이브는 눈이 밝아져 자신들이 벌거 벗고 있다는 사실을 알고 무화과나무 잎을 엮어 치마를 만들어 걸쳤다. 날이 서늘해질 무렵 인간들은 동산을 거닐고 있는 신의 음성을 듣고 신을 피하여 동산의 나무 사이로 몸을 숨긴다. 신이 아담을 불러 어디에 있는지를 묻자 아담은 동산에서 신의 소리를 듣고 벗고 있다는 사실이 두려워 몸을 숨기고 있다고 대답한다. 신이 옷을 벗고 있다는 사실을 누가 알려주었는지, 그리고 먹지 말라고 명령한 선악과를 먹었는지를 묻자 아담은 모든 허물을 이브에게로 전가시켜 신이 주어 함께 살고 있는 여자가 선악과 열매를 주어 먹었다고 대답한다. 이에 신이 인간을 꾸짖자, 이브는 뱀이 자신을 속여서 먹게 만들었다고 말한다. 이 말을 듣고 신은 우선 뱀에게 저주를 내려 모든 짐승들보다 더욱더한 저주를 받아 배로 기어 다니고 평생 동안 흙을 먹게 한다. 이에 더하여 뱀의 후손과 인간의 후손이 서로 원수가 되고 여자의 후손의 발꿈치에 머리를 밟힐 것이고 뱀은 인간의 발꿈치를 다치게 할 것이라고 말한다. 그리고 여자에게는 잉태의 고통을 겪고 자식을 낳을 때 고통을 겪을 것이라는 사실과 여자가 남편을 사모하고 남자가 여자를 다스릴 것이라는 사실을 전한다. 아담에게는 아내의 말을 듣고 선악과를 먹지 말라고 한 금기를 위반한 죄로 땅에 저주를 내려 평생 동안 수고를 해야 그 소산을 먹을 수 있을 것임을 경고한다. 땅이 가시덤불과 엉겅퀴로 척박해질 것이며, 밭의 채소를 먹어야 하는데 수고스럽게 땀을 흘려야 땅의 소출을 볼 수 있고 결국 신이 최초로 취한 대로 죽어서 흙으로 돌아가야 한다고 말한다. 아담이 그 아내를 이브라고 이름을 짓고 모든 사람들의 어머니가 되게 했으며, 신은 아담과 이브에게 가죽 옷을 지어 입혔다. 신은 이제 인간이 선악을 아는 일에서 신과 동등한 위치에 이르게 되어 신처럼 영생하지 못하도록 에덴동산에서 인간을 내어보내어 근본이 되는 땅을 갈게 했다. 그 후 신은 인간을 쫓아내고 에덴동산의 동쪽에 화염검을 두어 생명나무를 길이 지키게 했다.

이상의 이야기를 요약하면 다음과 같다. 즉 신은 먼저 아담만을 창조하였으나 그가 혼자 있는 것이 외로워 보여 그가 자는 동안 갈빗대를 뽑아 흙으로 이브를 만들었다. 그런데 이브는 호기심을 이기지 못하여 에덴동산의 한가운데 있는 금단의 열매인 선악을 알게 하는 나무의 열매를 따 먹었다. 그 결과 인간들은 고통을 겪으면서 살아갈 수밖에 없게 되었다. 하지만 적어도 선악을 아는 일에 있어서는 신과 같은 경지에 이르게 되었다. 신은 인간들이 신만이 누리는 영생의 권리를 가질까 봐 그들을 에덴동산에서 추방한다. 그 후 아무도 그 나무에 접근하지 못하도록 화염검을 두어 나무를 지킨다. 판도라와 프시케의 경우와 마찬가지로, 이 이야기의 기본 구조 역시 신이 인간에게 하지 말라고 명령한 것을 호기심에 사로잡힌 인간이 이를 위반한다는 것이다. 그 결과 인간은 고통의 나락으로 떨어지지만 그 대가로 신의 지배로부터 해방된다.

2. 추방과 탈출의 사이

유대기독교의 전통에서 『창세기』는 말 그대로 우주가 어떻게 생성되었고, 우주 속에서 태초 인간의 삶이 어떠했는지 말해주는 책이다. 그런데 여기서도 그리스 신화에서처럼 인간은 창조됨과 동시에

아담과 이브의 힐책(도메니치노)

신으로부터 금기를 부여받는다. 인간이 신과 선한 관계를 유지할 수 있기 위해서는 신이 부여한 금기를 지켜야 한다. 하지만 신은 인간에게 호기심을 함께 주었다. 그래서 헬레니즘 신화에서처럼, 헤브라이즘 전통에

서도 신과 인간의 관계가 멀어지는 데까지 그다지 오랜 시간이 걸리지 않는다. 그리스 신화의 판도라처럼 유대기독교 신화에서 이브는 최초의 여인이었다. 이 말은 인간이 신이 부여한 금기를 위반하기까지 채 한 세대도 걸리지 않았다는 것을 의미한다.

신은 다른 동물들과는 달리 애초 자신의 형상을 따라 인간을 만들었다. 그것은 신이 인간을 자신과 거의 동격으로 생각했다는 것을 의미한다. 그런데 단 한 가지 선악을 분간할 수 있는 핵심적인 능력만은 부여하지 않았다. 인간이 그것마저 터득할 경우 인간에 대한 통제력을 상실해 버릴 것을 두려워했기 때문이다. 그러나 선악을 알게 하는 지식을 전혀 주지 않을 수는 없었다. 그래서 신은 선악을 알게 하는 과실나무를 인간의 옆에 두되 인간으로 하여금 그것에 접근하지 못하게 단속하고자 했다. 하지만 그리스 신화에서와 마찬가지로 신은 그러한 금기가 영원히 지켜질 것이라고는 생각하지 않았을 것이다.

그리스 신화에서든 기독교 신화에서든, 신이 예상했던 대로 일이 진행되는 데에는 얼마 걸리지 않았다. 신은 금기가 무너지기까지 오랜 세월을 기다릴 필요가 없었다. 신으로부터 명령을 전달받은 당사자들인 판도라와 이브 자신에 의해 금기가 깨어져 버리기 때문이다. 호기심이라는 것을 인간에게 준 것을 보면 인간이 영원히 신의 의지대로 살아가지 않을 것이라는 점은 신도 각오를 하고 있었던 듯하다. 인간은 애초 신으로부터 자율성을 부여받고 창조되었기 때문에 신에게 완전히 굴복하는 상황을 견뎌낼 수 없었을 것이다.

신의 명령을 어기고 선악과를 따먹은 아담과 이브는 결국 신이 제공한 에덴동산을 떠날 수밖에 없었다. 이브가 선악과를 먹고 에덴동산에서 나간 행위는 두 가지 상반된 관점에서 해석될 수 있다. 하나는 신이 이브를 추방했다는 관점이고, 다른 하나는 이브가 자발적으로 탈출했다는 관점이다. 이브가 신의 금기를 위반한 것은 확실하다. 그런데 신의 금기를 위반한 것이 단지 나약한 인간이 호기심에 굴복한 것인지, 아니면 스스로 신의 경지에 이르기 위한 의도적인 선택이었는지는 모를 일이다. 어떤 관점을 취하는가에 따라 이브의 행위가 갖는 의미는 완전히 달라진다.

전자의 관점에 의하면, 이브는 선악과를 따먹은 불경한 행위 때문에 에덴동산에서 추방당한 것이다. 다시 말해, 그녀는 온전히 신의 명령을 따르지 않고 신의 말을 가볍게 여긴 죗값을 치른 것이다. 그에 반해, 후자의 해석에 의하면 신이 감시하고 있어서 독자적인 삶을 살아갈 수 없을 것으로 판단한 인간이 신과 마찬가지로 선악을 분간하는 지식을 얻어 에덴동산에서 탈출한 것이다. 이브가 뱀의 유혹에 넘어간 것은 무엇보다도 선악을 알고자 하는 욕망 때문이었다는 사실은 대단히 중요하다. 선악을 분간할 수 있는 능력은 오로지 신만이 가진 것이기 때문이다. 어느 경우에서나 인간은 결과적으로 에덴동산에서 살 수 없게 되었다. 전자의 해석대로라면 인간은 원죄의식에 시달리면서 신과의 관계단절을 후회하면서 살아갈 수밖에 없지만, 후자의 해석대로라면 인간은 선악과 세상의 이치를 터득하여 독자적인 삶을 영위하는 즐거움을 누린다.

유대기독교의 전통에서 보자면 인간은 선악과를 따먹은 위반행위를 통해 영원히 신과의 소통을 차단당한 채 에덴동산에서 추방당했다. 게다가 태초 인간의 이 행위는 원죄가 되어 이후에도 어떤 인간도 자력으로는 낙원에 도달할 수 없게 되었다. 인간은 애초 낙원에서 아무런 걱정 없이 편안하게 살아갈 수 있었다. 거기에는 원하는 모든 것이 있었다. 무엇보다도 먹기 위해 종신토록 수고를 할 필요도 없었고, 잉태의 고통을 겪을 필요도 없었다. 이브의 금기 위반이 초래한 결과 중에서 최악의 것은 "흙으로 돌아가야" 하는 것, 다시 말해 죽어야 한다는 것이었다. 이 말이 특별히 거론되고 있는 것으로 보아 신은 선악과의 금기가 파괴

되기 전까지만 해도 인간에게 영생을 부여한 것으로 보인다.

하지만 선악과를 향한 이브의 손길은 이 모든 것을 무너뜨린다. 그것은 신의 징벌을 자초하는 손길이었고, 에덴으로부터의 추방을 부르는 손짓이었다. 결과는 참담했다. 게다가 그 참담한 결과가 그들에게만 닥친 것이 아니라 자손만대로 이어지게 되었다. 신은 세상 끝날 때까지 자신의 명령을 거부한 최초 인간의 악행을 물고 늘어지고 있기 때문이다. 당장 자신들이 고통당하기 시작했다. 신과 함께 지내던 그들은 이제 신의 부름에 기꺼이 대답할 수조차 없었다. 신이 부르자 그들은 자신들이 벗었음을 알고 신의 눈을 피해 나무 뒤로 몸을 숨긴다. 숨으면 못 보는 줄 알았으니 그때까지만 해도 신이 전지전능하며 편재하기까지 한다는 사실조차 몰랐던 모양이다. 그러자 신은 인간이 자신의 명령을 거역한 것을 알고 조금도 지체하지 않고 낙원에서 쫓아내어 버린다. 뿐만 아니라 그들에게 평생 수고와 해산의 고통을 징벌로 내린다. 결국 인간은 선악과를 먹은 죄로 신과 더불어 살아갈 수 있었던 낙원으로부터 '추방'당한 것이다.

하지만 다른 시각에서 보자. 과연 이브의 행위가 신의 명령을 어기고 자신의 호기심을 만족시킨 실수에 불과한 것인가? 신의 입장으로만 볼 것이 아니라 인간의 입장에서 상황을 이해하려 해보자. 이렇게 생각해보자. 아담과 이브는 자신들이 신의 형상으로 태어났다고는 하나 신들과 자신들 사이에 존재하는 차이를 인식하게 되었다. 그들은 스스로 신이 명령하는 모든 것을 그대로 행할 수밖에 없는 존재임을 깨닫게 된다. 그들은 신이 정해 준 영역을 벗어날 수 없었다. 신이 허락하는 행위만 할 수 있었고 신이 지정한 것만을 먹을 수 있었다. 자신들의 모든 행위에 자신들의 의지는 없었고 신의 의지만 있었다. 인간으로 태어나서 인간으로 살아가지 못했다. 모든 것을 신의 의사를 파악해서 행할 수밖에 없었다. 어떤 일에서든 자신은 어디에도 없었고 오로지 신만 존재했다. 그러한 질서를 거스른다는 것은 자신을 만들어준 신의 권위에 도전하는 행위였다.

하지만 신이 창조한 다른 존재와는 달리 아담과 이브는 스스로 생각할 수 있는 인간이었다. 그래서 신이 자신에게 베풀어준 모든 혜택이 얼마나 취약한 기반에 근거하고 있는지를 잘 알고 있었다. 신이 자신에게 준 모든 혜택은 자신의 모든 것을 비우고 온전히 신의 명령에 따를 때에만 주어진다는 사실을 잘 알고 있었다. 이런 사실을 깨닫는 데에는 많은 시간이 걸리지 않았다. 인간은 신의 온갖 감시 속에서 살아야 하기 때문에 독자적인 삶을 살아갈 수 없을 것이라는 점을 재빨리 그리고 분명하게 인식했다. 앞으로 자신이 하는 모든 행위 하나하나에서 신의 감시와 감독을 받아야 한다는 사실도 분명하게 인식했다.

그런데 그에게는 신으로부터 선물로 받은 호기심이 있었고, 그의 앞에는 선악을 알게 하는 나무가 있었다. 이상하게도 신은 그에게 "보암직도" 하고 "먹음직도" 한 그 나무에 손을 대지 말라는 명령을 내렸다. 그 명령을 그대로 따르면 신의 보호 하에서 아무런 어려움이 없이 살 수 있을 것이다. 하지만 그것을 깨트리고 나면 새로운 세상이 열릴 것이라는 예감이 강하게 든다. 그렇지 않고서야 신이 그렇게 강력하게 따로 금기를 설정할 이유가 없지 않겠는가? 그렇다면 저 선악과를 마다할 이유가 없다. 생각이 여기에까지 미치자 그들은 자신들의 욕망에 충실하여 선악과를 향해 손을 뻗었다. 그들은 그 행위로 인해 신에게 예속된 상태에서 벗어나 새로운 세상을 향해 '탈출'한 것이다.

이브가 에덴동산에서 추방당했다고 볼 것인가 거기서 탈출했다고 볼 것인가 하는 문제는 신 중심으로 볼 것인가 인간 중심으로 볼 것인가 하는 입장에 따라 다르게 나타난다. 신의 명령을 중시하는 입장에서 보자면 신의 명령대로 선악과를 따 먹지 않았더라면 이브는 신이 부여한 혜택을 누리면서 편하게 살아갈 수 있었을 것이다. 이브를 이해하지 못하는 입장에서 보자면 이런 복을 제발로 걷어찬 행위는 이해할 수 없다. 하지만 인간 중심에서 보자면 에덴동산에서의 이브의 삶이란 결국 신의 노예로 살아가는 삶에 불과하다. 자율정신을 가진 인간에게 노예로서의 삶은 가능하지 않다. 이런 입장에서 보자면 에덴 탈출을 위한 이브의 행위는 쉽사리 이해가 된다.

아담과 이브의 신화를 신의 입장에서만 해석하는 것은 이 신화를 이해하는 바람직한 방법이 아니다. 신의 명령을 어긴 것은 자기결정권을 발동한 의도적인 행위일 수 있다. 선악과를 먹지 말라는 신의 금기를 깨뜨린 것은 신의 금기를 어기고 그로 인한 처벌을 달게 받겠다는 선택이다. 신의 입장에서 보자면 이러한 선택은 신과의 영원한 소통 단절을 각오한 잘못으로 천벌을 받아 마땅한 일이다. 하지만 인간의 입장에서 보자면 그 의미는 달라진다. 선악과만 먹으면 인간은 선악을 분간할 수 있다. 신과 마찬가지로 자신이 하고 싶은 모든 것을 마음먹은 대로 할 수 있다. 신과 동등한 권리를 가질 수 있다고 하는데, 누가 감히 그런 유혹에서 벗어날 수 있을 것인가?

3. 에덴에서 벗어나라.

피터 위어 감독이 1998년에 만든 「트루먼쇼」라는 영화가 있다. 이 영화에는 트루먼(truMAN)이라는 이름의 30세 정도의 남자가 주인공으로 나온다. 그는 태어날 때부터 모든 것이 완벽하게 갖추어진 씨헤븐(sea HEAVEN)이라는 거대한 세트장에서 살아가고 있다. 이 세트장은 한 방송사가 「트루먼쇼」라는 TV프로그램을 진행하기 위해 운영하고 있는 것으로, 크리스토프(CHRISTof)라는 감독이 프로그램을 진행하고 있다. 영어를 병기한 고유명사의 이름만으로도 이 영화는 '에덴동산'의 신화를 재현하고 있다는 사실을 알 수 있다. 이 영화는 사실 야훼(크

트루먼쇼

리스토프)가 에덴동산(씨헤븐)에서 아담(트루먼)을 마음대로 조종하는 이야기라는 것을 알아차리기란 그다지 어려운 일이 아니다. 이 영화는 에덴동산에서의 인간추방이라는 기독교의 창세신화를 패러디한 것이다.

우선 트루먼은 아담처럼 크리스토프가 드라마 제작을 위해 창조한 존재이다. 그는 자율적으로 살아가고 있다고 생각하지만 사실 어떤 자유도 없이 각본에 정한대로 살아간다. 야훼로서 그리스도(프)는 아무런 불편함을 느끼지 못하는 천국(씨헤븐)을 만들어 진짜사람(트루먼)이 거기서 살게 했다. 트루먼은 신이 조종하는 모든 인간이 그러하듯 처음에는 그 사실을 깨닫지 못한다. 하지만 그는 이해할 수 없는 여러 일을 경험하면서 자신의 삶을 되돌아보게 된다. 그 과정에서 그는 서서히 자신의 삶이 자신의 것이 아니라는 인식을 하게 된다. 영화는 트루먼이 우여곡절 끝에 크리스토프가 완벽하게 조종하고 있는 삶을 버리고 자신의 삶을 찾아 씨헤븐을 떠나는 것으로 끝난다.

트루먼의 이야기는 신과 인간의 관계와 관련하여 몇 가지 중요한 것을 생각하게 해준다. 먼저 눈에 띄는 것은 트루먼의 삶은 자신의 것이 아니라 영화를 감독하고 있는 크리스토프의 것이라는 점이다. 이는 에덴동산으로부터의 인간추방이라는 모티브에서 시작하는 헤브라이즘 전통에서 인간을 바라보는 방식이다. 즉 인간은 독자적 존재가 아니라 신에 의해

창조되어 신에 의해 조종 받으면서 살아가야 하는 존재이다. 트루먼의 삶의 일거수일투족이 모두 크리스토프가 연출한 것이며 그것은 시청자들에게 노출되어 있다. 모든 삶을 신에게 맡겨놓아야 하는 헤브라이즘 전통에서 살아가고 있는 인간과 마찬가지다. 영화에서 아내도 어머니도 친구도 모두 신(크리스토프)의 조종을 받는 사람들이다. 심지어 트루먼이 어린 시절 익사사고로 사망했던 아버지가 다시 살아서 등장하기도 한다.

트루먼이 살아가고 있는 씨헤븐이라는 세상은 아무런 어려움이 없는 낙원이다. 그는 보험회사의 평범한 직원으로서 항상 일거리가 주어져 있다. 자신이 누구인지, 삶이 무슨 의미가 있는지에 대한 회의감에 사로잡히지 않았더라면 낙원에서의 삶은 아무런 어려움 없이 진행되었을 것이다. 신에게 완전하게 복종하여 선악과를 먹지 말라는 신의 명령을 따르기만 하면 에덴동산에서 아무런 걱정 없이 살아갈 수 있었던 아담과 마찬가지이다. 영화가 진행되는 세트장은 씨헤븐이라 불리는 말 그대로 바다에 있는 천국이라는 의미이다. 하지만 아담-트루먼은 자신을 둘러싸고 있는 이상한 사건을 통해 점점 더 모든 것에 대한 회의감에 사로잡힌다. 어느 날 하늘에게 이상한 도구가 떨어지는데 세트장의 조명기구이다. 아내는 자신이 이해할 수 없는 이상한 행동을 한다. 게다가 자신의 주위에서 벌어지는 많은 일이 동일한 패턴으로 진행되고 있다. 트루먼은 이러한 이상한 징표들을 통하여 자신의 정체성에 대한 회의감에 사로잡히기 시작한다.

트루먼은 주위에서 벌어지는 이해할 수 없는 많은 일들에서 자신의 삶이 뭔지 모를 부자연스러움에 둘러싸여 있다는 사실을 인식한다. 자신이 자동차 안에 앉아 있으면 자동차 주위의 풍경은 계속해서 동일한 패턴으로 반복된다. 그런 사실을 누군가에게 말하는 순간 그 풍경은 즉각 바뀌어버린다. 다른 곳으로 탈출하려 하지만 멀쩡하던 도로가 갑자기 교통체증이 심해 오도가도 못하는 신세가 된다. 수를 내어 탈출하지만 화재가 나서 길이 막히고 자신이 일면식도 없는 소방관이 자신의 이름을 부르는 이상한 상황에 직면한다. 사실 아내의 직업도 의심스럽다. 이렇게 의심의 대상이 된 아내는 이상한 행동까지 마다하지 않는다. 아무도 없는 곳에서 식탁에서 사용하는 물품을 들고 배우처럼 중얼거린다. 이 모든 것이 세트장에서 각본대로 움직이고 있기 때문에 가능한 것이다.

트루먼은 이러한 상황에서 자신의 정체에 대해 부단히 의문을 제기한다. 자신에게 던져진 "왜?"라는 의문을 아무렇지 않게 떨쳐버리지 않는다. 트루먼이 주위에서 벌어지는 이상한 일들에 대해 "왜?"라는 의문을 던지지 않았더라면 그는 영원히 씨헤븐에서 살아갈 수 있었을 것이다. 아니, 그럴 수밖에 없었을 것이다. 하지만 트루먼은 자신의 이름 그대로 진실을 향해 떠나고자 한다. 그 순간 그에게 실비아라는 과거의 친구가 나타난다. 그녀는 트루먼에게 이 모든 것이 가짜이며 진짜 자신의 모습을 찾으라는 이해할 수 없는 말을 해주고는 누군가에게 납치되듯이 발버둥 치면서 어디론가 끌려간다. 그녀는 에덴동산의 이브와도 같은 존재로서 자신의 내면 깊은 곳에서 불거져 나온 존재이다. 이 역시 이브가 아담의 갈비뼈에서 나온 존재라는 에덴동산 이야기의 패러디이다. 실비아를 통해 트루먼의 회의감은 극에 달한다. 실비아가 다녀간 후 그는 더 이상 현재의 삶을 받아들이지 못한다. 그는 진정한 자신의 삶을 향해 나아가는 항해를 시도한다. 그는 이미 선악과를 따먹었다. 선악과를 맛본 트루먼이 더 이상 에덴동산에 살기를 기대할 수는 없다.

『창세기』에서 신은 죄를 저지른 인간을 낙원에서 추방한다. 하지만 「트루먼쇼」에서는 이와 반대로 나타난다. 즉 자신의 처지를 깨달은 인간이 신의 회유를 거부하고 낙원에서 탈출한다. 목숨을 건 항해 끝에 트루먼은 크리스토프의 손아귀에서 벗어난다. 그는 씨헤븐의 끝에 이르러 크리스토프의 만류와 협박에도 불구하고 크리스토프가 낙원이라고 부르는 곳을 떠나 어둠 속으로 사라진다. 추방당하는 아담이 죄의식을 안고 불안해하며 세상으로 나아가는 데 반해 트루먼은 희망과 기대로 가득한 마음으로 떠난다. 크리스토프는 천국의 문을 막 나서려는 트루먼에게 "이 세상에는 진실이 없지만 내가 만든 그 곳은 달라. 이 세상은 거짓말과 속임수뿐이지만 내가 만든 세상에선 두려워할 게 없어."라고 말하면서 트루먼에게 씨헤븐에 머물 것을 제안한다. 하지만, 트루먼은 "내가 당신을 못 볼지도 모르니까 미리 말해두죠: 굿모닝, 굿애프터눈, 굿이브닝"이라고 말하면서 어둠으로 뒤덮인 바깥세상으로 사라진다. 지금까지 그를 보고 있던 수많은 시청자들이 천국(SEA HEAVEN)에서 탈출하는 트루먼을 보고 환호성을 지르면 격려한다.

영화에서 신(크리스토프)는 인간(트루먼)을 추방할 생각이 없었다. 그냥 자신의 의도대로 살려두면서 살펴보려 했다. 크리스토프는 언제까지나 자신의 의지대로 트루먼을 가지고 놀 생각을 한 것이다. 그러니까 '인간-트루먼'은 '신-크리스토프'의 장난감이었던 셈이다. 하지만 트루먼은 크리스토프의 그러한 의도를 단호하게 거부한다. 밖은 외등 하나 없이 어둠에 쌓여 있다. 크리스토프가 말하는 대로 거기에는 온갖 허위와 악이 존재할지도 모른다. 하지만 트루먼에게는 자신이 지금까지 살아왔던 곳이 허위이고 악이다. 이를 깨달은 트루먼은 크리스토프의 협박과 회유를 과감히 뿌리치고 씨헤븐이라는 세트장(에덴동산)을 떠난다. 이를 보고 박수를 치면서 격려한 많은 사람들 역시 트루먼과 함께 씨헤븐을 떠난다.

어떤 사람들은 이렇게 생각할 수도 있겠다. 아담과 이브가 굳이 왜 신의 영역을 벗어나려 해서 고생을 자초했을까? 신이 허락한 영역에서만 살았더라면 더 안락하고 살기 좋은 곳을 굳이 찾을 필요도 없었을 것이다. 게다가 아담과 이브 이후 인간은 결국 스스로 떠나온 낙원에 대한 영원한 갈망을 가지면서 살아가고 있다. 물론 그렇게 생각할 수도 있다. 그러나 이렇게 생각해 보자. 프로메테우스가 신의 불을 훔치지 않고 신이 인간에게 부여한 삶의 양식을 그대로 받아들였더라면 어떻게 되었을까? 인간은 여전히 어둠과 짐승의 공포로부터 헤어나지 못했을 것이다. 공포스러운 밤이면 항상 불안한 마음으로 신의 도움을 기대하면서 살아갈 수밖에 없었을 것이다. 그런 상황에서 인간은 영원히 신에게 예속되어 살아가야 한다. 프로메테우스는 이러한 상황을 그대로 받아들일 수 없었다. 물론 그는 그로 인해 자신이 어마어마한 고통을 당하게 될 것이라는 사실을 알고 있었다. 그는 신이 자신에게 부여한 행복을 거부하고 자신이 직접 행복을 찾고자 했다. 이렇게 볼 때 온갖 어려움을 예상하면서도 신으로부터 불을 훔쳐내어 인간에게 전해준 프로메테우스는 트루먼의 또 다른 모델이라고 할 수 있다.

크리스토프의 각본에 따라 살아갔던 트루먼처럼 인간은 어쩌면 신이 정해준 시나리오를 연기해야 하는 배우에 불과할 수도 있다. 아담과 이브의 신화는 인간의 나약함을 잘 보여주고 있다. 하지만 그러한 상황은 영원히 지속되지 못했다. 자신의 운명을 알게 된 트루먼은 결국 크리스토프가 만든 세상을 떠난다. 그는 선악과에 대한 유혹을 떨치지 못했던 아담과 이브의 행위를 반복하고 있다. 여기서 크리스토프가 구현하는 세계는 자기 자신이 만들어내지 않은 기존의 관념을 의미한다. 인간의 의식이 성장하기 위해서는 기존의 것을 추종하기만 해서는 안된다. 아담과 이브처럼 과감히 에덴동산을 떠날 수 있어야 하고 현대의 아담인 트루먼처럼 안락한 삶을 버리고 과감히 새로운 모험을 찾아나설 수 있어야 한다. 아담도 트루먼도 신의 굴레에 갇혀 살아가기를 거부하고 스스로 개척하는 삶을 살아가고자 했다.

4. 신화 속 여성의 이미지

신화에서 여성은 두 가지 상반된 이미지로 나타난다. 하나는 '아마존'
과 '헤라'를 통해서 드러나는 공격적인 모습이며, 다른 하나는 '대지모
신'과 '아리아드네'를 통해 드러나는 수용적인 모습이다. 전자의 경우 여
성은 적극적이고 긍정적인 역할을 수행하는 반면, 후자의 경우 소극적이
고 부정적인 역할을 수행한다. 남성 중심의 가부장제 사회가 확립되어감
에 따라 두 가지 상반된 모습의 여성이 뚜렷하게 구분되어 나타난다. 일
찍부터 확립된 것으로 보이는 남성 중심의 가부장제와 더불어 남성들은
여성들에게 적극적인 역할을 부여하지 않고 가정의 테두리 안에서 소극
적인 역할만 부여하고자 했다.

파리스의 심판(루벤스)

그리스 신화에서 전투적이고 공격적인 여성의 모습은 헤라에게서 이
미 잘 드러나고 있다. 모든 여성 중의 으뜸 신인 헤라는 가정의 수호신이

지만 제우스 신의 바람기의 뒤처리에 나서는 그녀의 모습은 대단히 공격적이다. 그녀의 복수는 잔인하고 부당하기까지 한데 제우스 신에게 향해야 할 분노가 애꿎은 여성에게로 향하고 있다. 헤라는 가정의 수호신이라는 이름에 걸맞게 제우스의 바람기에 대한 복수 이외의 어떤 적극적인 역할을 수행하지 않는다. 이는 고대사회에 이미 남성중심주의 사회가 형성되었다는 것을 보여준다.

공격적인 여성의 또 다른 원형인 아르테미스 여신은 사냥 도중 우연한 실수로 자신의 나신을 훔쳐보았던 악타이온을 사슴으로 변하게 하여 그의 사냥개로 하여금 주인을 찢어죽이게 한다. 우연히 여신의 목욕 장면을 만나 의도하지 않게 그녀의 몸을 훔쳐볼 수밖에 없었던 악타이온으로서는 억울하기 짝이 없는 일이다. 그는 그녀를 희롱하지도 음심을 품지도 않았지만, 아르테미스는 악타이온의 상황을 고려하지 않는다. 이처럼 여신 아르테미스는 우연한 호기심에 대한 무자비한 행위를 통해 공격적인 면모를 드러내고 있다.

그리스 신화 속에는 헤라나 아르테미즈와는 달리 인간에게 휴식을 주는 여성들이 많이 등장한다. 미노스 왕의 딸 아리아드네는 괴물 미노타우로스를 쳐부수러 온 테세우스에게 실을 주어 미로에서 무사히 빠져나올 수 있게 도와준다. 테세우스는 미노스가 미로에 가두어버린 미노타우로스를 죽인 뒤, 아리아드네가 건네준 실의 도움으로 무사히 미로에서 벗어날 수 있었다. 이후 아드리아네는 남성을 지켜주고 위험에서 구해내고 세상의 질서를 지켜내는 여성의 원형으로 자리매김된다.

여성이 자신의 몸을 인류의 기원으로 삼고 있다는 점에서 휴식을 주는 여성의 이미지가 강화된다. 여성은 아이를 품고 있다가 완전한 성장이 가능할 때 세상에 내어놓고 가슴으로 인류를 성장시킨다. 여성의 이러한 이미지는 고대의 여러 문화에서 제작된 비너스 상에서 잘 드러난다. 구석기 시대에서부터 여러 비너스상을 보면 아랫배, 엉덩이, 가슴이 강조되어 있는데, 이는 여성이 가진 생산 능력을 강조하기 위한 것이다. 즉 여성은 변화를 가져올 수 있는 연금술적인 능력을 지닌 존재이다.

여러 신화에서 다양한 방식으로 여성에게 부정적인 이미지와 소극적인 역할을 부여하고 있지만, 여성에게 부여된 창조성은 쉽사리 부정할 수 없다. 여성은 후세를 생산한다고 하는 특권적 지위를 바탕으로 신화시대와 역사시대를 막론하고 굳건한 위상을 정립해왔다. 수태의 생물학적 비밀을 모르는 상황에서 아이가 여성의 몸에서 태어난다는 사실은 여성에게 특권적 힘을 부여했을 것이기 때문이다.

그런데 신화시대에서부터 남성 중심의 가부장제 사회의 모습이 확립되면서 아마존으로서의 여성의 이미지는 부단히 억압되어왔다. 가령, 제우스의 바람기에 대항하는 헤라는 부당한 징벌을 일삼는 질투의 여신으로 묘사되어 있다. 헬레니즘 전통에서 드러나는 <질투하는 헤라>의 이미지는 여성에게 부여된 부정적인 이미지의 전형이다. 신화 속 남녀관계에서 항상 남성들에게만 적극적인 역할이 부여되어 있고 여성들에게는 항상 소극적이고 수동적인 역할만 부여되어 있다.

남성들은 여성들을 집안에 가두어두기 위해 여러 구실을 찾아내었다. 여성에게 부여된 부정적인 이미지는 히브리 신화에서 더욱 심하게 나타난다. 히브리 신화에서는 아예 모든 악의 근원에 이브라는 여성이 있다. 아담은 자신과 함께 행한 행위의 원인을 철저하게 이브에게 뒤집어씌워버린다. 이렇게 해서 남성은 여성을 철저하게 가정의 울타리에 가두어두고 가정에서 일어나는 모든 일을 여성의 책임으로 돌린다.

최초의 수렵채집단계에서는 오히려 남녀 사이의 평등이 이루어지고 있었을 것으로 보인다. 이 시대에 사냥은 남성이 담당하고 채집은 여성이 담당했을 가능성이 크다. 남성의 몫인 사냥은 그 결과에 있어서 부정기적이었을 것이므로 여성에 의해 이루어지는 채집이 사회적 재화에서 기본적이었을 것이다. 남성지배사회는 수렵채집사회에서 농경사회로 진입하면서 가속화된다. 농경사회로 접어들면서 수렵채집사회에 비해 잉여생산물이 상대적으로 많았을 것이므로, 남성은 굳이 여성의 손을 빌릴 필요가 없어졌다.

이런 상황에서 남성은 외부의 일이 담당했을 것이고 여성은 출산과 육아와 관련된 일을 담당했을 것이다. 그 과정에서 남성은 여성을 가정의 울타리 안으로 몰아넣어 버리고 여성을 교환 가능한 재화로 인식했다. 각각의 신화에서 최초의 여성들인 이브와 판도라에서부터 드러나는 여성 억압은 이렇게 해서 생겨났을 것으로 추정된다. 이렇게 해서 남성들은 여성들을 가정의 울타리 안에 가둬두는 데 성공했다. 신화에서부터 나타나는 여성에게 부여된 부정적인 이미지는 남성 중심의 사유가 오래 전부터 확립되었다는 것을 보여준다.

이처럼 여성을 가정의 울타리 안에 묶어두기 위해 신화에서는 여성의 역할을 아주 부정적으로 묘사하고 있다. 헬레니즘과 헤브라이즘 전통에서 금기를 위반하여 신과 인간 사이의 좋은 관계를 단절시킨 것은 모두 여성의 과오 때문이다. 헬레니즘 전통에서 판도라는 열어보지 말라는 제우스신의 명령에도 불구하고 선물로 받은 상자를 열고 말았다. 그렇게 함으로써 그녀는 인간 세상에 갖은 재앙과 불행을 초래했다. 헤브라이즘 전통에서 이브는 뱀에게 속아 넘어가 아담을 유혹하여 선악과를 함께 따먹고 말았다. 그렇게 함으로써 그녀는 인간이 낙원으로부터 추방되는 데에 결정적인 역할을 수행했다. 이를 빌미로 아담은 자신도 엄연히 함께 행한 행위의 원인을 이브에게 뒤집어씌워 버린다. 호기심을 억제하지 못하여 인간에게 여러 재앙을 초래한 판도라의 이야기와 남성을 유혹하여 금단의 열매를 범하여 낙원 추방의 빌미를 제공하는 이브의 이야기는 남성 중심의 가부장제도가 인류 역사의 기원으로까지 거슬러 올라가고 있다는 것을 보여준다.

그런데 남성 중심이 아니라 인류 전체의 시각에서 보자면 이러한 인식은 간단하게 역전되어 버린다. 즉 여성은 신의 금기를 앞장서서 위반함으로써 인간이 신으로부터 해방되는 데 결정적인 기여를 한다. 이브의 호기심을 통해 인간은 자의식을 회복하여 스스로의 삶을 살아갈 수 있게 되었다. 이브의 탄생에 얽힌 이야기는 남성 중심사회의 전형적인 이데올로기를 구현한 것에 불과하다. 에덴의 신화를 낙원 '추방'이 아니라 낙원 '탈출'로 이해하게 될 경우 인간의 역사에서 여성에게 부여된 이미지는 완전히 달라진다. 이브는 원죄의 원조가 아니라 기성의 가치관으로부터 떠난 탈출의 원조가 된다. 애초 신이 원하던 대로 기존의 것에만 안주했더라면 인간이 새로운 존재양식으로 나아갈 수 없었을 것이기 때문이다.

현대사회의 과도한 가부장제적 전통 아래에서 여성에게 여전히 소극적인 역할만 주어진다. 자녀의 출산과 양육뿐만 아니라 가정의 모든 일은 여성의 책임으로 돌려진다. 그래서 현대의 가부장제 사회에서는 가정의 울타리 안에서 일이 잘못되면 모든 책임은 여성에게 돌려진다. 판도라와 이브의 호기심으로 인한 결과를 부정적인 것으로 단죄하는 일은 가부장제를 강화시키기 위한 남성들의 의식에서 출발한 것으로 볼 수 있다. 그런데 이러한 남성 중심의 가부장제 사회는 여러 문제점을 지니고 있다. 가부장제 사회에서 남성은 남성다워야 한다는 강박관념으로 인해 여성적 요인(감정적 요인)을 스스로 억압한다. 원시시대에 예상되는 모성 중심의 사회에서 벗어나 가부장제 사회가 확립된 이후 남성은 항상 힘의 논리에 의해 지배되어 왔다.

최근 들어 많은 관심을 끌고 있는 페미니즘 운동은 여성을 가정 내에서의 인내와 복종, 출산과 양육으로부터 해방시키려는 움직임이다. 이는 오랜 세월 강화되어온 가부장제 사회에서 태초의 양성관계로 돌아가는 것을 의미할 뿐만 아니라 모성 중심의 사회로의 회귀를 지향하면서 여성이 가지는 창조적 의미를 강조하기 위한 것이다. 신화에서 나타나는 금기위반이라는 여성의 창의적 선택은 인간으로 하여금 신 중심의 삶이 아니라 인간 중심의 삶을 살아갈 수 있는 계기를 마련해주었다. 이런 관점에서 볼 때 여성에게 부여된 소극적인 역할은 가부장제가 확립되는 과정에서 구축된 남성 중심의 사고방식에서 비롯된 것에 불과하다고 할 수 있다.

제4절 위반하는 인간

1. 금기 위반의 이야기

우리가 살펴본 세 가지 위반의 신화는 인간이 신의 금기를 위반함으로써 현재의 존재양식에서 벗어나 새로운 존재양식으로 나아간 사례이다. 이 세 신화에서 인간은 신이 금지한 것을 위반함으로써 처음에는 파국적인 상황을 초래한다. 판도라의 호기심은 인간이 그때까지 느낄 필요가 없었던 여러 감정을 느끼게 했고, 프시케의 호기심은 사랑하는 남편을 잃고 결혼생활의 파국을 초래했고, 이브의 호기심은 신이 마련해준 낙원에서 추방당하게 했다. 이런 상황은 애초 신이 보장해준 안락한 존재양식을 제 발로 걷어찬 것으로 인식될 수 있다. 하지만 그런 행위는 신에 대한 복종을 전제할 때에만 가능했던 제한된 행복을 온전히 자신의 것으로 만드는 과정이다.

신화는 '금기 위반의 기록'이라는 말이 있다. 신화란 신의 금기를 위반하는 인간의 이야기라는 것이다. 이는 신화의 주체를 신이 아닌 인간으로 보았을 때 가능한 이야기이다. 어떤 신화에서도 신의 역사(役事)가 인간의 개입 없이 이루어지는 법은 없다. 유일신을 숭배하는 종교에서 이런 경향은 더욱 두드러진다. 신의 의지가 역사 속에 구현되는 것은 항상 인간이라는 매개를 통해서이다. 신화에서 벌어지는 여러 사건은 인간이 신을 숭배하는 행위에서 생기는 것이라기보다는 오히려 인간이 자신의 욕망을 실현해나가는 과정에서 생겨난 것이다. 신화에서 신의 명령이 그대로 지켜지는 것은 인간의 의식이 깨어나기 전의 일에 불과하다. 인간의 의식이 확장됨에 따라 인간은 더 이상 신의 명령에 절대적으로 복종할 필요를 느끼지 못하게 된다.

앞에서 예로 든 세 가지 신화 이외에도 인간이 신이 정한 금기를 위반한 예는 헤아릴 수조차 없다. 어디에서든 금기는 인간의 존재 조건을 제한하기 위한 장치가 아니라 인간의 욕망을 강화시키는 장치일 따름이다. 신은 인간으로 하여금 금기를 준수할 것을 끊임없이 요구하지만 인간은 신의 금기를 위반함으로써 독자적인 영역을 개척해왔고 이런 금기 위반의 신화에서는 위반하는 자에게 오히려 더 많은 행복이 주어진다. 판도라는 열지 말라는 상자를 열었고, 그 결과 인간 역시 무색무취의 삶에서 벗어나 신과 마찬가지로 오욕칠정을 느낄 수 있게 되었다. 프시케는 보지 말라는 남편을 보았고, 그 결과 볼 수 없는 남편을 영원히 볼 수 있게 되었다. 이브는 먹지 말라는 선악과를 먹었고, 그 결과 선과 악을 분간할 수 있는 지식을 얻게 되었다. 이런 행위들을 통하여 인간은 결국 신의 절대적인 지배로부터 해방되었다.

신의 금기는 인간의 위반을 전제로 한다는 점에서 모순된 것이다. 위반을 전제로 하지 않는 금기란 애초 존재하지 않는다. 금기의 위반은 인간을 경험해보지 못한 세계로 초대하며 새로운 존재 변화를 꿈꾸게 한다. 그러니 인간은 위반을 통해 스스로를 완성해나간다고 할 수 있다. 인간은 누구나 미지의 영역 앞에서 두려움을 느낀다. 인간이 신으로부터 부여받은 호기심은 인간으로 하여금 그러한 두려움을 극복하고 미지의 영역으로 나아가게 하는 힘이다. 인간이 금기체계를 이해하는 과정은 인간 사회를 이해하게 되는 과정이다. 어른들이 요구하는 사회적 금기는 아이들에 의해서 언젠가는 위반되어야 한다. 그것은 사회발전을 위해서 적극적으로 권장되어야 한다. 아이들은 처음에는 어른들이 만들어놓은 금기체계 속에서 안주하도록 훈련받는다. 그런데 금기체계가 견고할수록 사회의 변화 가능성이 그만큼 줄어든다.

하지 말라고 하면 더 하고 싶어지는 법이다. 판도라에게 상자를 열어

보지 말라고 했던 제우스 신이 장차 있을 판도라의 위반을 몰랐을 리가 없다. 제우스 신 자신이 판도라를 만들 것을 명령했고 여러 신과 함께 선물 상자를 만들어 줄 것을 결정했다. 그러니 판도라의 모든 것은 제우스의 통제하에 있었다고 보아야 한다. 이런 상황은 『창세기』에서도 마찬가지다. 이브에게 선악과를 따먹지 말라고 했던 야훼 역시 장차 있을 이브의 위반을 몰랐을 리 없다. 야훼 자신이 이브를 창조했고 바로 야훼 자신이 선악과를 에덴동산의 한가운데에 두었기 때문이다. 에로스 역시 마찬가지였을 것이다. 에로스가 프시케로 하여금 자신을 보지 말라고 당부하면서 그 금기가 지켜질 것이라고 생각했을 것으로 볼 수는 없다.

금기의 강도가 강할수록 그에 비례해서 위반의 욕망도 커진다. 이런 점에서 프시케에게 주어진 금기는 더욱 강한 위반의 욕망을 전제로 하고 있다. 무엇이 들어 있는지 모르는 상자 따위는 어쩌면 잊어버릴 수 있을지도 모른다. 다른 먹을 것도 많은 판국에 신이 굳이 먹지 말라고 한 동산 한가운데에 있는 선악과 따위도 잊을 수 있을지도 모른다. 그런데 날마다 밤을 함께 보내야 하는 남편의 얼굴을 보지 말라는 금기를 지키기는 어렵다. 프시케에게 부여된 금기는 판도라와 이브에게 부여된 금기와는 비교할 수 없을 정도로 부조리하여 인간적인 입장에서 지키기가 몹시 어렵다.

호기심이라는 강력한 무기를 함께 부여받은 인간에게 금기란 애초 무의미한 것이다. 호기심과 함께 주어진 금기란 언제든 깨어질 수밖에 없다. 신화에서든 현실에서든 금기 위반 이전의 세계와 금기 위반 이후의 세계는 근본적으로 다르다. 금기가 초래하는 파국적 결말은 역설적 반전을 초래한다. 금기를 위반하고 나면 새로운 세상이 열리기 때문이다. 성장과정의 아이들을 둘러싸고 있는 금기가 초래하는 강렬한 호기심은 아이들로 하여금 새로운 세상을 향해 나아갈 수 있게 하는 추진력이다.

금기 너머의 세상을 향한 강렬한 욕망은 인간으로 하여금 모든 것을 걸게 할 수도 있다. 위에서 살펴보았던 금기의 대상은 모든 것을 포기할 만한 가치가 있었다. 판도라는 금기를 깨뜨림으로써 그때까지 경험하지 못했던 새로운 감정을 맛볼 수 있게 되었다. 희망을 간직하고 있음으로써 어떤 심각한 절망 속에서도 살아갈 수 있게 되었던 것은 차라리 하나의 덤이라고 할 수 있을 것이다. 프시케는 비록 여러 고난을 겪기는 했지만 금기를 깨뜨림으로써 하마터면 영원히 보지 못하고 말았을 남편을 볼 수 있게 되었다. 게다가 프시케에게는 신적인 삶까지 덤으로 주어진다. 이브 역시 수고를 하여야 먹고 살 수 있게 되었고 해산의 고통을 당해야 하고 흙으로 돌아가야 했지만, 그렇게 함으로써 그녀는 인간에게 거부된 선악을 분간하는 지혜를 얻을 수 있게 되었다.

판도라든 프시케든 이브든 주어진 금기 앞에서 모두 망설였다. 금기를 위반하고 나서 벌어질 상황에 대한 두려움이 앞섰기 때문이다. 제우스 신는 판도라에게 상자만은 열지 말라고 했고, 에로스는 자신만은 보려 하지 말라고 했고, 야훼 역시 하필 동산 한가운데 있는 선악과만은 먹지 말라고 했다. 신이 설정한 한계에 만족하는 인간은 자신에게 주어진 금기를 섣불리 깨뜨릴 엄두를 내지 못한다. 절대적인 힘을 소유한 신의 금기를 위반한 다음에 전개될 상황에 대한 두려움 때문이다. 하지만 이런 상황은 오래 지속되지 않는다. 판도라, 프시케, 이브는 주저하면서도 과 감히 신들의 금기를 위반했다. 금기를 위반한 다음에 어김없이 뒤따랐던 고통은 일시적인 것에 불과했고, 그 이후에 주어지는 희망, 행복, 독립은 영원한 것이었다.

신화 속에서 드러나는 금기 위반의 상황은 인간사회에서도 지속적으로 반복된다. 어떤 사회에서든 기존의 관념을 지키려는 세력과 새로운 가치를 창출하려는 세력이 공존하기 마련이다. 신진세력들은 항상 기성의 가치를 장악하고 그것을 공고화하려는 세력에 대항하여 새로운 가치를 구축하고자 한다. 이런 상황에서 사회적 갈등이 불거지는 것은 필연적이다. 하지만 이러한 사회적 갈등은 사회발전의 긍정적인 에너지가 된다. 오히려 기성의 가치와 새로운 가치의 충돌이 활성화된 사회는 그만큼 건강하다고 할 수 있다. 그러니까 기성세력과 신진세력 사이에서 늘 존재하기 마련인 사회적 갈등은 적극적으로 권장되어야 한다.

2. 위반하지 않았더라면

　인간이 자신을 억압하는 권위에서 벗어나 고유의 영역을 개척하는 것은 언제나 현재진행형이다. 이제 막 성인의 문턱으로 들어서서 부분적으로나마 가정의 울타리에서 벗어난 젊은이를 생각해보자. 지금까지 그는 가정과 학교라는 틀 안에서 권위에 짓눌려 살 수밖에 없었다. 지금까지 그가 익히 들어왔고 자신의 것이라고 생각했던 가치관은 사실 기성세대가 자신에게 강요한 것일지도 모른다. 자신의 삶을 개척해 나가기 위해 우선 지금까지 따라왔던 것이 과연 자기 자신의 것인지 돌이켜볼 필요가 있다. 한 사회의 젊은이들이 기성세대가 부과하는 금기체계 속에서만 살아가기를 선택한다고 가정해보자. 그런 젊은이들로만 채워진 사회의 건강한 지속은 장담할 수 없을 것이다. 금기 위반을 향한 신진세대의 욕망이 없이는 진정한 의미에서의 사회발전은 기대할 수 없다.

　학생들이 찾아와서 여러 어려움을 호소하는 경우가 있다. 대개 자신이 처한 현실과 자신이 추구하는 이상 사이에서 오는 괴리감 때문이다. 조금만 이야기를 나누다 보면 기성의 가치가 그를 심하게 압박하고 있다는 사실을 금방 알 수 있다. 부모의 욕망이 자신의 욕망을 가로막고 있는 경우가 많다. 나는 이렇게 하고 싶은데 부모님은 저렇게 하기를 원하신

다. 현실적인 이해관계로 자녀를 억압하는 부모와는 달리 학생은 현실적인 고려에서 벗어나 새로운 세상으로 나아가고자 한다.

결국 기성세대가 만들어놓은 질서에 갇혀 앞으로 나아가지 못하고 있다. 새로운 삶에 대한 욕망 앞에서 주저하는 것은 자신들이 넘어설 생각을 하지 못했던 금기체계 때문이다. 답은 한 가지밖에 없다. 자신의 삶을 사는 것이다. 자신의 인생을 대신 살아주는 사람도 없고 자신의 인생에 대신 책임을 져줄 사람도 없다. 또한 그렇게 해서도 안 된다. 자신의 삶을 살아가기 위해서는 책임을 져주지 못하는 기성의 권위로부터 벗어나야 한다.

기성세대에 의해 결정되는 삶을 살아가는 사회에서는 신세대가 발전을 생각하기 어렵다. 각자의 삶의 가치와 마찬가지로 각 세대의 가치는 각 세대가 결정하고 선택해야 한다. 기존의 권위는 시간의 흐름과 더불어 쇠퇴하고 말 것이다. 유한한 인간의 삶에서 이는 피할 수 없는 일이다. 미래의 가치는 기성세대가 아니라 미래를 살아야 할 미래세대가 결정해야 한다. 미래세대가 기성세대의 가치를 허물고 새로운 가치를 만들어내기 위해서 위반은 필수적인 행위이다. 신세대가 스스로 반항하고 위반하지 않으면 기성세대는 영원히 그들이 원하는 대로의 삶을 강요할 것이기 때문이다.

젊은이들은 기성세대의 금기체계에서 벗어나야 한다. 자신들을 위해서도 그래야 하고 사회 전체를 위해서도 그래야 한다. 새로운 가치를 형성하기 위해서는 자신을 자신이지 못하게 하는 요소들을 끊임없이 부인해야 한다. 미래의 것을 과거의 금기체계 안에서 해결하려 해서는 안 된다. 청년세대가 기성세대의 견고한 금기체계를 깨뜨리기 위해서는 많은 위험을 감수해야 한다. 하지만 오이디푸스처럼 스스로 인간임을 깨닫고 스핑크스를 물리쳐야 한다. 오이디푸스 신화에서 '아버지'는 기존의 사회·문화적인 가치를 상징할 수도 있고, 기존의 정치적인 신념을 상징할 수도 있다. 그것은 결국 기성의 권력이 만들어 놓은 금기체계이다.

앙드레 지드는 『지상의 양식』이라는 기행문 형식의 에세이집을 남겼다. 20대에 세 차례에 걸쳐 북아프리카 지역을 여행하고 돌아와서 그때의 경험을 토대로 집필한 것이다. 지드의 삶에서 새로운 곳으로의 이동을 의미하는 여행은 대단히 중요한 의미를 지닌다. 그는 고등학교를 졸업하고 대학입학자격시험에 합격하고 나서 어떠한 구속에도 얽매이지 않고 글을 읽고 쓰면서 살아가기로 결심한다.

그는 아주 일찍 아버지를 여읜다. 어린 시절 아버지에게서 오는 억압을 경험할 필요가 없었다. 그로서는 아버지의 권위에서 벗어나려고 억지로 노력할 필요가 없었다. 젊은 시절에 아무런 직업을 갖지 않고 글을 읽고 쓰면서 살아가기로 한 그는 북아프리카 여행을 떠나 기존의 권위와 가치관에서 벗어나는 데서 오는 쾌락을 경험한다. 그는 이 여행을 통해 기존의 모든 교육으로부터의 해방을 선언한다. 그는 이 책에서 이렇게 말한다.

> "나의 이야기를 읽고 난 다음에는 이 책을 던져버려라. -그리고 밖으로 나가라. 나는 이 책이 그대에게 밖으로 나가고 싶은 욕망-어느 곳에서든, 그대의 도시에서든, 그대의 가정에서든, 그대의 방에서든, 그대의 생각에서든 밖으로 나가고 싶은 욕망을 불러일으키기 바란다."[43]

여기서 '나'는 현자 메날크이고 '그대'는 청년 나타나엘이다. 즉 현자는 청년으로 하여금 자신이 알려준 기성의 모든 가치를 버리고 새로운 세상으로 나가라고 말하고 있다. 기존의 모든 것으로부터 떠나라는 것이

---

43 앙드레 지드, 『지상의 양식』, 민음사, 2007, p. 16.

다. 책의 마지막에 이르러 다시 이렇게 말한다.

"너 자신의 자세를 찾아라. 너 자신이 아닌 다른 사람도 할 수 있었을 것이라면 하지 마라. 너 자신이 아닌 다른 사람도 말할 수 있었을 것이라면 말하지 말고-글로 쓸 수 있었을 것이라면 글로 쓰지 마라. 너 자신의 내면 이외의 그 어느 곳에도 없는 것이라고 느껴지는 것에만 집착하고, 그리고 초조하게 혹은 참을성을 가지고 너 자신을 아! 존재들 중에서도 결코 다른 것으로 대치할 수 없는 존재로 창조하라."[44]

앙드레 지드는 여기서 자식, 제자, 인간은 부모, 스승, 신으로 드러나는 기존의 모든 권위로부터 벗어나서 자신만의 것을 추구할 것을 권고한다. 자신만의 독자적인 삶을 찾아 나서기 위해서는 떠나야 한다. 자신의 육신과 정신이 처한 곳으로부터도, 그리고 온갖 금기로 자신을 현실에 묶어두려는 어른들의 세계로부터도 떠나야 한다. 모든 상황에서 끊임없이 자신의 욕망을 확인하고 그것을 따라야 한다. 그 과정에서 보편적으로 받아들여지는 답을 찾으려 하지 말고 자신만의 대답을 찾아야 한다.

인간에게 금기가 주어지는 것을 두려워할 필요가 없다. 모든 금기는 깨어져서 새로운 세계를 열어주기 때문이다. 중요한 것은 금기 이전의 상태가 아니라 금기 이후의 상태이다. 금기는 타인에 의해서가 아니라 스스로에 의해 깨어져야 한다. 금기 앞에서의 망설임은 금기 이후의 세상의 참맛을 볼 수 있는 에너지를 축적하는 필연적인 과정이다. 물론 금기를 깨뜨려 버리면 이전의 낙원에서 추방당할 것을 각오해야 한다. 하지만 그렇게 되면 노예가 아닌 주인으로 살아갈 수 있는 새로운 세상이 열리게 된다.

---

44 앙드레 지드, 위의 책, p. 202. (번역 일부 수정)

제4장

탈출(귀환)의 신화

탈출이란
행복한 낙원으로 향하는 과정에
수반되는 여행을 의미한다

탈출이란 비극적인 현실을 떠나 행복한 낙원으로 향하는 과정에 필연적으로 수반되는 여행을 의미한다. 신화 속의 많은 영웅들은 불행한 현실에서 벗어나서 또 다른 세상을 향해 나아감으로써 스스로의 존재양식을 변화시키고자 했다. 본 장에서는 지중해를 벗어나 이타카를 향했던 오디세우스와 파라오의 박해를 피해 이집트를 떠나 가나안 땅으로 향했던 이스라엘 백성을 비롯하여 현실 탈출과 낙원 귀환을 동시에 꿈꾸었던 인간의 행동을 중심으로 신화적 탈출의 의미를 살펴보고자 한다.

인류 문학의 최고 걸작으로 받아들여지고 있는 『오디세이아』는 현실의 고통을 떠나 궁극적인 행복과 영원한 휴식이 존재하는 고향으로 돌아가는 인간 오디세우스의 여행을 그리고 있다. 트로이 전쟁을 극적인 승리로 이끈 오디세우스는 오랫동안 떠나 있었던 자신의 왕국 이타카로 돌아가려 했지만 지중해 바다에서 풍랑을 만나 온갖 고초를 겪어야 했다. 신들에게 의도하지 않게 불경을 저지른 오디세우스에게 내려진 징벌이었다. 오디세우스의 지중해 고난은 신의 지배를 받을 수밖에 없는 인간의 숙명에 대한 인식을 기초로 하고 있다. 그러한 숙명은 그리스 신화 전체를 관통하고 있는 주제이기도 하다. 인간의 숙명을 피할 수 없었던 오디세우스는 이타카를 향한 자신의 꿈을 좌절시키기 위한 신들의 온갖 방해를 이겨내고 결국 목적지에 이르고 만다. 지중해 바다를 벗어나 행복과 휴식이 있는 이타카라는 고향으로 나아가는, 20년 동안 겪어야 했던 고난은 새로운 삶을 원하는 오디세우스가 반드시 거쳐야 했던 과정이었다.

출애굽의 사건은 유대기독교의 관점에서 고난으로 점철된 현실을 떠나 궁극의 낙원으로 나가려는 인간의 삶 전체를 요약하고 있다. 수백년 전 이집트 땅으로 이주하여 살아가고 있던 이스라엘 백성에게 이집트라는 곳은 신들의 보호를 벗어나서 살아가야 했던 고난의 땅이었던 반면 가나안 땅은 신들이 애초 자신들에게 예비해놓은 행복의 땅이었다. 『출애굽기』는 이스라엘 백성들이 고난의 땅 애굽을 떠나 행복의 낙원 가나안으로 나아가는 과정에서 40년 동안 겪어야 했던 고난을 기록하고 있다. 40년 동안의 고난은 애굽왕의 박해를 받는 현실에서 신이 약속한 땅으로 돌아가기 위해 반드시 거칠 수밖에 없는 과정이다. 비록 40년 동안의 방황에도 불구하고 출애굽과 가나안 귀환으로 이어지는 이스라엘 백성의 여행이 완결되지 못했지만, 이 사건은 불행한 현실에서 벗어나 행복을 찾아 나서려는 인류 행위의 모델로 자리하게 된다.

현실의 부족함에서 벗어나 새로운 존재양식으로 나아가는 과정에서 이루어지는 여행은 신화와 종교의 중요한 주제이다. 이아손은 자신의 당연한 권한이었던 왕위를 되찾기 위해 콜키스로의 기나긴 항해를 감행한다. 이 항해는 폐위된 왕자가 왕권을 회복하기 위해 치러야 했던 투쟁의 과정에서 그치는 것이 아니라 한 청년이 자신의 능력을 보여줌으로써 한 인간으로 완전히 인정받기 위한 필수적인 과정이기도 했다. 그는 갖은 고난을 무릅쓰고 긴 여행을 성공적으로 완수하고 자신에게 주어져야 할 당연한 권리였던 왕위를 되찾는다. 힌두교도들에게 갠지스강은 모든 인간이 돌아가야 할 궁극적인 행복이 존재하는 곳이다. 힌두교도들에게 갠지스 순례는 현실의 고난에서 벗어날 수 있게 해주는 성스러운 행위이다. 이슬람교도들에게 메카 순례는 어떠한 희생이 따르더라도 반드시 이루어야 할 성스러운 행위이다. 메카는 바로 천국 그 자체이기 때문이다.

여행은 존재 변화의 필요조건이며 고대 이후 예술의 끈질긴 주제였다. 신화시대든 역사시대든 인간의 삶에서 여행이란 항상 부족한 현실에서 더 나은 곳을 향하여 나아가는 과정이었다. 인간은 새로운 곳으로 향하려는 욕망을 통해 삶의 변화를 일구어낸다. 탄생과 죽음 사이에 끼어 있는 삶의 이야기는 하나의 상태에서 다른 상태로 이동하는 이야기이고, 그것은 태초의 행복이 존재하던 곳으로의 귀환이라는 무수한 신화 속 이야기와 동일한 의미를 지닌다. 엘리아데는 현대인의 모든 행위를 태초의 "모범적 이야기"의 반복이라고 보았으며, 뒤랑은 현대의 문화 이야기가 고대의 신화체계와 동일한 구조를 갖는다고 했다. 이러한 기본적인 전제하에 우리는 본 장에서 탈출과 귀환이라는 주제를 중심으로 신화적 영웅들이 겪었던 모험과 현대의 종교적 순례 행위의 의미를 살펴보고자 한다.

자신의 인생에 온전히 만족하면서 살아가는 사람이 있을까? 자신이 살아가고 있는 현실에 불만을 느끼는 것은 인간의 본성인지도 모른다. 그래서 인간은 영원히 "배고픈 소크라테스"를 지향하는 것인지도 모른다. 행복을 지향하는 인간의 욕망은 일차적으로 현실에 대한 불만족에서 비롯된다. 인류가 최초의 동물 상태에서 벗어나 지금과 같은 삶을 살아갈 수 있게 된 것은 자신의 삶에 불만을 느껴온 인간들이 끊임없이 새로운 삶을 갈망하는 과정에서 획득한 산물이다.

새로운 존재양식으로 나아가고자 하는 신화시대 인간의 욕망이 구체적으로 어떠했는지를 알 수 있는 방법은 없다. 하지만 그들 역시 현대인과 그다지 다르지 않은 지력과 사고력을 가졌다는 것을 전제로 한다면, 생존을 위한 자연과의 힘겨운 투쟁을 하면서 현재보다 더 나은 미래를 꿈꾸었을 것이라고 인정할 수밖에 없다. 추위를 견디면서 추위에서 벗어날 방법을 찾고자 했을 것이고, 주린 배를 움켜쥐면서 굶주림에서 벗어날 방법을 찾고자 했을 것이다. 행복이라든지 이상이라든지 하는 형이상학적 욕망을 굳이 거론하지 않는다고 해도 추위와 굶주림과 같은 생물학적인 어려움 때문에라도 그들은 언제든지 새로운 존재 방식을 원했을 것이다. 여행이란 이처럼 새로운 환경으로 나아가고자 하는 기본적인 욕망의 산물이었을 것이고 태초의 인간들은 이런 점에서 영원한 유랑인일 수밖에 없었을 것이다.

인식 영역의 확장에 따라 인간은 물질적 풍요로움과 더불어 정신적 풍요로움을 함께 요구하게 되었다. 태초부터 인식되었을 인간존재의 나약함과 그로 인한 존재의 부조리함 앞에서 인간이 느끼는 고뇌와 왜소함은 오늘날까지도 여전히 인간이 해결해야 할 궁극적인 문제로 남아 있다. 오랜 옛날부터 인간은 어떻게 하면 현재의 고통에서 벗어나 행복의 공간으로 나아갈 것인가 하는 영속적인 문제에 봉착해왔다. 프로메테우스 이후 인간은 항상 기존 질서에 반항하고 새로운 세상을 건설하고자 했다. 태초 인간이 육체적 고통에서 벗어나기 위해 감행했던 탈출의 드라마는 현대 사회에서도 다른 형태로 변형되어 여전히 나타나고 있다. 새로운 존재양식으로 다시 태어나고자 하는 인간은 더 높은 차원의 삶을 위해 필요한 고난을 받아들여야 한다. 현대인에게서 존재 변화의 욕망은 여러 방식으로 나타나는 입사식이라는 형태로 나타난다.

입사식의 과정은 일종의 상징적인 여행이다. 입사식적 여행을 거치면서 고난은 부정적인 양상을 벗어버리고 오히려 행복으로 나아가는 필연적인 과정으로 변한다. 비극적인 현실을 살아가는 모든 인간이 시도하는 존재 변화는 결국 휴식과 행복의 세계로 귀환하려는 시도의 결과이다. 낙원으로 향하려는 욕망은 탈출하고자 하는 세계의 질서가 구현하는 부정적인 것을 제거하거나 이면에 잠재되어 있는 긍정적인 것을 복원하는 것으로 나타난다.

"운명처럼 고통을 감수하면서 살아가는 인간은 언제든 현재의 실존에서 벗어남으로써 더 나은 실존의 기쁨을 맛보고자 한다. 모든 인간에게서 현실 탈출은 낙원 귀환을 궁극적인 목표로 하고 있다. 탈출과 귀환이라는 두 욕망은 서로 맞물려서 존재 변화를 꿈꾸는 인간의 정신세계의 토대가 된다. 이러한 행위는 고통스러운 현실세계에서의 행복 추구라는 모든 인간의 근본 욕망을 반영하고 있다. 새로운 존재양식으로 나아가려는 인간의 노력은 '현실 탈출'과 '행복 귀환'이라는, 동시에 존재하는 두 욕망을 통해 드러나고 있다. 운명처럼 고통을 감수하면서 살아가고 있는 인간은 하나의 실존으로부터의 탈출을 통해 더 나은 실존의 기쁨을 맛보고자 한다."[45]

---

45 김종우, 『<탈출>과 <귀환>의 주제를 중심으로 한 쥘리앙 그린의 초기소설연구』, 서울대학교 박사학위논문, 1996, p. 192.

제1절 오디세우스의 탈출(귀환)

1. 오디세우스 신화

『오디세이아』는 트로이 전쟁을 끝낸 오디세우스가 이타카로 귀환하는 과정에서 벌어지는 이야기이다. 오디세우스의 여정은 온갖 고난이 점철된 바다에서 벗어나 고향 이타카로 돌아가는 것으로 이루어져 있다. 그의 여정은 지중해

오디세우스와 칼립소가 있는 동굴풍경(얀 브뤼겔)

바다라고 하는 불행한 현실과 이타카라는 행복의 땅 사이에서 이루어지는 것으로 행복을 지향하는 과정에서 모든 사람들이 겪어야 할 당연한 고난을 의미한다.

호머는 오디세우스에게 뛰어난 지혜, 용기, 인내, 언변 등 인간이라면 누구나 가지고 싶어 하는 거의 모든 재능을 부여한다. 『일리아드』에서도 오디세우스는 전쟁을 수행하는 그리스 연합군 사이에서 벌어지는 여러 갈등의 중재자이자 지략과 용기의 화신으로 그려진다. 특히 오디세우스는 트로이 목마를 고안하여 10년을 끌어오던 트로이 전쟁에서 그리스군에 결정적인 승리를 안겨주었다. 그는 트로이 전쟁을 위한 그리스 연합군에 참여하기 전 이타카라는 도시의 왕으로 있다가 아내 페넬로페와 아들 텔레마코스를 두고 왕국을 떠났다. 그는 지략과 용맹에서 많은 그리스 영웅들의 모범이 되었다. 이런 행위는 이후 수많은 문학작품의 영

감의 원천이 되었다. 그런데 오디세우스가 유명해진 것은 트로이 전쟁에서 세운 전공을 통해서가 아니라 고향인 이타카로 돌아가는 험난한 여행을 통해서이다.

10년 동안이나 지속되었던 트로이 전쟁이 끝나자 승리한 그리스 연합군은 트로이를 떠나 각자 자신들의 고향으로 돌아갔다. 그런데 오디세우스 일행은 도중에 풍랑을 만나 펠로폰네소스 반도만 돌면 닿을 수 있는 이타카를 두고 지중해 전역을 10년 동안이나 방랑하다가 트로이 전쟁 기간을 포함하면 20년 만에야 고향으로 돌아갈 수 있었다. 그는 행복의 낙원으로 향한 귀환 행위를 통해 온갖 난관을 헤치고 근원적 행복을 찾아 나가는 인간의 모델이 된다. 오디세우스의 출발지는 트로이이며 목적지는 이타카이다. 하지만 실제로 오디세우스 이야기의 대부분은 출발지와 목적지에 관한 이야기가 아니라 트로이와 이타카 사이의 바다에서 벌어지는 방랑을 묘사하고 있다.

오디세우스는 트로이를 떠난 뒤 폭풍에 떠밀려 부하들과 함께 첫 기항지인 리비아 해안에 닿는다. 이곳에는 로토파고스라는 부족이 살고 있었는데, 용의주도한 사람이었던 오디세우스는 모든 부하들을 데리고 한꺼번에 들어가는 대신 소수의 부하들을 먼저 파견하여 정찰하도록 한다. 정찰 나간 부하들이 돌아오지 않자 그는 직접 부하들을 이끌고 그들을 찾아 나선다. 찾아낸 부하들은 고향으로 돌아가야 한다는 사실을 잊어버리고 그곳에서 살기를 원했다. 그곳 주민들이 정찰병들에게 신비로운 식물(로토스)을 먹였던 것이다. 오디세우스의 사정을 알게 된 주민들은 오디세우스에게도 먹어보라고 권한다. 오디세우스는 이를 거절하고 이미 만사를 잊고 황홀경에 빠져 고향으로 돌아가기를 거부하는 부하들을 억지로 배까지 끌어다 노 젓는 자리에 쇠사슬로 묶어 놓고서야 그 지역을 벗어날 수 있었다.

로토파고스를 벗어난 오디세우스 일행은 키클롭스라는 외눈박이 거인인 식인종이 사는 곳에 정박한다. 키클롭스 족은 원래 우라노스와 가이아 사이에서 태어난 아들로 제우스 신에게 벼락을 만들어 선물한다. 오디세우스 일행이 도착한 폴리페모스 동굴에서 키클롭스 괴물이 많은 부하를 잡아먹었다. 오디세우스는 거대한 나무 꼬챙이를 불에 달구어 키클롭스의 눈을 찔러 장님으로 만들어 버린다. 양들을 몇 마리씩 한꺼번에 묶어 양들의 배[腹]에 사람을 매달아 무사히 동굴에서 빠져나와 황급히 섬을 떠난다.

이어서 오디세우스 일행은 키르케가 사는 아이아이아 섬에 도착한다. 태양신인 헬리오스와 바다의 요정 페르세의 딸인 키르케는 약물과 주문을 사용하여 인간을 짐승으로 만들어 버리는 능력을 소유하고 있었는데 그녀는 오디세우스 일행이 도착하자마자 동료들을 멧돼지로 변신시켜 버린다. 헤르메스에게서 선물로 받은 마법의 약초의 도움으로 무사했던 오디세우스는 키르케로 하여금 동료들을 본래의 모습으로 돌려놓게 한다. 오디세우스가 다시 고향으로 향하는 여행을 시작한 것은 그로부터 1년이 흐른 뒤였다.

세이렌은 아이아이아와 스킬라의 바위섬 사이에 있는 서쪽 바다의 섬에 살면서 아름다운 노랫소리로 뱃사람들을 유혹하여 정신을 잃게 한 다음 난파시켜 버렸다. 오디세우스는 키르케의 조언에 따라 밀랍으로 선원들의 귓구멍을 막아 세이렌의 목소리를 듣지 못하게 하고, 자신은 배의 돛대에 묶이어 유혹에 빠져 엉뚱한 방향으로 배를 모는 것을 방지한 다음 세이렌의 해협을 통과했다. 세이렌은 아르고호의 선원들이 지날 때도 항해를 방해하고자 했지만, 아르고호는 함께 동승한 오르페우스의 음악으로 세이렌을 이기고 무사히 해협을 통과했다.

세이렌의 유혹적인 노랫소리를 벗어난 오디세우스는 메시나 해협을 통과할 때 스킬라의 공격을 받는다. 스킬라는 초자연적인 힘을 소유한 괴물로서 닥치는 대로 선원들을 잡아먹었다. 오디세우스의 부하 몇 명도 동굴에 잘못 들어갔다가 스킬라의 먹이가 되었다. 카리브디스는 조금 떨어진 건너편 기슭에서 무화과나무 밑에 몸을 숨기고 하루에 세 번씩 물을 삼켰다가 뱉어냈는데, 이것은 항해하는 배들에게 치명적이었다. 키르케의 조언으로 이들의 존재를 알게 된 오디세우스는 스킬라와 카리브디스가 나타나는 장소에 접근했을 때 경계를 철저히 했다. 엄청난 소리를 통해 카리브디스는 찾아낼 수 있었지만, 스킬라를 찾을 수 없었던 오디세우스는 졸지에 여러 부하를 잃어버리고 나서야 이 지역을 통과할 수 있었다.

이후 칼립소는 오디세우스를 사랑하여 일행으로 맞아들여 그에게 불사의 생명을 부여하고 영원히 자기 곁에서 떠나지 못하도록 하였다. 칼립소의 환대와 사랑에도 불구하고 오디세우스는 이타카에서 자신을 기다리고 있는 페넬로페와 텔레마코스에게 돌아가려는 욕망을 버리지 않았다. 오디세우스의 처지를 알게 된 제우스 신은 헤르메스를 칼립소에게 보내 이제 그만 그를 이타카로 보내주도록 했다. 오디세우스를 사랑했던 칼립소는 그를 보내기 싫었지만 제우스 신의 명령에 복종하여 7년 동안이나 붙잡아 두었던 그를 보내줄 수밖에 없었다.

이외에도 오디세우스는 방랑길에서 여러 사건을 겪어야 했다. 칼립소에게서 풀려나면서 제우스 신의 후광으로 그녀로부터 여러 도움을 받는다. 마침내 고향 이타카에 도달했을 때 그의 집에는 페넬로페와 텔레마코스가 어렵사리 왕국을 지켜나가고 있었다. 전쟁이 끝난 뒤 10년이 지나도 돌아오지 않았기 때문에 모두 오디세우스가 죽었다고 말하면서 페넬로페에게 청혼한다는 구실로 그의 집안을 황폐화시키고 있었다.

오디세우스는 거지 행세를 하면서 자신의 정체를 숨긴 채, 지금까지 온갖 핑계로 구혼자들의 청을 거절해왔던 페넬로페가 구혼자들을 초청한 자리에 참석한다. 그 자리에서 구혼자들에게 활쏘기 시합을 시키지만 아무도 오디세우스가 사용하던 활시위를 당기지 못한다. 한쪽에서 거지로 변장한 채 이를 묵묵히 지켜만 보고 있던 오디세우스가 나서서 시위를 당기자 쉽게 휘어졌다. 이에 거지는 자신의 정체를 밝히고 집안의 모든 적을 물리친다.

오디세우스는 헤라클레스의 기둥으로 알려진 지중해의 어귀에서 그리스의 에게해에 이르기까지 당시로서는 전 세계였던 지중해 전역을 헤매고 다녀야 했다. 오디세우스의 모든 고난은 고통스러운 현실을 의미하는 지중해 바다를 떠나 궁극의 행복을 상징하는 이타카라는 고향으로 돌아가는 과정에서 겪어야 했던 일이다. 오디세우스의 이런 여정은 이상향을 향해 나아가는 과정에서 끊임없이 고통당해야 하는 인간 삶의 축소판으로서의 의미를 지닌다.

누구든 새로운 세상으로 나아가기 위해서는 반드시 고난의 과정을 거쳐야 한다. 신은 자신에게서 벗어나려는 인간의 욕망을 그대로 받아들이기를 거부한다. 오디세우스가 바다에서 그토록 많은 고초를 겪은 것은 신들의 미움을 받았기 때문이다. 오디세우스의 여정은 고향으로 돌아가려는 한 개인의 단순한 여행이 아니라 신이 부여한 고통으로부터 탈출하기 위한 인간의 필연적 고난의 몸부림이다. 그는 신의 영향력이 살아 있는 지중해 바다에서 벗어나 자신의 세계인 이타카로 돌아가려는 꿈을 한시도 포기하지 않았다. 호메로스의 『오디세이아』는 신의 부당한 간섭에서 벗어나 인간적 행복을 추구하는 한 인간의 여정을 그리고 있다. 이러한 여정은 이후 더 나은 세상으로 나아가려는 모든 인간의 여행의 모델이 된다.

2. 인생이라는 나그넷길

우리는 삶의 한 속성을 가리켜 흔히 '인생은 나그넷길'이라는 비유를 사용하곤 한다. 이러한 비유는 많은 문학작품이나 대중문화 속에 다양한 방식으로 나타난다. 이런 입장에 의하면 인간은 탄생에서 죽음에 이르기까지 여행을 즐기다가 다시 자신이 떠나온 곳으로 돌아가는 존재이다. 천상병은 「귀천(歸天)」이라는 시에서 "나 하늘로 돌아가리라. /새벽빛 와 닿으면 스러지는 /이슬 더불어 손에 손을 잡고 나 하늘로 돌아가리라. /노을빛 함께 단 둘이서 /기슭에서 놀다가 구름 손짓하면은 나 하늘로 돌아가리라. /아름다운 이 세상 소풍 끝내는 날 /가서 아름다웠더라고 말하리라."라고 노래했다.

이 시에서 인생이란 이 세상으로 잠시 소풍(여행이다!)을 나왔다가 그것이 끝나면 다시 자신이 떠나온 "하늘"로 돌아가는 과정이다. 또한 이 시에서 인간의 삶이란 구름을 따라 흐르는 나그네의 여정에 비유된다. 운명에 의해서든 우연에 의해서든 인간은 마치 연극무대의 배우처럼 각자에게 부여된 역할을 수행하다가 자신이 떠나온 하늘로 돌아가는 존재이다.

인간은 출생과 더불어 인생이라는 무대에 올라 정해진 기간 동안 연기를 하다가 죽음과 더불어 무대에서 사라진다. 어디서 왔는지도 알 수 없고 어디로 가는지도 알 수 없다. 단지 탄생과 죽음 사이에서 각자 자신이 처한 상황에서 행복을 찾아 나설 뿐이다. 인간은 각자 신의 지시에 따라 자신의 역할을 수행한다. 인생을 '나그넷길'이나 '연극무대'에 비유하는 것은 여러 예술에서 단골로 등장하는 주제이다. 이런 정서는 인생 자체가 부단히 떠돌아다니는 것이라는 인식에 기초한다.

각자가 꾸려가는 삶의 모습은 각기 다르지만 지향하는 곳은 모두 행복

오디세우스의 출범(클로드 로랭)

한 낙원이다. 어떤 사람들에게는 이타카로 표현되고, 어떤 사람들에게는 가나안으로 표현되고, 어떤 사람들에게는 갠지스로 표현되고, 어떤 사람들에게는 메카로 표현된다. 하지만 그러한 차이는 현상적인 것에 불과할 뿐 실제로는 모두 동일하다. 이와 마찬가지로 신화 속 영웅의 궁극적인 지향점과 현대 고등종교에서 구체적으로 표현하고 있는 낙원은 사실상 동일한 것이다.

　인간은 어디서 와서 어디로 가는가? 인간이 지금껏 해결할 수 없었던 이 질문은 인간이 세상을 살아가면서 던져야 할 가장 본질적인 질문일지도 모른다. 이 질문은 수천 년 형이상학의 역사에서 수많은 철학자들이 제기해 왔던 것이지만, 인간은 여전히 그 답을 찾아내지 못하고 있으며, 앞으로도 쉽사리 그 답을 찾을 수 있을 것 같지는 않다. 모든 인간은 아무도 알지 못하는 어딘가에서 와서 아무도 알지 못하는 어딘가로 사라진다. 어디서 왔는지를 모르는데 어디로 가는지를 알 까닭이 없다. 그런데 이런 질문은 신화적 이야기의 가장 중요한 뼈대를 이루고 있다.

호머의 『오디세이아』는 처음부터 끝까지 트로이 전쟁을 끝낸 오디세우스가 자신이 떠나온 고향 이타카로 돌아가는 이야기이다. 이타카로 돌아가려는 오디세우스의 귀환 행위는 곧 현 실존에서 탈출하는 행위이다. 오디세우스는 신의 저주를 받아 지중해 바다에서 살아갈 수밖에 없었지만, 끊임없이 신이 지배하는 바다를 벗어나 인간으로서 가장 기본적인 행복이 보장되는 이타카를 향해 나아간다. 그러므로 그의 항해는 부단히 신들의 세상에서 벗어나 인간의 세상으로 나아가려는 몸부림이다. 삶에 대한 낭만주의적 구도와 동일시되는 오디세우스의 탈출과 귀환의 드라마는 인간의 삶의 여정을 따르는 기본 도식이다. 황금양털을 찾아 나선 이아손의 항해나 성배를 찾아 나선 기사들의 여행 역시 그 맥락에서는 동일한 것이다. 황금양털과 성배는 궁극적인 낙원을 향해 나아갈 수 있는 방편이었다.

힌두교도에게 갠지스강은 생명의 원천이다. 이 강은 물질적인 가치와 전혀 다른 의미로서 휴식과 재생의 공간이다. 갠지스강 순례는 힌두교도의 평생소원이다. 그들은 갠지스강으로 순례를 떠나 거기에 몸을 담금으로써 구원을 완성하고 새로운 세상에서의 부활을 확신한다. 죽은 자는 갠지스강에서 화장되어 그 유골이 물 위에 뿌려진다. 사람들은 유골이 뿌려진 그 강물에 몸을 담그고 그 물로 몸을 씻는다. 갠지스강은 산 자와 죽은 자가 공존하는 강이다. 힌두교도들은 갠지스강에서 영원한 행복에 이르렀다고 확신한다. 그들은 삶과 죽음이 공존하는 거기서 현실에서 느끼는 모든 고통을 잊고 영생으로 들어갈 수 있다고 믿는다.

헬레니즘 신화와 헤브라이즘 신화에는 인생을 여행으로 비유하는 다양한 이야기들이 있다. 이아손의 황금양털 찾기, 헤라클레스의 모험, 테세우스의 모험, 기독교 역사에서의 성배 찾기 등은 탈출과 귀환으로 이

중화되어 나타나는 주제를 반복적으로 보여주고 있다. 낙원을 향한 인간의 욕망은 문학적으로 여행이라는 주제로 변용되는데, 이는 18세기 후반부터 19세기 중반까지 유럽에서 주로 번성했던 낭만주의 문학의 핵심 주제가 된다. 낭만주의자들에게 현실은 고통스러운 것이며, 이러한 고통스러운 실존에서 벗어나기 위해 그들은 새로운 세계를 상정하고 그곳으로 나아가고자 했다. 그리하여 그들에게 인생이란 영원히 새로운 세상을 향해 나아가려는 여행으로 나타난다.

19세기 프랑스 낭만주의는 개인적인 차원의 것과 사회적인 차원의 것으로 나누어진다. 주로 라마르틴으로 대변되는 개인적 낭만주의는 현실에서 느끼는 개인적 고통을 가상의 죽음을 통해 극복하고자 한다. 그렇기 때문에 개인적 낭만주의자에게 여행의 이미지는 삶에서 죽음으로의 이동으로 나타난다. 그리하여 그들은 고통스러운 이승과 행복한 저승으로 뚜렷하게 구분하고 전자에서 후자로의 여행을 갈구했다. 이런 태도는 현실에서 느끼는 비극을 극복하는 방식으로서 현실과의 치열한 투쟁을 주창했던 20세기의 실존주의와 대척점에 있다.

이러한 개인적 낭만주의는 빅토르 위고와 더불어 사회적인 차원으로 확장된다. 즉 위고로 대변되는 사회적 낭만주의는 불행을 한 개인의 차원에서 바라보는 것으로 그치지 않고 사회 전체의 차원에서 해결하고자 했다. 즉 인간 개개인이 겪을 수밖에 없는 현실에서의 고통을 사회 전체의 문제로 보고 그 해결책을 강구했다. 그것은 현실을 개혁함으로써 새로운 사회를 건설하기 위한 노력으로 나타난다. 여기서도 결국 중요한 것은 새로운 세상으로의 여행이다. 라마르틴처럼 황혼 무렵 산이나 들판에서 세상과 더불어 어둠으로 빨려 들든 위고처럼 바리케이드 위에서 민중들과 함께 새로운 세상을 건설하든, 현실 탈출과 낙원 귀환의 욕망은 모두 다른 세상을 향한 여행의 이미지로 나타난다.

삶을 여행으로 보려는 인간의 인식은 수많은 종교를 구성하는 기본 사상이다. 탈출과 귀환의 반복으로서의 인생은 무엇보다도 기독교적 종말론의 기본 틀을 형성하고 있다. 기독교에서 인생은 영원한 천국을 향한 여정이고, 그러한 여정은 세상이 끝날 때까지 반복될 것이다. 구약에서는 이 여정이 이스라엘 백성이 40년 동안 광야를 헤매면서 찾아가고자 했던 젖과 꿀이 흐르는 약속의 땅 가나안 귀환으로 나타난다. 힌두교에서는 생과 사의 변경인 갠지스라는 영원한 고향으로의 귀환으로 나타나며, 『오디세이아』에서는 그 여정이 영원한 휴식처인 가정으로의 귀환으로 나타난다. 가나안, 갠지스, 이타카는 인류가 영원히 지향해야 할 낙원을 상징한다.

그리스인들은 자신들이 세상의 중심이라고 본 옴팔로스를 통해 신을 만날 수 있다고 생각했기 때문에 이를 대단히 중요시했다. 그래서 그들은 델포이의 아폴로 신전에 옴팔로스를 두었다. 그리스인들에게 그곳은 세상의 중심에서 신의 말을 들을 수 있는 장소였다. 아폴로 신전이 그리스의 여러 다른 신전에서보다 신탁이 가장 영험하다고 알려진 것은 중심으로의 여행을 촉발시키는 옴팔로스가 거기에 있었기 때문이다. 오디세우스의 이타카 귀환은 결국 자신의 중심을 향한 여행이다. 오이디푸스의 운명과 관련한 신탁이 내려진 곳도 델포이의 신전이었고, 소크라테스가 자신의 철학사상의 핵심으로 삼았던 '너 자신을 알라'라는 메시지의 의미를 깨우친 것도 델포이의 신전과 관련된다. 그런 이유로 옴팔로스는 근원을 지향하는 많은 사람들의 순례지가 된다. 많은 사람들에게 옴팔로스는 자신과 세계의 운명을 알 수 있는 곳이었다.

중심에 대한 사유는 휴머니즘에 기반을 둔 근대 철학에서도 마찬가지로 나타나고 있다. 근대 철학에서 무엇보다도 중요한 것은 세상의 중심으로서의 자신을 확립하는 것이었다. 근대 이후 인간은 부단히 세상의 중심으로서의 자신을 확인하고자 했다. 그러한 욕망은 고대 그리스인들이 가졌던 옴팔로스 귀환의 욕망과 마찬가지이다. 그러한 욕망을 통해 인간은 이 세상의 중심에 설 수 있고 세상 지식의 본질을 꿰뚫을 수 있기를 원했다. 행복을 찾기 위해 이스라엘 백성들은 가나안을 향했고 오디세우스는 이타카를 향했다. 이 순간에도 힌두교도들은 갠지스강을 향하고 있고 이슬람교도들은 메카를 향하고 있다. 이처럼 인간은 모두 자신만의 낙원을 향해 나아가고 있다.

3. 이방인으로 살아가기

1988년 주세페 토르나토레 감독이 제작한 「시네마천국」이라는 영화는 귀환의 주제와 관련하여 여러 의미를 담고 있다. 주인공 토토는 어린 시절 시칠리아섬의 한 조그만 마을의 영화관에서 알프레도가 영

시네마천국

사기를 돌리는 일을 도우면서 영화에 대한 호기심을 키우면서 성장한다. 일찍 아버지를 잃은 토토에게 알프레도는 아버지와 같은 존재였다. 알프레도는 처음에는 토토가 영화에 관심을 가지는 것을 못마땅하게 생각한다. 똑똑한 토토가 다른 의미 있는 일을 하면서 살아가기를 원했기 때문이다. 하지만 어린 토토가 영화에 대한 관심을 키워나가자 결국 영사기 돌리는 법을 가르쳐준다. 알프레도는 함께 영사기를 돌리면서 토토에게 영화에 대한 동경심과 더불어 좀 더 큰 세상에 대한 동경심을 함께 심어

준다.

어느 날 화재로 인해 동네극장이 불에 타버리고 토토는 장님이 된 알프레도를 대신해서 영사기를 돌린다. 영화관이 재건되었지만 마을에 영사기를 돌릴 수 있는 사람이 토토 말고는 존재하지 않았기 때문이다. 장성한 토토는 영화에 지속적으로 관심을 가지고 촬영기로 마을의 모습을 찍기도 한다. 그 과정에서 그는 새롭게 이사 온 엘레나라는 여자를 만나서로 사랑하게 된다. 하지만 엘레나의 부모가 이들의 사랑에 반대하게되고 결국 가족이 모두 엘레나가 다니는 대학 도시로 떠나버린다. 떠나기 전에 영화관에서 마지막으로 만나기로 약속하지만 결국 엘레나는 나타나지 않고 이사를 가고 만다.

이후 토토는 군 복무를 마치고 고향으로 돌아왔지만 이미 많은 것이변해 있었다. 동네 영화관은 다른 기사가 차지하고 있었기 때문에 마을사람들은 더 이상 토토를 기억해주지 않았다. 토토가 군에 입대한 이후아무하고도 말을 하지 않고 지내던 알프레도는 토토에게 고향을 벗어나서 더 큰 곳으로 떠날 것을 권한다. 사실 알프레도는 일찍부터 토토가마을에 남아 있지 말고 타지로 떠나기를 원했기 때문에 이사 가기 전날엘레나가 찾아온 사실을 토토에게 감추었다. 영화에 대한 토토의 관심을잘 알고 있었던 알프레도는 큰 성공을 위해서는 고향을 잊고 더 넓은세상으로 나아가야 한다고 생각했기 때문이다.

떠나는 토토에게 알프레도는 다시는 고향으로 돌아오지 말 것을 권한다. 토토는 고향마을을 떠나 로마에서 30년을 지내면서 유명한 영화감독이 된다. 그는 알프레도의 충고대로 30년 동안 한 번도 고향을 찾지 않는다. 오랫동안 잊고 지내다시피 하던 어머니로부터 알프레도가 사망했다는 소식을 듣고 그의 장례식에 참석하기 위해 오랜만에 고향으로 돌아온다. 조용하게 고향으로 돌아온 그는 그동안 알지 못했거나 잘못 알고 살아왔던 많은 것을 깨닫게 된다. 그리고 자신이 그동안 애써 잊고 지내야 했던 고향마을로 돌아와서 자신의 많은 것이 감춰져 있다는 것을 동시에 깨닫는다.

영화에서는 생략되어 나타나지 않지만, 그는 로마에서 살아가는 동안 끊임없이 이방인이라는 의식을 가지고 있었다. 그런데 토토는 30년이 지나 다시 고향마을로 돌아와서야 자신이 품어왔던 것이 이방인 의식이라는 것을 깨닫는다. 정상적인 가정생활을 영위하지 못한 것은 결국 자신이 돌아가야 할 고향의 엘레나를 향한 그리움 때문이었다. 심지어 그가 그렇게 영화에 집착했던 것도 알프레도와 공유했던 어린 시절의 기억과 경험 때문이었다. 그런 사실이 30년 동안의 부재 이후에 고향마을로 돌아온 다음에야 드러난다.

이방인 의식은 자신이 살아가고 있는 곳이 자신이 있어야 할 곳이 아니라는 데서 오는 느낌이다. 그렇기 때문에 그것은 근본적으로 어떤 결핍감을 전제로 하며 그런 느낌을 갖게 한 뭔가에 대한 근원적인 노스텔지어를 갖게 한다. 이러한 느낌은 행복했던 과거에 대한 어렴풋한 기억에 뿌리를 둔다. 향수는 일반적으로 과거지향적인 면모로 드러나는 것이기는 하지만 긍정적인 삶을 위한 에너지가 된다. 그러한 느낌은 떠나온 과거의 낙원을 미래로 옮겨 놓는다. 30년 동안 토토가 로마에서 추구했던 것은 결국 그가 떠나온 고향마을에서 추구하던 것이었고, 그는 결국 그곳으로 되돌아가기 위한 욕망을 지니고 살았던 셈이다.

영화 속의 토토는 자신이 떠나온 시칠리아와 심지어 어머니와 동생마저도 의식적으로 멀리하고자 한다. 엘레나에 대한 사랑의 기억이 그로 하여금 정상적인 가정을 이루는 것을 방해하고 여러 여자들의 품을 편력하게 한다. 이런 토토의 편력은 아내와 아들을 두고 이타카를 떠나 지중해를 방랑할 수밖에 없었던 오디세우스의 편력을 상기시킨다. 오디세우스는 지중해를 방랑하면서 여러 가지 경험을 쌓으면서도 그곳이 자신이 있어야 할 곳이 아니라는 사실을 깨닫고 결국 자신이 떠나온 고향인 이타카를 향한 여정을 포기하지 않는다. 지중해 바다에서 만나는 수많은 일시적인 낙원도 그를 온전하게 만족시켜주지 못했기 때문이다. 토토 역시 30여 년간 로마에서 생활하면서 어린 시절부터 동경해왔던 영화제작에 몰두하는 가운데 이방인이라는 생각으로 살아간다. 그런 가운데서 그는 시칠리아를 향한 향수를 버리지 않고 고향으로 돌아가려는 욕망의 실현을 늦추면서 강한 에너지를 축적했다. 그 에너지를 바탕으로 유명한 영화감독으로 성공하고 나서도 그는 지속적으로 귀환의 욕망을 억눌렀다.

이방인으로 살아간다는 것은 자신의 현재를 규정짓는 것으로부터 지속적으로 거리를 두고 살아간다는 것을 의미한다. 그것은 자신이 처해 있는 현실이 결코 자신의 것이 될 수 없다는 사실을 깨닫는 것이다. 이방인은 무엇인가에 대한 향수를 느끼고 살아갈 수밖에 없다. 이방인은 자신이 부단히 나아가야 할 '다른 세상'을 설정하고 살아간다. 현실은 언젠가는 버리고 떠나야 할 곳이다. 그런데 알프레도의 충고대로 토토는 의도적으로 고향으로의 귀환을 연기하는데, 그것이 그의 성공에 커다란 영향을 끼친다. 고향에만 머물러 있으면서 현재에 만족하는 사람은 누구든 제대로 된 성장을 할 수 없다. 알프레도는 이런 점을 잘 알고 있었기에 토토로 하여금 엘레나에 대한 추억을 지움으로써 고향으로 돌아오는 것을 의도적으로 늦추게 했다. 자신의 실존에 만족하는 사람에게서 어떤 변화를 기대하기란 어려운 일이다. 주어진 운명에 만족하는 사람이 거기서 벗어나려고 생각할 이유가 없기 때문이다. 토토는 고향 땅을 의식적으로 멀리함으로써 어린 시절을 채웠던 여러 요소로부터 벗어나고자 했다.

토토는 자신을 과거의 기억에 묶어놓는 모성적 요소에서 벗어나기 위해 알프레도의 권고대로 고향으로부터 끊임없이 멀어지고자 한다. 고향으로 돌아가기를 거부했던 토토의 선택은 결국 영화감독으로서의 그의 삶에 강렬한 에너지로 작용했다. 모성적인 요소를 멀리하고 새로운 세상을 꿈꾸는 것은 역시 인간의 본질적인 측면의 하나로서 자신과 세상을 변화시킬 수 있는 요인이다. 그것은 역으로 자신이 떠나온 고향으로 돌아가고자 하는 더 강한 욕망을 불러일으키게 된다. 이방인이라는 느낌이 없다면 인간은 영원히 자신이 존재하는 자리에 머물러 있게 된다. 이방인으로서의 의식을 잃어버린다는 것은 다른 존재 양식으로 향하고자 하는 꿈을 버린다는 것을 의미한다.

오디세우스의 방랑은 신이 부여한 운명에 대한 반항으로 그 자체가 인생이다. 오디세우스의 삶에서 아내와 아들이 기다리고 있는 이타카라는 목적지보다 이타카로 돌아가려는 강렬한 욕망이 더 중요한 것이었다. 토토에게도 중요한 것은 영화에서 생략되어 나타나는 30년의 세월이다. 현재의 삶에서 떠나고자 하는 한 인간의 욕망은 신의 질서를 벗어나고자 하는 인간 전체의 욕망과 동일한 것이다.

인간이 살아가면서 스스로 이방인이라는 인식을 가질 때 가나안이든 이타카든 돌아가야 할 곳이 생긴다. 현재의 존재양식에 만족하고 있는데 존재 변화를 꿈꿀 까닭이 없기 때문이다. 부단히 다른 곳으로의 변화를 꿈꾸는 것은 현실에서 이방인으로서 느끼는 불안함을 해소하기 위해서이다. 이스라엘 백성이 있어야 할 곳은 가나안 땅이었고, 오디세우스가 있어야 할 곳은 이타카였다. 그래서 그들은 각각 이집트와 지중해 바다에서 이방인으로 살아갈 수밖에 없었다. 이스라엘 민족은 이러한 이방인으로서의 느낌에서 벗어나기 위해 40년 동안을 광야에서 방랑했고 오디세우스 역시 20년 동안을 바다 한가운데에서 방랑했다.

오디세우스의 이타카, 이스라엘 백성의 가나안, 힌두교도의 갠지스, 이슬람교도의 메카 등 어떤 것으로 표현되든 인간은 살아가면서 행복의 낙원을 지향점으로 두고 살아가고 있다. 가고 싶은 어떤 곳을 마음속에 품고 살아가는 한 인간은 영원한 이방인이다. 그는 영원히 자신인 떠나온 낙원으로 돌아가고자 한다. 그런데 돌아간다는 것이 생각만큼 쉬운 일만은 아니다. 오디세우스는 좁은 지중해를 헤매다가 20년 만에야 이타카로 돌아갈 수 있었다. 이스라엘 백성은 그보다 더 좁은 땅을 지나는데도 40년이라는 세월이 필요했다. 그런데 그들에게 20년, 또는 40년의 세월이란 목적지를 향해 허비해버린 시간이 아니라 그 자체로 그들의 삶이었다.

4 신의 세계에서 인간의 세계로

세상의 모든 창세신화에서 인간을 창조한 것은 신이다. 신은 선험적인 존재이며, 그것은 어떠한 의문도 제기할 수 없을 정도로 자명한 것이다. 신은 인간을 창조하기 전에 자신의 설계도에 따라 미리 만들어놓고 자신의 질서에 따라 살아갈 인간을 만든다. 신은 전지전능하여 인간의 모든 길흉화복과 심지어 생사를 주관한다. 그래서 신화 속에서 신에 예속되어 살아가는 인간이 신의 질서를 거부하는 일이란 있을 수 없다. 인간에게 신과 신이 창조한 세계는 선험적이기 때문에 인간은 신이 자신에게 부여한 운명대로 살아갈 수밖에 없다. 하지만 인간은 실존상태를 자각할 수 있는 의식을 지니고 있다. 인간에게 실존이란 구체적으로 존재하는 것이며 본질은 관념적으로 존재한다.

실존의 관점에서 보자면 인간 이전의 모든 선험성은 인정할 수 없다. 실존하는 인간에게는 심지어 신마저도 무의미하다. 인간이 세상에 출현하기 전까지 신은 인간에게 무의미한 존재였다. 실존하지도 않는 인간에게 신이 할 수 있는 일은 없었을 것이기 때문이다. 인간의 삶에서 신이 중요하게 된 것은 인간이 스스로의 의식 속에서 신을 인식하고 난 다음부터일 수밖에 없다. 이렇게 보자면 실존적 관점에서 신의 존재에 관한 논의는 인간의 실존 이후에야 의미를 갖는 것은 당연해 보인다.

그런데 신화 속 인간은 선험적으로 존재하는 신의 구속을 받고 있다. 태초의 인간은 자신이 처한 환경이 어떻게 구성되었고 그것이 어떻게 운행되는지 알 수 없었다. 밤과 낮이 뒤바뀌는 원리, 비가 오고 눈이 오는 원리 등과 같이 가장 기본적인 자연의 운행원리조차 제대로 알려져 있지 않았다. 그뿐만 아니라 인간 자신이 어디서 와서 어디로 가는지도 알려져 있지 않았다. 우주의 탄생과 운행의 원리와 인류 기원과 관련된 문제는 현재까지도 인류에게 미지의 영역으로 남아 있다. 태초의 인간은 이러한 미지의 세계에 대한 두려움을 극복하고 자신을 지킬 수 있기를 원했고, 이를 위해 모든 것을 아는 어떤 초월적 존재를 필요로 했다. 인간이 신이라는 존재의 도움이 필요했던 이유는 자신이 그만큼 약한 존재라는 사실을 깨달았기 때문이다. 미지의 물리적 자연환경으로부터 가해지는 위협으로부터 자신을 지키려면 어지간한 능력을 갖춘 존재로는 힘들었다. 그래서 인간은 강력한 신을 필요로 했을 것이고 신의 능력은 인간의 무지에 비례하여 강화되었을 것이다.

애초 그토록 강력한 신을 창조하면서 인간은 자신이 신에게 전적으로 굴복해야 할 것이라고는 생각하지 못했을지도 모른다. 어쨌든 인간이 창조한 신의 힘은 애초부터 너무 컸으므로 무지한 인간은 모든 것을 아는 신의 지배하에 놓일 수밖에 없었다. 그리하여 오이디푸스에게서 보는 것처럼, 인간은 아무리 해도 신이 부여한 운명으로부터 벗어날 수 없게 된 것이다. 거기서 벗어나기 위해서는 독수리로부터 간을 물어뜯기는 프로메테우스나 끊임없이 바윗돌을 굴려야 하는 시시포스처럼 영원한 형벌을 받을 수밖에 없다. 그런데 자신의 삶에 대해 자각하게 되면서 인간은 예속상태에서도 끊임없이 자신만의 존재의미를 찾기 위해 노력해왔다. 이렇게 해서 신화는 강력한 신의 권능에 저항함으로써 스스로의 독자적인 영역을 개척하려는 인간들의 이야기로 채워지게 되었다.

인간의 운명이 전적으로 신에 의해 지배받는다면 인간이 스스로의 의지에 따라 열심히 살아간다는 것은 어떤 의미를 지닐 수 있을 것인가? 인생에 어떤 연극적인 요소가 있어서 배우로서의 인간이 피할 수 없는 운명적 상황이 있다. 오이디푸스의 운명에서 보듯이 아무리 피하려고 해도 피할 수 없는, 피하려고 할수록 오히려 더욱더 신의 의지에 다가설 수밖에 없는 운명이 존재하는 것인지도 모른다. 내가 태어난 환경을 내가 선택할 수 없는 것도 그렇고, 내가 죽는 것을 선택할 수 없는 것도 그렇다. 누구나 느끼는 대로, 인생이라는 것이 도무지 내가 원하는 대로 굴러가지 않는다. 그렇다고 해서 순수한 의미에서의 연극배우가 아닌 우리는 배우처럼 자신의 삶을 전적으로 신이라는 감독의 손아귀에 둘 수만도 없다.

이런 상황에서 수많은 인간이 신으로부터 부여받은 운명을 거부하고자 발버둥 쳤다. 그런데 역설적이게도 오디세우스에게든 오이디푸스에게든 신이 부여한 운명은 인간의 행위를 통해 완성되어 간다. 인간이 운명에 휘둘리면서 살아가는 것은 사실이지만, 그러한 운명을 돌파하고 나가는 것도 인간이다. 애초 시시포스는 바윗돌 굴리기를 신의 징벌로 받아들일 수밖에 없었다. 하지만 그는 영원히 그렇게 살지 않았고 신의 징벌을 자신의 과업으로 만들어 버린다. 그 순간 자신이 굴려야 할 바위는 신이 부여한 운명이 아니라 자신의 선택으로 바뀐다. 오이디푸스는 자신도 모르는 사이에 신이 자신에 부여한 부당한 운명을 실현했다. 하지만 그는 자신의 처절한 운명(배역)을 깨닫는 순간 신의 노리개이기를 거부한다. 그래서 그는 죽기를 거부하고 장님으로 살아가기를 선택함으로써 비로소 자신의 인생의 주인이 된다.

인간은 자신의 삶이 신이 부여한 징벌일 수도 있다는 것을 안다. 헤라클레스는 신이 자신에게 부여한 과업을 묵묵히 완수한다. 황금양털을 찾아 나선 이아손 역시 마찬가지다. 신은 그에게 왕위를 되찾기 위해 황금양털을 찾아와야 한다는 운명을 부과한다. 이는 이아손에게 필연적인 과정이었다. 이아손 역시 자신에게 부여된 운명을 자신의 것으로 만듦으로써 스스로의 존재양식을 바꾸게 된다. 그리하여 그 과업은 이제 신이 부여한 운명이 아니라 자신이 선택한 삶이 된다. 인간은 신이 부여한 삶을 극복하고 운명에 정면으로 맞섬으로써 자신들의 삶을 신의 영역으로부터 분리하고자 했다.

모든 고등종교에서 신은 인간보다 먼저 존재했다. 그래서 많은 신화에서 신은 인간에 앞서는 선험적인 존재이다. 그렇기 때문에 인간은 신의 의지를 선험적인 것으로 받아들이면서 살아갈 수밖에 없다. 그렇지만 신이 인간에게 의미 있는 존재로 다가온 것은 인간이 신을 생각하기 시작한 이후부터였다. 인간이 신의 개념을 받아들인 것은 신의 안녕이 아니라 자신의 안녕을 위해서였다. 실존하지 않는 인간에게 선험적인 신은 무의미하다. 인간에게 신의 존재가 어떤 의미를 가지기 위해서는 무엇보다도 인간이 실존해야 한다. 신화의 이야기는 신의 세계에 대한 의문에 답하는 것이 아니라 인간의 삶에 대한 의문에 답하고 있다. 그리고 신화 속의 영웅은 어떻게 해서 신을 영광스럽게 할 것인가 하는 문제가 아니라 어떻게 해서 인간을 구원할 것인가 하는 문제에 관심을 가졌다. 인간의 역사에서 각광을 받은 영웅들은 바로 그들이었다.

신화는 신이 어떻게 존재하게 되었는지가 아니라 인간이 어떻게 살아가야 하는지에 대한 관심에서 생겨난 것이다. 그런 만큼 신화는 신의 의지에 저항하려는 인간의 의지를 드러낸다. 우리가 신화를 보면서 생각해야 할 문제는 인간이 어떻게 이 세상에 존재하게 되었는가, 인간이 어떻게 세상을 살아가야 하는가, 인간이 몸담고 살아가고 있는 우주와 자연은 어떻게 이 세상에 존재하게 되었는가, 그리고 그것은 어떻게 운행되고 있는가 하는 문제이다. 신화는 궁극적으로 인간이 어떻게 해서 신의 세계에서 벗어나 인간의 세계를 구축해 나가는가 하는 문제에 대한 해답이다. 오디세우스의 기나긴 여정은 결국 인간이 신의 세계에서 벗어나 인간의 세계를 구축하기 위한 과정을 상징적으로 보여준다.

제2절 이스라엘 백성의 탈출(귀환)

1. 출애굽 신화

홍해의 기적

『출애굽기』는 야훼의 선민을 자처하는 이스라엘 백성들이 노예로서 고통스러운 삶을 살아가고 있던 애굽 땅을 벗어나 신이 자신들에게 약속한 가나안 땅으로 나아가는 여정을 기록한 것이다. 오랜 옛날 가나안을 떠나 나일강 삼각주의 동쪽 연안에 정착하여 살아가던 이스라엘 백성은 대규모 토목사업에 동원되어 혹사당하고 있었다. 이런 가운데 비범한 모세가 이스라엘 백성의 지도자로 등장한다. 그는 이스라엘 백성을 이끌고 이집트로부터 탈출을 시도하여 추격해오는 이집트 군사들을 홍해에 수장시키고 광야로 인도해낸다.

이스라엘 백성에게 파라오가 지배하는 이집트는 벗어나야 할 고통스러운 현실이었고 가나안 땅은 자신들이 궁극적으로 돌아가야 할 약속된 행복의 땅이었다. 이스라엘 백성은 이집트 땅과 가나안 땅 사이에서 40

년 동안 탈출 행위를 반복하는데, 그것이 그들의 삶에 의미를 부여해준다. 『출애굽기』의 탈출과 귀환의 이야기는 신약시대에 와서 기독교인들이 현실의 고통을 넘어 신이 약속한 천국으로 돌아가는 이야기로 구현된다. 구약의 이집트는 신약에서 현세로 나타나고 가나안은 내세로 대체된다. 이와 마찬가지로 이스라엘 백성은 신약에서는 불행에서 행복으로 이동하기를 원하는 모든 신자로 대체된다.

이스라엘 민족은 원래 메소포타미아 지역에서 가나안 땅으로 옮겨와서 살고 있었다. 그런데 요셉 대(代)에 이르러 형제들과의 불화로 그를 따르는 한 무리의 부족이 힉소스 왕조의 이집트로 옮겨가서 수백 년째 거기에 정착해서 살고 있었다. 이들은 나중에 박해를 견디지 못하여 모세의 인도로 이집트를 떠나 약속의 땅 가나안으로 돌아가고자 한다. 『출애굽기』는 이 이야기를 담고 있다. 전반부(1-18장)는 이집트에서 노예 상태로 살아가고 있던 이스라엘 백성들의 삶을 기록하고 있고, 후반부(18-40장)는 그들이 광야에서 방황하는 이야기를 기록하고 있다.

그런데 『출애굽기』는 이집트 땅에서 고통당했던 이야기와 광야에서 방황했던 이야기만 보여줄 뿐 최종적인 가나안 입성은 나중으로 미루어진다. 『출애굽기』에서 귀환은 영원히 유예되어 있고 이야기는 귀환의 욕망이 생겨나는 원인과 그 욕망이 따르는 여정을 중심으로 진행된다. 그리하여 우리가 『출애굽기』에서 읽게 되는 것은 이집트 땅에서의 고통과 광야에서의 방랑에 관한 이야기일 뿐 가나안 땅으로의 최종적인 귀환의 이야기가 아니다.

『출애굽기』에서 신은 모세를 통해 이스라엘 백성을 이집트에서 가나안 땅으로 인도해낸다. 하지만 이 책에서 목적지 가나안은 추상적으로만 그려지고 있을 뿐 이집트 땅에서 고통을 받고 광야에서 방황하는 이야기가 전부를 이루고 있다. 『출애굽기』가 가나안 땅에 도착하는 이야기로 끝나지 않는다는 것은 중요한 의미를 지닌다. 이 책이 결말에 관한 이야기가 아니라 과정에 관한 이야기라는 것을 의미하기 때문이다. 이 신화에서 가나안 땅은 실제의 목적지로서가 아니라 갈망의 대상으로서 중요하다. 이는 영원히 이어져야 할 여행을 상징한다.

홍해의 기적을 거치며 이집트 땅을 벗어나는 데 성공하고 나서도 이스라엘 백성들은 곧바로 가나안 땅으로 들어가지 못하고 여러 시련을 겪게 된다. 그들은 시나이 사막에서 40년간을 방랑해야 했다. 현재 시나이반도는 동서 210㎞, 남북 385㎞, 전체 면적 61,000㎢에 달하는 커다란 반도이다. 이스라엘 백성은 이 광야를 가로질러 반도의 북쪽 너머에 있는 가나안 땅에 들어가는 데 무려 40년이라는 세월을 소모했다.

이집트와 가나안 사이에서 『출애굽기』의 무대가 되는 '사막'은 오디세우스가 트로이를 떠나 고향 이타카로 나아가는 항해를 해야 했던 '바다'와 마찬가지로 고난을 의미한다. 『오디세이아』에서도 최종적인 이타카 귀환은 마지막 순간까지 유보되어 있고 10년 동안 고난을 겪었던 지중해 바다에서의 여정이 더 강조된다. 헤브라이즘 신화의 시나이 사막과 헬레니즘 신화의 지중해 바다는 신이 인간에게 부여한 시련의 장이었다. 사막과 바다는 이스라엘 백성과 오디세우스가 가나안과 이타카로 나아가기 위해서 반드시 거쳐야 할 중요한 과정이었다.

이스라엘 백성들은 이집트 땅을 벗어난 후 40년 동안이나 사막에서 방황하면서도 오랫동안 유보된 꿈으로만 존재하던 가나안 땅에 대한 갈망을 포기하지 않는다. 광야에서 방황하는 동안 모세는 시나이산에서 삶의 지침이 될 십계를 받아들게 된다. 십계의 사건은 결국 시나이반도가 이스라엘 백성의 삶의 기본 얼개가 완성된 곳임을 말해준다. 이 율법을 통하여 모세는 야훼와 특수 관계를 설정하면서 하느님의 사람으로 자리매김되지만 『출애굽기』의 마지막에 이르러 모세는 결국 가나안 땅에 이르지 못하고 광야에서 죽음을 맞이한다. 그의 뒤를 이어 여호수아가 지도자가 되어 이들을 이끌고 가나안 땅으로 들어가 거기서 살던 민족을 정복하고 정착하게 될 것이다.

이스라엘 백성이 끊임없이 닥쳐오는 어려움에도 불구하고 가나안 땅으로 돌아가야겠다는 욕망을 포기하지 않은 까닭은 무엇일까? 이스라엘 민족은 오랜 유랑 생활을 해왔던 이집트 땅에서 고된 노역뿐만 아니라 온갖 부조리한 운명의 굴레를 쓰고 노예로 살아가고 있었다. 노예 상태의 삶은 그들에게 부단히 탈출의 꿈을 꾸게 한다. 이스라엘 사람들은 이집트 땅에서의 삶을 받아들일 수 없었다. 그들의 기억 속에는 수백 년 전 자신들의 조상이 신이 약속한 땅을 떠나왔다는 사실이 전해오고 있었다. 항상 이상향으로 남아 있었던 가나안은 지금은 사라진 에덴동산과 같은 곳이었다. 과거에 존재했던 낙원이 이제 자신들이 추구해야 할 미래의 낙원이 되어 있었다.

이스라엘 백성들은 가나안이라는 이상향을 가슴에 새기고 이집트 땅에서 '이방인'이라는 의식을 지니고 살아가고 있었다. 그들이 자신들을 이방인으로 인식했다는 사실은 중요한 의미를 지닌다. 이방인이라는 의식을 통해 자신들이 있어야 할 곳이 이집트 땅이 아니라 가나안 땅이라는 생각을 지속적으로 강화시켰기 때문이다. 그래서 그들은 어떤 고난 속에서도 이집트 땅을 떠나 신이 약속한 가나안 땅에 이르고자 했고, 광야에서의 고난은 그러한 욕망을 궁극적으로 실현하기 위한 과정이었다.

『출애굽기』의 이스라엘 백성에게 이집트 '탈출'과 가나안 '귀환'이라는 두 욕망은 서로 분리된 것이 아니라 서로 맞물려 있다. "이집트 땅을 벗어나려는 탈출의 욕망과 가나안으로 돌아가려는 귀환의 욕망은 행복한 삶의 추구라는 동일한 인간 욕망의 두 개의 다른 양상을 표현하고 있다. 현실에서 벗어난다는 것은 곧 안락한 휴식의 세계에서 행복을 추구하는 것이다. 휴식의 욕망은 고통스러운 현실로부터 벗어나려는 욕망과 그 과정에서 생겨나는 것이다."[46] 그러므로 탈출과 귀환이라는 두 욕망은 각각 따로 떨어져서 존재하는 것이 아니라 동시에 나타난다. 이집트 땅을 벗어나려는 욕망은 가나안이라는 낙원으로 돌아가려는 욕망과 대립하고 있다. 하지만 "그러한 대립은 단순한 반목 상태로 존재하는 것이 아니라 서로 통합된다."[47]

이스라엘 백성에게 이집트 땅을 벗어나려는 욕망과 가나안으로 돌아가려는 욕망은 서로 구분되지 않는다. 귀환 행위는 궁극적인 종착지에 대한 가치부여 행위로만 나타나는 것이 아니다. 귀환 행위는 탈출 행위와 나란히 나타나면서 그 행위를 연장한다. 탈출과 귀환 행위는 시나이 반도에서 반복적으로 이루어지고 있다. 그러므로 이스라엘 백성의 여정은 이집트라는 출발지와 가나안이라는 목적지 사이의 부단한 진동에 불과하다. 오디세우스와 마찬가지로 이러한 부단한 진동이 이스라엘 백성들의 삶을 이루고 있다.

2. 〈다른 세상〉을 향하여

인생 자체를 낙원으로 향하는 여행으로 볼 때, 현실에서 이방인으로 살아가고 있다는 인식은 삶을 영위하기 위한 중요한 에너지이다. 이방인이라는 느낌을 갖고 살아간다는 것은 현실의 삶에서 뭔가 부족한 점을 느끼고 있다는 것을 의미한다. 이방인이라는 느낌은 인간에게 부단히 현실에서 탈출하려는 욕구를 불러일으킨다. 신화적 영웅들에게서 나타나는 탈출의 드라마는 이를 잘 보여주고 있다. 신이 부여한 운명에 반항하

---

46 김종우, 『탈출과 귀환의 주제를 중심으로 한 쥘리앙 그린의 초기소설연구』, 서울대 박사학위 논문, p. 162.
47 김종우, 위의 논문, p. 187.

는 영웅과 신들이 부여한
금기를 위반하는 영웅의
기본 욕망은 모두 현재
자신이 처한 현실에서 느
끼는 이방인이라는 느낌
에서 출발한다. 자신이
처한 운명이 자신의 욕망
하는 것이 아니라는 인식
에 바탕을 둔 이방인이라

대상 행렬

는 인식은 <다른 세상>으로 향하고자 하는 꿈으로 나타난다.

　오디세우스는 트로이 전쟁을 끝내고 고향인 이타카로 돌아가려는 욕
망에서 삶의 의미를 찾아 나섰다. 바다에서 방황하고 있는 동안 오디세
우스는 어디서든 이방인이었다. 이와 마찬가지로 광야를 방황하고 있는
동안 이스라엘 백성들은 줄곧 이방인이라는 인식을 강화해 나갔다. 그곳
은 신이 자신들에게 부여한 땅이 아니었기 때문이다. 오디세우스가 가야
할 곳은 가족을 두고 떠나온 이타카였고, 이스라엘 백성이 가야 할 곳은
신들이 애초 자신들에게 약속해준 가나안 땅이었다. 인간은 태초에 신이
마련해 준 낙원을 떠났지만, 낙원 탈출 후 고통스러운 삶을 살아갈 수밖
에 없었다. 이런 상황에서 인간은 자신이 떠나온 태초의 낙원을 미래로
옮겨놓고 지속적으로 그곳으로 나아가고자 한다.

　인간은 본능적으로 자신이 살아가고 있는 현실을 비극적인 것으로 느
끼고 항상 새로운 세계로 나아가려는 욕망을 간직한 채 살아가고 있다.
삶이 어렵고 힘들게 느껴질수록 새로운 삶에 대한 욕망은 강화된다. 더
나은 삶을 살아가려는 인간의 욕망에는 끝이 없다. 그러한 욕망은 우선
과거에 잃어버린 낙원에 대한 갈망으로 이어진다. 신으로부터 해방되고

자 했던 인간의 행위는 신의 분노를 초래했고 그에 따라 인간은 태초의 낙원을 떠날 수밖에 없었다. 그 후 인간은 계속되는 불안과 고통 속에서 살아가면서 현재와는 다른 곳을 원하게 되었다. 그리하여 인간은 태초에 자신들의 조상들이 떠나온 낙원을 미래로 이동시켜 놓고 부단히 <다른 세상>으로 나아가고자 했다.

인간이 태어나고 죽는 것을 바라보노라면 인간이 나약한 존재라는 사실을 받아들일 수밖에 없다. 어디서 와서 어디로 가는지 알 수 없고 심지어 지금 자신이 있는 곳이 어디인지조차 알 수 없는 것이 인간의 삶이다. 나약하기 이를 데 없어서 신의 장난감으로 살아갈 수밖에 없다. 자신의 운명을 알기 전까지의 오이디푸스처럼 인간은 비극적인 운명 속에서도 할 수 있는 일이 아무것도 없다. 인간은 이러한 운명을 살아가면서 새로운 전기를 마련하기 위해 끊임없이 여행을 시도한다. 『오디세이아』의 오디세우스와 『출애굽기』의 이스라엘 백성의 인생은 처음부터 끝까지 기나긴 여행으로 이루어져 있다.

인간이 어디론가 떠나고 싶은 욕망에 사로잡힐 때 목적지가 아니라 떠나려는 욕망 그 자체가 중요한 경우가 많다. "이 세상 밖이라면 어디로든지"라는 욕망은 모든 사람에게 공통적으로 나타나고 있다. 그들에게 목적지란 부수적이다. 그가 가고자 하는 장소는 단지 현재 처해 있는 곳이 아니라는 사실 때문에 중요한 것이다. 같은 장소를 여행하고도 모든 여행자가 전혀 다르게 느끼는 것은 여행에서 목적지가 부수적임을 잘 보여준다. 이스라엘 백성에게 여행은 자신들의 믿음 속에서 막연하게 설정한 행복의 땅으로 향한 갈망의 표현이었다. 우리가 현실에서 막연하게 꿈꾸는 대부분의 여행에서 구체적인 목적지는 부차적이다. 답답하게 느껴지는 현실에서 벗어나 <다른 세상>으로 나아가고 싶을 때, 중요한 것은 목적지가 아니라 그냥 여기가 아닌 <다른 세상>이다. 그렇기 때문에

<다른 세상>을 향한 욕망을 실현하는 과정에서 실제의 물리적인 공간 이동이 포함되지 않아도 무방하다. 현재 처한 현실 밖으로 떠나는 여행은 제자리에서도 얼마든지 가능하기 때문이다.

오디세우스는 여러 난관에도 이타카로의 여정을 포기하지 않는다. 이타카를 포기한다는 것은 존재 자체를 포기하는 것이다. 그리스를 떠난 뒤부터 시작하는 오디세우스의 20년 동안의 여정은 모두 자신이 떠나온 낙원으로 되돌아가는 과정이었다. 이스라엘 백성 역시 어떠한 난관에도 불구하고 가나안으로의 여행을 포기하지 않는다. 그들에게도 가나안을 포기한다는 것은 존재 자체를 포기하는 것과 마찬가지였다. 오디세우스의 삶은 이타카에서 이루어지는 것이 아니라 지중해 바다 위에서 이루어진다. 이타카는 다만 지중해 바다라는 삶을 가능하게 만들어주는 하나의 구실에 불과하다. 이와 마찬가지로 『출애굽기』의 이스라엘 백성의 삶은 가나안 땅에서 이루어지는 것이 아니라 광야에서 이루어진다. 끝내 도달하지 못하는 가나안을 향한 40년이라는 세월은 한 인간의 전 생애를 이루는 것이다.

인생에서 현실 탈출은 낙원 귀환의 이면이다. 이스라엘 백성에게 이집트라는 고통스러운 현실에서 벗어나는 행위 자체는 곧 자신들이 떠나온 행복한 땅으로 돌아가는 행위이다. 이집트 땅에서 박해를 받으면서 살고 있던 그들에게 이집트 땅을 탈출한다는 것은 태초에 신이 자신들에게 약속한 가나안 땅으로 귀환하는 것이다. 오디세우스의 방랑도 마찬가지이다. 즉 그가 거친 바다에서 온갖 고난을 겪었던 것도 이타카라고 불리는 근원적인 행복의 땅으로 귀환하려는 목적에서 이루어진다.

'탈출'과 '귀환' 행위는 논리적으로는 순차적으로 일어나지만 출애굽의 여정 속에서 통합되며, 그렇게 되었을 때에야 비로소 의미를 지닌다. 탈출과 귀환이라는 두 욕망은 인간의 정신세계 속에서 결국 동일한 것을 지향한다. 두 이야기에서 탈출을 통하여 존재양식을 변화시키려는 욕망은 현재의 고뇌를 완곡화시킴으로써 휴식과 내밀한 공간으로 나아가고자 하는 욕망으로 나타난다. 모든 여행의 종말은 귀환이다. 모든 여행하는 인간은 결국 자신이 애초 출발한 곳으로 돌아가야 한다. 여행하는 자는 모든 것을 가지고 떠나지 못하기 때문이다. 여행하는 자가 행복한 것은 그저 현실이 아닌 다른 곳으로 이동하고 있다고 믿기 때문이다.

현실의 고통 앞에서 인간은 현실과는 <다른 세상>으로 나아가고자 한다. 출애굽의 신화에 나타나는 탈출의 드라마는 비극적 현실에서 고통받는 인간이 현재의 존재양식을 버리고 새로운 세상을 건설하려는 욕망의 결과이다. 부단히 현실의 고통에서 벗어나 보다 나은 실존을 향한 존재 변화를 꿈꾸는 욕망은 그 이면에 휴식에 대한 갈망을 포함한다. 인간은 현실에서 자신들이 느끼는 고통을 통해 존재 변화의 갈망을 강화한다. 그들에게 현실의 고통은 궁극적 행복을 갈망하게 만드는 필연적 과정일 수 있다. 이렇게 해서 모든 인간들은 근원적 행복이 존재하는 곳으로의 여행을 시도하는 것이다.

3. 노예와 자유인

진정한 의미에서의 자유는 반항을 통해서만 얻을 수 있다. 프로메테우스는 제우스 신이 지배하는 세상에서 노예처럼 살아가는 인간을 위해 신에게 반항하여 신들만이 향유할 수 있는 불을 훔쳐 인간에게 건네주었다. 그리고 프로메테우스는 자신을 회유하러 온 헤르메스를 "신에게 빌붙어 사는 놈"이라고 욕하면서 "신들 앞에 허리를 굽히고 허둥지둥 겁을 내는"[48] 삶을 살지 않겠다는 결심을 전한다.

---

48 아이스킬로스, 위의 책, p. 100.

이렇듯 프로메테우스는 제우스 신의 노예(전령) 헤르메스와는 달리 반항인의 자유를 누리고 있다. 헤르메스의 일은 제우스 신의 명령을 전달하는 것으로 한정된다. 그리하여 그는 독자적인 삶을 포기한 채 살아갈 수밖에 없었다. 프로메테우스를 거대한 바위산에 묶어 두라는 제우스 신의 명령을 수행한 것도 헤르메스이고 제우스 신의 명령에 의해 프로메테우스를 회유하려던 것도 헤르메스이다. 프로메테우스는 노예로서의 삶을 선택한 헤르메스를 경멸하면서 제우스 신의 보호를 거부하고 자유인으로서 독자적인 삶을 영위하고자 했다.

　오이디푸스도 시시포스도 신이 부여한 부조리한 운명을 거부하고 독자적인 삶을 살아가고자 했다. 오이디푸스는 신이 부여한 처절한 운명을 온전히 살아낸 다음 더 이상 신의 노리개가 되기를 거부하고 당당히 인간으로 살아남기를 선택한다. 오이디푸스의 결정은 지금까지 신이 부여한 운명의 노예가 되어 살아왔다는 사실을 인식함으로써 이루어진다. 시시포스 역시 자신이 처한 상황을 정확하게 인식하고 신의 노예가 되어 무의미한 노동을 무한히 반복하기를 거부한다. 바윗돌 굴리기를 신의 징벌이 아니라 자신의 선택으로 만들어 버리는 순간 그는 더 이상 노예가 아니다. 그는 당당히 자신의 삶을 개척할 수 있는 자유인으로 거듭난다.

　아담과 이브는 에덴동산에서 신의 명령에 따라야 하는 삶에서 벗어나기 위해 금단의 열매를 먹고 신과 같은 지식을 갖게 되었다. 그 결과 그들은 에덴동산에서 추방당하지만 신의 노예로서가 아니라 자유인으로 살아갈 수 있게 되었다. 신은 미리 그들에게 위반에 따르는 고난을 예고했지만, 그들은 과감히 신에 예속된 노예의 삶을 버리고 자유인의 삶을 택한다. 판도라나 프시케도 마찬가지다. 판도라가 누리던 행복은 신이 허용한 한계 안에서만 가능한 제한적인 것이었다. 판도라는 이러한 제한적인 행복에서 벗어나고자 했다. 그래서 그녀는 신의 명령을 거부하고 새로운 삶의 조건을 도입하여 자기의 삶의 주인이 된다.

프시케 신화는 반항하고 위반하기 전의 인간이란 신이 부여한 제한적인 행복밖에 누릴 수 없다는 것을 잘 보여준다. 남편의 얼굴도 보지 못하는 신부가 행복하면 얼마나 행복할 것인가? 화려한 거처에서 안락한 생활을 보장받는다고 한들 평생을 남편의 얼굴을 보지 못하는 결혼을 한 신부를 행복하다고 말하면서 그녀를 부러워할 사람은 존재할 것 같지 않다. 프시케는 신의 금기를 위반함으로써 신에게 완전히 복종하는 인간에게만 보장된 행복을 거부한다. 그런 거부의 결과, 그녀는 결국 신이 되어 날마다 남편을 볼 수 있게 된다. 인간은 신이 부여한 질서에서 벗어나 새로운 세계로 나아가려는 욕망을 통해 행복을 찾는다. 그러한 욕망이 처음에는 고난으로 이어질 수 있지만, 궁극적으로는 행복으로 나아가게 한다. 하지 말라고 하는 신의 명령을 액면 그대로 따르는 인간은 영원히 신의 지배에서 벗어날 수 없다.

히브리 신화에서 『출애굽기』는 새로운 세상으로 향하려는 인간의 욕망을 고스란히 드러내고 있다. 그것은 이스라엘 백성들이 이집트에서 노예 상태에서 살기를 거부하고 가나안 땅에서 자유인으로 살아가기를 원하는 욕망과 그것을 실현하기 위한 과정을 기록한 것이다. 이스라엘 백성은 노예 상태로 살아가고 있던 이집트와 자유롭게 살 수 있는 약속의 땅 가나안 사이에서 40년 동안 끊임없이 방황했다. 그들에게 이집트는 이방신의 지배를 받아 노예로서 살아가야 하는 곳이며, 가나안은 자신들의 신을 숭배하면서 자유인으로서의 삶을 보장받은 땅이다. 『출애굽기』로만 한정 지어놓고 보면 이스라엘 백성의 삶은 이집트에서 가나안으로, 다시 말해 노예의 땅에서 자유의 땅으로 나아가는 욕망을 구현하고 있다.

노예 상태를 거부하여 자유로운 삶이 보장되는 땅을 향해 나아가는 출애굽의 여정은 유대기독교 전통에서 인생역정의 핵심이다. 이런 여정은 신약시대에 들어와서도 중요한 의미가 있다. 이집트 땅에서 '노예'로 살아가던 삶은 에덴동산에서 탈출한 이후 죄의 노예가 된 인간의 삶을 의미한다. 가나안 땅에서 예상되는 '자유인'으로서의 삶은 구원 받은 인간에게 약속된 천국에서의 삶을 의미한다. 출애굽의 과정이 이집트 땅에서 가나안으로 향하는 중간과정인 것처럼, 인생이란 죄의 노예에서 자유인으로 나아가는 중간과정이다. 『출애굽기』의 많은 부분은 이스라엘 백성이 이집트 땅에서 겪었던 노예 상태를 자세하게 기록하고 있다. 이들은 이런 노예 상태를 거부하고 자유를 찾아 광야로 나섰다. 이집트 땅에서 나와 광야에서 지내던 시간은 고난 가운데서도 자유를 누리던 행복한 시간이었다.

눈앞의 신이 아니라 감춰진 신을 마주하고 살아가는 현대인은 프로메테우스처럼 신의 질서로부터 해방되기 위해 목숨을 걸고 반항할 이유가 없다. 현대인은 프시케처럼 남편의 얼굴을 보지 말라는 얼토당토않는 금기로 고통스러워할 이유도 없다. 오디세우스처럼 코앞의 이타카를 찾아가다가 지중해 전역을 방황할 일도 없다. 현대인은 오디세우스나 이스라엘 백성들처럼 보이지 않는 신을 두려워하여 자유를 포기할 일도 없다. 그렇다고 해서 현대인이 자신이 살아가고 있는 현 상황을 완벽하게 자유로운 것으로 인식하는 것도 아니다.

완벽하게 자유롭고 행복한 인생이란 있을 수 없다는 위로로 이런 상황을 어물쩍 넘어갈 수는 없다. 세상에는 여전히 이해할 수 없는 물리적, 정신적 압제로 고통당하는 사람들이 넘쳐난다. 현대인의 실존에 가해지는 압제는 가히 신화시대의 부조리를 능가할 지경이다. 그리스 신화에서 오이디푸스에게 도무지 이해할 수 없는 운명을 부과한 것은 신이었다. 그런데 현대에는 신도 아닌 인간이 오이디푸스의 운명보다도 더 부조리한 운명을 다른 인간에게 부여하고 있다. 히브리 신화에서 파라오는 이스라엘 백성에게 잔인한 핍박을 가했다. 그런데 현대 사회에서도 오이디푸스 이상의 부조리와 파라오 이상의 압제가 여전히 살아 있다.

이런 상황에서 과연 무엇을 어떻게 해야 하는가? 어쩌면 숨은 신을 앞에 두고 있는 현대인보다 반항해야 할 신을 눈앞에 두고 있었던 프로메테우스가 더 나은 상황이었는지도 모른다. 오이디푸스의 부조리한 고통은 당장 눈앞에 보이는 것이었기 때문에 피하든 받아들이든 선택을 할 수 있었다. 이스라엘 백성들은 자신들을 억압하던 파라오의 폭정 역시 당장 눈앞의 것이었기 때문에 탈출을 꿈꿀 수가 있었다.

하지만 현대인이 처한 실존적 고뇌는 이와는 차원이 다르다. 신화 속의 영웅들을 억압하는 가시적인 폭력은 현대 사회에서는 내재화된 폭력으로 변해 버렸다. 그것은 교묘하게 은폐되어 있어서 파악하기도 힘들다. 설사 파악한다고 해도 구조적인 문제가 되어 있기 때문에 해결하기가 쉽지 않다. 시시포스에게 제시되었던 바윗돌이라는 부조리는 이제는 삶이 의미가 있는 건지 없는 건지, 그리하여 자살할 것인지 계속 살아야 할 것인지를 고민해야 하는 형이상학적인 형태로 주어진다. 현대의 이스라엘 백성이 나아가야 할 가나안 땅은 이미 사라져버린 상황이며, 눈에 보이지도 않고 지금까지 아무도 가본 적도 없고 심지어 살아서는 갈 수도 없는 천국으로 대체되었다.

현대인은 온갖 형태의 궁핍의 노예가 되어 있다. 사회적, 경제적, 문화적, 정치적 궁핍은 여전히 갖가지 형태로 인간을 노예 상태에 묶어놓고 있다. 게다가 인간의 삶은 무언지 모를 정신적인 궁핍으로 덧씌워져 있기까지 하다. 그리하여 수많은 인간은 자신의 진정한 삶이 다른 곳에 있을지도 모른다는 막연한 느낌을 지닌 채 살아가고 있다. 이러한 궁핍 상태에서 벗어나기 위해 인간은 영원히 탈출을 반복한다. 완벽한 인생도 완벽한 만족도 찾을 수 없는 인간은 언제든지 노예 상태에서 벗어나 자유인이 되기를 갈망한다. 서구문화의 형성기에서 『오디세이아』와 『출애굽기』는 노예 상태에서 벗어나 자유인이 되기를 갈망하는 과정에서 벌어지는 많은 이야기를 상징적으로 보여주고 있다.

4. 현실 탈출과 낙원 귀환

낙원 귀환의 욕망은 인간으로 하여금 현실적인 것으로부터의 탈출을 꿈꾸게 함으로써 삶의 중요한 에너지가 된다. 어느 민족에게 있어서나 창세 신화는 태초의 행복한 낙원을 묘사하고 있다. 인간은 태초의 낙원에서 신과 조화로운 관계를 맺고 있었고 원하는 모든 것을 가질 수 있었다. 헤브라이즘 전통에서 태초 인간은 에덴동산에서 신이 선물한 모든 안락을 누리면서 살아갈 수 있었다. 그러나 이러한 안락은 신에 대한 절대복종을 전제할 때에만 가능한 것이었기 때문에 취약할 수밖에 없었다. 신에 대한 절대복종은 인간의식의 지평이 넓어짐에 따라 언제든지 위험에 처할 수밖에 없었다. 결국 헬레니즘 신화에서든 헤브라이즘 신화에서든 단 한 세대도 흐르지 않아서 인간은 신과의 불화 때문에 낙원을 떠날 수밖에 없었다.

대부분의 신화에서 지속적으로 나타나는 신과의 불화라는 주제는 두 가지 양상으로 이해할 수 있다. 신의 입장에서 보자면 신은 자신의 명령을 거부한 인간을 낙원에서 쫓아내어 버린 것이지만, 인간의 입장에서 보자면 모든 것이 신의 명령에 따라서 이루어지는 삶에서 인간이 자발적으로 벗어난 것이다. 전자에 따르면 인간은 타의에 의해 낙원에서 추방당한 것이며, 후자에 따르면 자의에 의해 낙원을 탈출한 것이다. 신으로서도 자신의 금기를 위반한 인간을 두고 볼 수만은 없었을 것이고 인간으로서도 자신의 모든 것을 오로지 신의 판단에만 맡겨놓을 수는 없었을 것이다. 그러니 추방에 의해서든 탈출에 의해서든 인간이 태초의 낙원을 떠난 것은 당연한 결과라고 할 수 있다.

낙원을 떠난 것이 자의에 의한 것이든 타의에 의한 것이든, 인간은 이제 태초의 조상들이 버리고 떠나온 낙원으로 다시 돌아갈 수 없게 되었다. 강제로 추방당했든 스스로 탈출했든 낙원 이후의 인간은 고통스러운 현실을 살아갈 수밖에 없다. 과거의 낙원으로 돌아갈 수 없다는 사실을 잘 알고 있었지만, 인간은 불가능성의 한가운데서도 낙원으로 돌아가려는 욕망을 포기하지 않고 살아가고 있다. 지금까지 살펴본 출애굽 이야기는 대부분의 신화에서 나타나는 낙원 귀환의 이야기의 기본 골격을 잘 보여주고 있다.

이스라엘 백성들은 자신들이 떠나온 과거의 낙원에 대한 기억을 생생하게 간직하고 있다. 그들은 오랜 유랑 생활에도 불구하고 자신들이 유배되어 있던 이집트 땅을 떠나 신이 지정한 가나안 땅을 향한 욕망을 버리지 않고 살아가고 있었다. 그들은 이집트의 압제에서 수백 년 동안 고통당할 때도, 광야에서 40년 동안 헤맬 때도 가나안 땅을 향한 꿈을 잊지 않았다. 그들은 자신들이 떠나온 낙원을 단순히 과거의 기억으로만 간직하지 않고 미래의 땅으로 옮겨놓고 그곳으로 나아가고자 했다. 그 결과 온갖 시련과 위기에도 불구하고 그들은 결국 가나안 땅을 향한 어려운 길을 나선다.

이집트 땅에서의 고난과 광야에서의 방황이라는 출애굽의 드라마는 구약에서뿐만 아니라 기독교의 역사 전체에서 중요한 상징적 의미를 지닌다. 광야에서의 방황은 신약에서 천국을 향한 여정으로 바뀌어 나타나는데, 이는 헤브라이즘 전통의 기본 뼈대가 되고 있다. 이런 점에서 『출애굽기』는 죄악에 빠져 고통 받는 사람들이 천국을 향해 나아가려는 신약의 기본 구조를 미리 보여준다. 『출애굽기』의 이집트 땅과 광야에서의 고통은 신약에서 고통스러운 현실로 치환되며, 가나안 땅은 구원을 받아 도달하게 될 천국으로 치환된다. 그러므로 『출애굽기』는 단지 애굽 탈출과 가나안 귀환 이야기로 그치는 것이 아니라 죄악의 사슬에서 벗어나서 천국을 찾아 나서는 기독교적 인생관을 구현하고 있다.

신이 인간에게 자신의 모습을 직접 드러냈던 구약시대와는 달리 신약시대에 와서 신은 숨어 버린다. 신이 숨어버린 상황에서 낙원 귀환에 대한 인간의 갈망은 다른 방식으로 나타날 수밖에 없다. 신약시대에 신자들은 자신들이 살아가는 현재를 이집트 땅과 같은 고통의 땅으로 받아들이게 되었다. 고통은 심리적인 것으로 대체되었고 조상들이 목숨을 건 긴 여정을 통해 귀환하고자 했던 가나안 땅은 사후의 천국으로 대체된다. 이런 상황을 헤브라이즘의 전통을 넘어 인류 전체의 삶으로 일반화시킨다는 것은 어려운 일이 아니다. 모든 민족에게는 신이 제시한 태초의 낙원이 존재한다. 그런데 조상의 잘못으로 신으로부터 버림받은 후손들은 고통스러운 삶을 살아갈 수밖에 없게 되었다. 하지만 이런 상황에서도 낙원에 대한 기억만은 그대로 간직하고 있어서 그곳으로 돌아가고자 하는 욕망을 포기하지 못한다.

엘리아데는 인간 삶의 여정을 '영원회귀의 신화'라는 말로 설명한다. 엘리아데에 따르면 인간은 태초의 조상들이 했던 행위를 영원히 반복함으로써 자신의 존재 근거를 확고히 하려 한다. 출애굽의 사건을 영원히 반복해야 할 원형으로 보는 기독교도들의 인식은 엘리아데의 영원회귀의 신화로 설명할 수 있다. 엘리아데에 따르면 태초의 신화를 반복하는 것은 자신의 행위를 부단히 성스러운 상태에 두고자 하는 인간의 욕망에서 생겨난다. 모든 인간 행위를 태초의 신화적 사건의 반복으로 보는 엘리아데의 시각은 낙원을 향한 인간의 보편적인 욕망을 잘 요약하고 있다.

출애굽 행위는 낙원 귀환이라는 궁극적 행위의 모델로서 현 존재의 고통에서 벗어나 구원을 바라는 신약시대의 모든 기독교도에 의해 반복적으로 나타난다.

고통스러운 현실을 살아가는 인간은 새로운 삶을 갈망하면서 부단히 존재 변화를 꿈꾼다. 하지만 이러한 욕망에도 불구하고 인간은 실제로 그다지 멀리 떠나지 못한다. 부단히 현실을 떠나고자 하면서도 제자리를 맴돌고 있다는 느낌을 받는다. 인간이 현실을 떠나지 못하게 하는 요인과 떠나더라도 다시 현실로 돌아오게 하는 요인은 수도 없이 많다. 그런데 제자리에 있는 것 같지만 주변 풍경은 계속해서 변하고 있다. 도처에서 벽의 존재를 깨닫지만 세월의 흐름과 더불어 결국 어떤 식으로든 벽을 넘어서 있는 자신을 발견한다.

좁은 시간과 공간을 살아가고 있는 인간은 끊임없이 어딘가로 떠나는 것 같아도 지나고 나면 결국 끊임없이 원래 자리로 돌아가고 있다는 느낌을 받는다. 실존주의적인 견지에서 보자면 인간의 삶이란 '무'에서 태어나서 '무'로 돌아간다. 인간의 삶이란 현 실존 속에서는 그 기원을 알 수 없는 곳에서 비롯되어 정해진 운명의 선을 따라 떠다니다가 결국 죽음을 맞아 역시 현 실존 속에서는 그 실체를 알 수 없는 '무'로 돌아간다. 무한한 우주의 역사에서 보자면 두 개의 '무' 사이는 너무 가깝다. 인간의 삶은 두 개의 무 사이에서 부단한 제자리걸음을 하는 것처럼 보인다. 그 짧은 '무' 사이에서 각자는 자기의 일을 선택하여 삶을 만들어 나간다. 죽음에 이른 많은 사람들의 예를 보자면 그 사이에서 그다지 많은 일을 할 수 있을 것 같지도 않다.

오디세우스는 온갖 고초를 겪으면서 20년 동안 바다 위에서 방랑하다가 고향 이타카로 돌아가려 했다. 이스라엘 백성 역시 온갖 고초를 겪으면서 40년 동안 광야를 헤매면서 자신들이 마음속에 품어온 고향 가나안 땅으로 돌아가려 했다. 두 신화에서 모두 인간은 고난으로 점철된 바다와 사막을 방황하면서도 자신들의 목적지인 이타카와 가나안에 도달하려는 꿈을 포기하지 않았다. 무수한 벽 앞에서 좌절감을 맛보았지만, 그들은 꾸준히 앞으로 나아갔다.

신화시대에서부터 인간에게 있어서 삶이란 영원히 반복되는 현실 탈출과 낙원 귀환의 연속이었다. 인간의 역사에서 현실 탈출과 낙원 귀환은 별개의 과정이 아니라 동일한 과정을 관점을 달리해서 본 것에 불과하다. 즉 현실 탈출은 낙원 귀환을 궁극의 목적으로 하고, 낙원 귀환은 현실 탈출을 전제로 한다. 현실의 비극성에 대한 인식은 낙원에서의 행복을 갈망하게 하는 전제조건이며, 낙원에 대한 그리움은 현실의 비극성을 강화하는 요인이다. 그렇기 때문에 불행한 현실을 벗어나는 행위 자체가 바로 행복한 낙원으로 향하는 행위이다. 그런데 인간은 현실 탈출과 낙원 귀환이라는 동일한 과정을 반복함으로써 결국 자신들의 삶을 새로운 세계로 나아가게 했다.

제3절 신화적 여행의 예

1. 아르고호와 황금양털

그리스 신화에서 아르고
나우타이는 선장 이아손과
함께 콜키스로 떠난 50명의
영웅으로, 이아손이 황금양
털을 구할 수 있게 도와준다.
아르고호(號)는 이들이 타고
원정에 나섰던 배를 가리킨
다. 이올코스의 왕 크레테우
스가 죽은 이후 왕위계승권

아르고호 (로렌조 코스타)

은 아들 아이손에게 돌아가야 했지만, 그가 아직 어렸기 때문에 왕위는
아이손의 어머니가 크레테우스와 결혼하기 전에 포세이돈과 통정을 해
서 낳은 펠리아스에게 돌아간다. 펠리아스가 어린 동생을 감금하고 대신
왕위에 올랐던 것이다.

이웃 나라로 도망친 아이손은 거기서 장성하여 이아손을 낳았다. 이아
손이 장성하여 이올코스로 돌아와서 펠리아스에게 왕위를 돌려줄 것을
요구했지만, 펠리아스는 이를 거부하고 콜키스로 가서 황금양털을 가져
오면 왕위를 물려주겠다고 둘러댔다. 펠리아스의 명분은 이아손이 아직
어리므로 나라를 다스릴 정도로 충분히 성장했는지를 시험해봐야겠다는
것이었다. 하지만 펠리아스는 콜키스에서 황금양털을 가져온다는 것이
불가능하다는 것을 알고 있었기에 왕위를 물려주지 않겠다는 심보였다.

이 말을 들은 이아손은 아르고스에게 부탁하여 거대한 배를 건조하여 그리스 각지에서 자신을 도울 50명의 영웅을 모아 콜키스로 먼 항해를 떠난다. 이 항해의 동반자들로서 신화 속에서 잘 알려진 영웅들은 오르페우스, 헤라클레스 등이 있다. 이아손에게 있어서 황금양털을 가져오는 모험은 사회의 완전한 구성원으로 인정받기 위해 반드시 거쳐야 할 과정이었다. 이 원정을 통하여 이아손은 한 단계 성숙하여 결국 한 사회의 완전한 구성원으로 인정받는다. 이아손은 온갖 어려움을 무릅쓰고 왕권을 회복하는 과정에서 아르고호의 원정을 거쳐야 했다. 이런 점에서 보자면 아르고호의 항해는 일종의 오디세우스적 항해이다. 이아손의 입장에서 보자면 이 항해는 불행한 실존에서 탈출하여 새로운 단계로 나아가기 위한 수단이었다.

아르고호 선원들은 여러 고초를 겪으면서 긴 항해를 감행한 끝에 마침내 콜키스에 도착했지만 황금양털을 탈취한다는 것은 쉬운 일이 아니었다. 콜키스의 왕 아이에테스는 선뜻 황금양털을 내어놓지 않고 정상적으로는 수행할 수 없는 조건을 달았다. 그는 이아손에게 단단한 발굽을 달고 코로 불을 뿜는 황소 두 마리에게 굴레를 씌우고 쟁기에 매어 들판을 갈아엎을 것을 요구한다. 이 황소들은 헤파이스토스가 아이에테스에게 선물로 준 소들로 그때까지 아무도 굴레를 씌우지 못한 황소들이었다. 이아손은 이 황소들로 들판을 모두 갈아엎은 다음 용의 이빨을 뿌리라는 요구를 받았다.

그런데 이아손에게 도움의 손길이 나타난다. 남몰래 이아손을 사랑하여 그리스로 함께 가고 싶었던 아이에테스 왕의 딸 마법사 메데이아는 그에게 황소가 뿜어대는 불을 막아낼 수 있는 약을 발라주었다. 그리스를 동경하던 메데이아는 이아손이 성공해서 그리스로 가게 되면 자신을 함께 데리고 가서 자신과 결혼을 해줄 것을 조건으로 내걸었고, 이아손은 황금양털을 탈취하기 위한 목적으로 그것을 약속했다. 마법을 부릴 수 있었던 메데이아가 만들어준 마법의 물약을 몸과 방패에 발랐는데, 그 물약은 불에 상처를 입지 않게 해주는 효험이 있었다. 그리고 용의 이빨을 뿌린 다음에 일어날 일에 대해서도 상세하게 알려주고 그 대비책을 말해 주었다. 용의 이빨을 뿌리면 무장한 군사들이 돋아나서 그를 죽이려 들 텐데, 그들과 대적해서 싸우려 들지 말고 군사들의 무리에 돌을 하나 던져 자신들끼리 싸우게 하라고 말해 주었다. 이아손이 메데이아가 일러주는 대로 행하자 모두 그렇게 되었다.

메데이아의 도움으로 아이아테스 왕이 준 과업을 완수한 이아손은 약속대로 황금양털을 넘겨줄 것을 요구했지만 왕은 약속을 지키지 않았다. 오히려 아르고호를 불태우고 아르고나우타이들을 모두 죽여 버리고자 했다. 사랑에 눈이 먼 메데이아가 황금양털을 지키는 용을 잠들게 한 사이에 이아손은 황금양털을 손에 넣고 메데이아와 함께 콜키스를 벗어난다. 이아손이 황금양털을 가지고 자신의 딸과 함께 달아난 것을 알고 추격하였지만, 이 역시 메데이아의 잔인한 계략에 말려 실패하고 만다. 아버지의 추격을 예상한 메데이아는 함께 데리고 온 동생 압시르토스를 죽여 사지를 잘라 바다에 뿌렸고, 아버지가 아들의 시신을 수습하는 사이에 무사히 추격권에서 벗어났다.

아르고나우타이는 돌아오는 길에 여러 어려움을 겪는다. 우선 그들은 이스트로스강을 따라 항해를 계속하여 아드리아해에 이른다. 제우스 신이 메데이아의 잔혹한 처사에 분노하여 아르고호가 정상 항로에서 벗어나게 했던 것이다. 신의 분노를 알게 된 이아손은 키르케로부터 정결 예식을 치르도록 한다. 이아손은 긴 항해를 거쳐 키르케가 사는 아이아이아 섬에 도착하여 그녀에게 도움을 요청했다. 키르케의 도움으로 정죄 의식을 치른 이아손 일행은 헤라의 명령을 받은 세이렌들의 바다를 지나야 했다. 하지만 동승한 오르페우스의 노래가 세이렌의 노래를 압도하여 무사히 이 지역을 벗어났다. 세이렌의 해협을 통과한 아르고호는 카리브디스와 스킬라가 있는 해협도 무사히 통과하고 알키노오스 왕이 지배하는 코르키라에 도착하여 아이아테스 왕이 보낸 콜키스의 원정대와 만난다. 여기서 콜키스 사람들이 메데이아를 넘겨달라고 하지만 이아손은 메데이아와 급하게 결혼식을 올림으로써 이 위기를 모면한다.

아르고호는 항해를 계속하던 중 폭풍우를 만나 리비아 연안의 시르티스 쪽으로 밀려갔다. 여기서 아르고나우타이는 배를 짊어지고 트리토니스 호수까지 가야만 했다. 호수의 신인 트리톤의 도움을 받아 무사히 다시 바다로 빠져나와 크레타섬 쪽을 향해 항해를 계속했다. 이아손 일행은 거기서 헤파이스토스가 만든 인조거인 탈로스를 만나는데 그는 섬에 닻을 내리려는 배에 돌을 던져 정박하지 못하게 했다. 메데이아의 마법으로 탈로스의 약점인 발목의 정맥을 찢어 위기를 벗어난 아르고나우타이는 '미노아의 아테나'라는 신전을 세우고 떠난다. 그들은 크레타 섬을 떠나 항해를 계속하던 중 갑자기 칠흑 같은 어둠에 갇히지만 아폴론의 도움으로 스포라데스 군도의 작은 섬에 닻을 내릴 수 있었다. 이아손 일행은 이를 기념하여 그 섬에 아나페(계시의 섬)라는 이름을 붙이고 포이보스를 위한 성역을 만들었다.

그 후 아르고호는 아이기나에 들렀다가 에우보이아를 거쳐 무사히 이올코스에 도착했다. 콜키스까지의 먼 항해에서 돌아온 이아손은 다시 아르고호를 타고 코린토스로 가서 바다의 신 포세이돈에게 제사를 지내 감사의 뜻을 표하고 아르고호를 바쳤다. 천신만고 끝에 고국으로 돌아온 이아손은 삼촌에게 왕위를 물려줄 것을 다시 요청했지만, 그 과정이 순탄했던 것은 아니다. 펠리아스는 갖가지 핑계를 대면서 이아손에게 왕위를 물려주지 않으려고 했지만, 콜키스로 항해하면서 겪었던 고난에 비하면 펠리아스와의 대적은 아무것도 아니었다.

이아손의 기나긴 항해가 의미하는 것은 무엇일까? 여러 예술 작품에서 황금양털은 오랜 고난 끝에 얻을 수 있는 귀한 것을 상징하고 있다. 인간은 성장하면서 필연적으로 여러 난관에 봉착하게 된다. 이러한 필연적인 과정을 거치지 않는다면 성장에 필요한 에너지를 얻지 못하게 된다. 이아손의 원정은 펠리아스가 부당하게 물려주지 않는 왕위를 되찾아 왕국의 원래의 질서를 되찾기 위한 것이었다. 콜키스로의 항해를 시도하기 전의 이아손과 콜키스에서 돌아온 이후의 이아손은 동일인이 아니다. 한갓 어린아이에 불과했던 사람이 지혜와 경험으로 충만해서 돌아온 것이다. 이아손에게 아르고호의 원정은 삶의 존재양식을 변화시키기 위해 반드시 거쳐야 했던 모험이었다. 황금양털을 찾아 나선 이아손의 신화는 여러 가지로 변용되어 문학과 예술에 영감을 불어넣었다. 가령, 르네상스 시대의 유명한 시인 롱사르는 다음과 같이 노래하고 있다.

> 행복할지어다! 율리시스처럼 멋진 여행을 끝마치거나
> 황금양털을 손에 넣은 바로 그 사람처럼,
> 경험과 이성으로 가득 차서 조상들 가운데로 돌아와
> 인생의 나머지를 살아갈 수 있는 자들이여!

입문식은 새로운 탄생을 위한 필연적인 과정으로서 새로운 세계로 들어가기 위해 반드시 거쳐야 한다. 대부분의 전통사회에서 시행되고 있는 입문식은 새로운 세계로 접어들기 위해 반드시 필요한 과정이 있음을 보여준다. 어떤 사회든 새로운 구성원이 생기면 합당한 의식을 통해 축하해준다. 일정 연령에 도달하여 구성원으로 합당하다고 판단될 경우 사회는 일정한 절차를 거쳐 이를 인정해준다.

황금양털을 위한 여정은 사람이 살아가면서 새로운 존재양식으로 접어들기 위해 반드시 겪어야 할 과정을 상징한다. 이아손이 콜키스로의 여행을 감행하지 않았더라면 왕위를 되찾지 못했을 것이다. 아르고호의 이야기는 모든 사람은 원하는 것을 얻는 데 필요한 고난을 마다해서는 안 된다는 것을 보여준다. 아르고호의 항해는 이아손이 현 존재양식에서 벗어나 새로운 존재양식으로 들어가기 위한 과정으로서 오디세우스의 귀환과 더불어 영웅적 탈출과 귀환의 모델이 된다.

2. 이카로스의 비상

존재양식을 바꾸고자 했던 고대인의 상상력과 갈망은 과학기술문명의 발달에 절대적인 영향을 끼쳤다. 인간은 다른 동물들이 지니지 못한 '상상하는 의식'과 '추론하는 의식'을 통하여 끊임없이 삶의 영역을 확장해 왔다. 원래 땅 표면에서 살아갈 수밖에 없는 존재로 창조된 인간은 오랜 옛날 신화시대 때부터 자신의 한계를 벗어나 하늘을 날아다니는 꿈을 꾸었다.

이카로스의 추락(카를로 사라체)   이카로스(앙리 마티스)

공중에서 살아갈 수 있는 것은 새들에게나 가능한 이야기였지 인간에게는 애초 불가능한 이야기였다. 그것은 신이 부여한 넘을 수 없는 한계였다. 하지만 새로운 존재양식을 향한 갈망을 통해 인간은 '날아다니는 (飛行) 기계(機)'라는 역학 장치를 만들어내었고 결국 공중을 날 수 있게 되었다. 애초 땅에 붙어 살아갈 수밖에 없는 운명을 극복하고 공중을 날아다니려는 꿈을 가졌던 인간은 신화시대에도 동일한 꿈을 지녔던 모양이다. 이러한 욕망은 신이 제한해놓은 태초의 존재양식에서 벗어나려는 욕망의 결과물이다. 이카로스 신화는 땅 위에서만 살도록 운명지어졌지만, 신화시대부터 하늘을 날고자 하는 꿈을 지니고 있었던 인간의 욕망을 보여준다.

다이달로스는 이카로스와 함께 자신이 만든 라비린토스(미로)라는 감옥에 갇히게 되었다. 라비린토스는 원래 파시파에가 황소와 교접해서 낳은 반인반수의 괴물인 미노타우로스를 가두기 위해 미노스 왕의 명령으로 만든 감옥이었다. 하지만 테세우스가 지휘하는 그리스 영웅들의 활약으로 미노타우로스가 죽은 후 라비린토스는 빈 감옥으로 남아 있었다. 하지만 미노스 왕은 아리아드네에게 감옥을 벗어날 수 있는 방법을 알려준 죄로 다이달로스를 미로에 가둬버린다. 자신이 고안하고도 자신마저도 빠져나갈 수 없는 감옥에 갇힌 다이달로스와 아들 이카로스는 함께 미로의 절벽에 올라 하늘로 날아올라 탈출할 방법을 궁리한다.

하늘을 날고자 하는 이카로스의 갈망은 애초 인간을 땅에서 걸어 다닐 수밖에 없도록 해놓은 신에 대한 도전이었다. 자신이 정해놓은 한계 안에서만 살아가기를 바라는 신의 의사에 반해 인간은 새로운 세상으로 나아가려는 강렬한 욕망과 상상력을 함께 갖고 태어났다. 그래서 다이달로스와 이카로스 부자는 미로 속에서 새들의 깃털을 모아 밀랍으로 연결하여 거대한 날개를 만들었다. 이렇게 해서 이카로스는 인류 최초로 하늘을 날았다. 땅에 발을 붙이고 살아야 하는 운명을 타고난 인간이 신이 할당해준 영역에서 벗어나 하늘을 날 수 있게 된 것이다. 그렇지만 이카로스의 꿈은 그의 과도한 욕망 때문에 산산조각이 나고 말았다. 애초 다이달로스는 아들에게 밀랍이 녹아 날개가 떨어질지도 모르니 너무 높이 날지 말라고 충고했다. 하지만 하늘 높이 날고 싶었던 이카로스의 욕망 앞에서 아버지의 금기는 무의미했다. 이카로스는 높이 날아올랐다가 강렬한 태양 빛에 깃털을 붙인 밀랍이 녹아내리면서 결국 추락하여 버렸다.

이카로스의 추락과 죽음은 앞서 우리가 살펴보았던 금기의 위반과 기존 질서에 대한 반항이라는 측면에서도 중요한 의미를 지닌다. 이카로스 역시 강렬한 호기심으로 인해 다이달로스의 금기를 위반할 수밖에 없었다. 비상의 꿈을 지닌 이카로스에게 애초 다이달로스의 당부는 무의미할 수밖에 없었다. 날지 못한다는 신의 한계를 넘어서고자 했던 이카로스가 아버지에 의해 부여된 한계에 만족했을 리가 없다.

이러한 이카로스의 꿈은 현대에 들어와서 날아다니는 기계로 실현되었다. 하늘을 날고자 하는 인간 욕망의 집약체인 비행기는 진화를 거듭하여 이제 우주 공간을 날아다닐 정도로까지 발전했다. 이카로스의 강렬한 욕망이 현대의 과학기술로 실현된 것이다. 하늘을 날고자 하는 이카로스의 꿈은 끊임없이 상상력을 자극하여 이후 많은 예술가들에게 영감을 불어넣었다. 이카로스의 꿈은 미지의 세계에 대한 인간의 갈망을 상징할 뿐만 아니라 신의 영역인 하늘에 이르고자 하는 인간의 바벨탑적 욕망을 상징하기도 한다.

바벨탑은 자신의 한계를 벗어나 신의 영역에 도전하고자 했던 인간의 욕망이 드러나는 또 다른 신화적인 예이다. 인간은 높은 탑을 쌓아 신의 경지에 이르고자 했지만 신은 그것을 용납하지 못하고 탑을 무너뜨리고 인간을 사방으로 흐트러뜨려 놓았다. 신의 경지에 이르고자 했던 바벨탑의 욕망은 결국 실현되지 못했지만, 이카로스의 욕망과 더불어 자신의 한계를 넘어서려는 인간 욕망의 상징이 되었다.

이카로스적 상상력은 결국 19세기 후반 라이트 형제에 와서 실현된 것이다. 당시 이카로스의 꿈을 실현할 수 있는 기계를 제작하기 위해 미국은 막대한 예산을 들여 하늘을 날 수 있는 기계를 제작하기 위한 야심만만한 프로젝트를 가동한다. 당대 최고의 과학자들을 모아 여러 기술적인 문제를 검토했지만, 쉽사리 일을 진척시키지 못하고 있었다. 비행기 제작 프로젝트는 라이트 형제라는 민간인에 의해 동시에 추진된다. 하늘을 날고자 하는 욕망은 결국 민간인인 라이트 형제에 의해 실현되었다. 라이트 형제가 추진했던 것은 국가의 지원을 받은 과학기술에 기반한 프로젝트가 아니라 상상력과 욕망에 기반한 프로젝트였다.

이카로스의 욕망은 신이 부여한 한계에 저항함으로써 자신의 영역을 확장하고 존재양식 자체를 바꾸어가려는 인간의 욕망이었다. 신의 입장에서 보자면 신에 저항하려는 인간의 오만한 욕망으로 나타난다. 인간은 땅에 발을 딛고 살아갈 수밖에 없는 존재로 만들어졌다. 바벨탑을 건설한 인간들은 신으로부터 부여받은 한계에 저항하여 높은 탑을 쌓아 하늘에 이르고자 했다. 바벨탑의 욕망은 이카로스처럼 자신에게 주어진 한계를 벗어나고자 하는 인간 욕망의 다른 표현이기도 하다. 이카로스의 욕망 또한 인간의 오만함과 무모함의 표현이라고 할 수 있다. 오만함과 무모함의 표현으로서의 인간의 욕망은 바벨탑의 욕망이든 이카로스의 욕망이든 실패하고 말았다. 바벨탑은 무너져 내리고 말았으며 아카로스는 하늘에서 바다로 추락하고 말았다.

하지만, 이카로스의 비상은 오만함으로만 끝나지 않고 비상을 향한 지속적인 꿈으로 남았다. 이카로스의 비상은 존재양식의 변화를 위한 인간의 꿈이라는 차원에서 의미가 있다. 인간은 신이 부여한 한계를 넘어 하늘을 향한 비상의 꿈을 가지고 있었고 결국 그 꿈을 현실화시켰다. 무모한 욕망이란 존재하지 않는다. 그러한 무모함을 통하여 삶이 진화해가기 때문이다.

이카로스의 꿈은 단순히 물리적인 차원에서의 비상만을 의미하지는 않는다. 그것은 더 나은 삶과 더 나은 세상을 만들고자 하는 갈망이다. 상승하고자 하는 인간의 욕망은 이카로스의 꿈과 구조적으로 동일한 것이다. 영원히 땅 위에서만 살아가야 하는 현실에 만족하지 못하는 인간은 강요된 실존양식을 박차고 비상을 꿈꾸었다. 이카로스나 파에톤처럼 인간은 그러한 상승 욕망을 통해 자신의 몸을 망치는 한이 있더라도 꿈을 포기하지 않았다.

이카로스는 자신이 처한 현실을 떠나 새로운 세상을 갈망하고 그곳을 향해 나아갔던 오디세우스와 이스라엘 백성과 동일한 욕망을 가진 영웅이었다. 그 욕망이란 단순히 하늘을 나는 욕망에 국한되지 않고 자신에게는 금지된 영역을 쟁취하려는 것이었다. 하늘은 인간에게는 거부된 세계이다. 그러므로 하늘을 나는 인간의 행위는 신의 절대권을 받아들이지 않고 인간에게 주어진 한계에서 벗어나려는 욕망의 표현이다. 대지라는 한계는 이카로스에게 부단한 탈출의 욕망을 불러일으켰고, 그러한 욕망을 바탕으로 인간은 다른 영역으로 나아갔다.

이카로스의 꿈은 존재 상승을 향한 꿈의 원형이 되어 많은 예술작품의 소재가 되었다. 특히 고통스러운 현 존재에서 탈출하여 새로운 세상으로 나아가고자 했던 낭만주의적 욕망의 원형으로 자리하게 되었다. 낭만주의적 꿈은 현실 속에서 끊임없는 투쟁을 통해 존재양식을 바꾸려 했던 실존주의적인 세계관이 나타날 때까지 현실의 비극성을 뛰어넘으려는 인간 욕망의 중요한 표현 양식이었다.

3. 힌두교와 갠지스 순례

강물 위에는 수많은 오물이 떠다니면서 그렇지 않아도 어지러운 강의 풍경을 더욱더 어지럽히고 있다. 그 오물 주위로는 늙은 소들이 눈을 껌벅거리고 있고 들개인 듯싶은 짐승들이

갠지스강 순례

강물 속에서 첨벙거린다. 바로 저편 강가에는 자욱한 연기 속에서 죽은 사람들을 영원히 떠나보내는 의식이 거행되고 있다. 곳곳에서 거행되는 그러한 의식이 끝나면 남은 잔재들은 강물 어디론가로 사라진다. 타다 남은 장작도 타버린 시신도 그렇게 처리된다. 그런데 수많은 사람이 이런 풍경에 아랑곳하지 않고 그 강물에 몸을 담그고 머리를 감고 있다. 차마 손가락 한 마디도 집어넣지 못할 것 같은 물이건만 전혀 신경 쓰지 않는다. 몸을 씻고 머리를 감는 정도가 아니라 그 물을 입에 머금었다가 뱉어내기를 반복한다.

힌두교도들의 평생소원은 갠지스강으로 순례를 떠나는 것이다. 그들은 갠지스강으로 가서 거기에 몸을 담그고 그 물을 마심으로써 기나긴 윤회의 사슬에서 벗어나 새로운 세상에서의 부활을 꿈꾼다. 죽은 자는 갠지스강에서 마지막으로 목욕을 하고 화장되어 유골은 강에 뿌려진다. 그러므로 갠지스강은 산 자와 죽은 자가 공존하는 강이다. 그 강의 생화학적 상태는 전혀 중요한 문제가 아니다. 중요한 것은 영적인 정화이다.

인도의 갠지스강을 다룬 다큐멘터리 프로에서 본 장면이다. 지독히도

처연하게 많은 일이 행해지고 있는 풍경은 충격을 불러일으키는 것이 아니라 오히려 숙연함을 자아내게 했다. 문제의 프로그램을 접했던 비슷한 시기에 나는 티벳의 한 작은 마을에서 세 명의 젊은이들이 라사까지의 2,000여km의 길을 오체투지로 순례에 나서는 것을 보았다. 젊은 순례객들의 행동이 무엇을 지향하고 있는지를 생각하면서 역시 숙연한 마음을 떨칠 수 없었다. 갠지스강의 풍경과 더불어 어떠한 인간적인 판단도 멈추게 했다. 어떻게 저런 풍경과 저런 행위가 존재할 수 있을까? 저 행위들을 통해 인간은 과연 무엇을 원하고 있는 것일까? 갠지스강이 힌두교도들에게 어떤 의미를 지니는지에 대해 몰랐던 것은 아니었다. 하지만 그 장면은 인식의 범위와 심지어는 상상의 범위마저도 넘어서는 것으로 이루 말할 수 없을 정도로 숙연한 감정에 사로잡히게 했다.

갠지스강은 히말라야 서쪽 끄트머리에 있는 한 빙하지구에서 발원하여 여러 지역을 가로지르면서 기나긴 여행을 하다가 벵골만으로 흘러들어간다. 인간의 발자국을 거부하는 첩첩산중에서 발원하여 바다에서 생을 마감할 때까지 여러 지역에서 흘러들어 오는 강들을 합류시킨다. 하류 지역은 대부분 방글라데시가 차지하고 있지만 대다수의 유역은 인도가 차지하고 있다. 갠지스강은 인도 북부 지역을 따라 전체적으로 약 2,510km를 흘러가면서 드넓은 인도 면적의 약 1/4에 해당하는 97만km²에 물을 대어 준다.

갠지스강이 가로지르는 지역에는 예로부터 인더스강과 더불어 고대문명이 꽃을 피웠다. 이 강이 가로질러 흐르는 갠지스 평원은 세상에서 가장 기름지고 가장 인구가 밀집한 지역이다. 특히 바라나시나 하리드바르 등과 같은 힌두교의 성지가 강에 면해 있다. 하지만 이런 설명만으로는 갠지스강의 풍경에서 촉발된 의문에 대한 충분한 답이 되지 못한다. 인도 사람들에게 갠지스강은 단순히 흐르는 물줄기 이상의 의미를 지닌다.

갠지스강은 신을 만들어내고 종교를 만들어낸 곳이 아니다. 갠지스강은 단지 신의 발상지나 종교의 발상지가 아니다. 그것은 신 그 자체, 종교 그 자체이다.

강을 신앙의 대상으로 보았던 인도 사람들은 그중에서 갠지스강을 가장 신성시했다. 갠지스란 오래전부터 '천상의 성스러운 강'으로 인식되어 왔다. 많은 사람이 이 강가로 몰려들어와 여러 도시가 형성되었다. 이 도시들에는 무수히 많은 목욕장이 설치되어 있다. 인도 사람들에게 갠지스강에서의 목욕은 낙원을 향해 나아가는 정화 의식이다. 이들은 죽어서 갠지스강에서 화장되어 한 줌 재가 되어 강과 동화되는 것을 최고의 축복으로 여긴다.

힌두교도들은 갠지스를 '어머니 강가(Ganga)'라고 부른다. 어머니 갠지스는 자신들의 신앙을 공고히 해주는 존재가 아니라 그 자체가 신앙의 대상이다. 갠지스 자체가 신이고 종교인 셈이다. 갠지스에 대한 힌두교도들의 숭배는 카바 신전에 대한 이슬람교도들의 숭배와 비슷한 맥락에서 그 의미를 파악할 수 있다. 이슬람교도에게 카바 신전은 알라 신 자체이자 종교 자체이기 때문이다. 그러므로 힌두교도들에게 갠지스강이나 이슬람교도들에게 카바 신전은 신을 향한 매개물이 아니라 숭배해야 할 신 그 자체이다.

갠지스강은 고대부터 인도인들의 삶의 시작과 끝이었다. 인도의 고대 종교인 브라만교 시대에서부터 갠지스강은 그들의 어머니였다. 고대 인도에는 수많은 왕조가 부침을 거듭하였지만, 갠지스강에 대한 신앙은 면면히 이어져 왔다. 모든 인도인은 갠지스강을 마음에 그리면서 그곳을 언젠가는 도달해야 할 낙원으로 향하는 길목으로 여기고 있다. 그렇기 때문에 갠지스강의 상태는 중요하지 않다. 갠지스강의 생물학적 오염 상태가 더 심각하더라도 그들의 생각은 변하지 않을 것이다. 인도에서 불교가 번창했을 당시 많은 승려는 갠지스강 자체를 숭배하는 힌두교도들의 태도를 비판했다. 하지만 불교도들의 지속적인 비판에도 갠지스강에 대한 힌두교도들의 생각은 변하지 않았다.

갠지스강에 대한 힌두교도의 생각이 무엇을 의미하는지 온전히 이해하기란 쉬운 일이 아니다. 하지만 그것이 중요한 일은 아니다. 많은 사람은 갠지스강이 생각보다 더 오염되었다고 생각하면서 이 문제에 대한 무관심을 탓할 수도 있다. 하지만 힌두교도들에게 갠지스강은 단순한 위생관념을 넘어선 곳에 있다. 삶과 죽음의 문제가 인생의 모든 것을 넘어선다는 점에서 힌두교도의 이런 생각은 이해하기 어려운 것도 아니다.

갠지스강의 중류에 위치한 바라나시는 힌두교 최대의 성지로 해마다 백만여 명의 순례자들이 찾아온다. 순례자들은 온종일 갠지스강으로 몰려들어 강물에 몸을 담근다. 이 강물에 몸을 담그면 모든 죄가 사라진다고 믿는다. 이 강물에 몸을 담근 사람들은 윤회의 사슬에서 해방되어 낙원으로 갈 수 있다고 믿는다. 그들은 이 물에 몸만 담그는 것이 아니다. 그 물을 마시고 물병에 담아가서 집에서 그대로 마시거나 차를 끓이는 데 사용하기도 한다. 갠지스강은 삶과 죽음이 만나는 경계지이다. 인도인의 삶과 죽음의 시작은 모두 갠지스강에서 이루어진다. 그들은 따로 신을 찾을 필요가 없다. 갠지스강이 바로 신이기 때문이다. 힌두교의 다양한 분파도 갠지스강 앞에서는 무의미하다고 한다.

갠지스강의 의미를 모르는 사람에게 강은 오물투성이의 더러운 강에 불과하다. 목욕하는 사람들 옆에는 쓰레기가 떠다니고 그 옆에서 시신을 화장하고 빨래를 한다. 도대체 상식으로 이해할 수 없을 것 같지만 갠지스강에서는 그것이 일상이다. 모든 사람이 그곳으로 가고자 한다. 인도 사람들은 그 강에서 이 세상 너머의 것을 본다. 갠지스강은 힌두교도들이 시도하는 모든 탈출의 궁극적인 목적지이다. 그래서 인도 사람들은 죽기 전에 꼭 한 번은 상처를 치유해 영혼을 위로해주고 죄를 사하여 주는 갠지스강으로 가고 싶어 한다.

인간은 마음속에 영원한 휴식의 고향과도 같은 것을 간직하고 살아 간다. 이타카, 가나안, 갠지스는 인간의 궁극적인 지향점인 휴식의 낙원 을 상징하고 있다. 각자의 마음속에 존재하는 원초적 공간은 영웅적 상 승 욕망으로 드러날 수도 있고 휴식으로의 하강 욕망으로 드러날 수도 있다. 이타카, 가나안, 갠지스강은 각자의 마음속에 존재하는 휴식의 낙 원으로서 모든 인간의 마음속에 영원한 탈출과 귀환의 욕망을 불러일 으킨다.

4. 이슬람교와 메카 순례

메카 순례

우리는 어떤 것이든 중심지를 말할 때 '메카'라는 표현을 사용한다. 메카란 원래 이슬람교의 발상지로 모든 이슬람교도에게 성지순례의 대상이 되는 사우디아라비아라는 나라에 실재하는 도시이다. 하지만 이 말은 그 의미가 일반명사로 확장되어 사용되어, 특정한 일에 대해 가장 뛰어난 사람들이 모여 있거나 특정한 일이 가장 번창하고 있는 곳을 지칭한다. 또한 메카는 어떤 집단이나 경향 등을 대표하는 중심지를 의미한다. 그러므로 메카라는 말은 더 이상 사우디아라비아의 어느 주의 중심 도시, 혹은 이슬람 문명의 발상지인 어느 중요한 도시만을 지칭하는 고유명사가 아니다.

지리적으로 메카는 570년경 무함마드가 출생하고 성장한 도시로 그가 신의 계시를 받아 이슬람교를 창시한 곳이다. 이후 그는 박해를 피해 메디나로 탈출하여(헤즈라) 거기서 교세를 확장하여 신도들을 이끌고 와서 메카를 탈환하였다. 이 사건을 계기로 메카는 메디나와 함께 유일신 알라를 숭배하는 이슬람교의 성지가 되었다. 모든 이슬람교도들이 반드시 지켜야 하는 다섯 가지 계율이 있는데[49] 여기에는 평생 적어도 한 번은 메카로 성지순례를 다녀와야 한다는 조항이 포함되어 있다.

메카는 이슬람교도들에게만 개방되는 성지로 이슬람교도 이외의 사람은 들어갈 수 없다. 이런 맥락에서 이슬람교도들은 이슬람교의 중심을 의미하는 메카가 '중심지'라는 의미로 일반화되어 사용되는 것도 달가워하지 않는다. 그래서 1980년대에 사우디아라비아는 '메카'의 공식 표기를 'Mecca'에서 'Makkah'로 변경했는데, 이는 일반명사로 사용되고 있는 메카와 구분하기 위해서라고 한다. 이처럼 메카(마카)라는 도시는 이슬람교도들에게 어떤 방식으로든 그 권위를 침해할 수 없는 절대적인 성소로 받아들여지고 있다. 그들에게는 메카라는 말이 일반화되어 사용되는 것조차 신성모독적인 것으로 받아들여지고 있다.

---

[49] 이슬람교도들이 반드시 지켜야 하는 다섯 가지 계율에는 샤하다(신앙고백), 살라트(예배), 자카트(헌금), 라마단(단식), 하지(성지 순례) 등이 있다.

이슬람교의 창시자 무함마드는 쿠라이시족의 종교적인 박해를 피해 622년 메디나로 탈출했다가 628년 2월 메디나에 거주하고 있던 1,600여 명의 추종자들을 이끌고 메카의 카바로 향했다. 첫 번째 순례는 당시 메카를 점령하고 있던 쿠라이시족의 강력한 저항으로 성공하지 못했지만, 수차례의 협상을 거쳐 마침내 메카 순례에 성공하게 된다. 이슬람교도들의 메카 순례는 628년 무함마드가 신도들을 이끌고 했던 성스러운 순례를 역사 속에서 반복하는 행위이다.

힌두교도들에게 갠지스강과 마찬가지로 이슬람교도들에게 메카는 세상의 중심이다. 이슬람교도들은 메카나 메디아에서 하는 기도는 다른 곳에서 하는 기도보다 훨씬 더 가치 있다고 생각한다. 그렇기 때문에 메카 성지순례는 평생에 한 번은 반드시 거쳐야 하는 필수 과정으로 받아들여진다. 그들의 삶 자체가 카바라는 상징적인 천국이 있는 곳으로의 순례이다. 그만큼 그들의 삶은 일상 속에서도 성화되어 있다. 이러한 생각은 인간이 살아가면서 느끼는 근원에 대한 갈망과도 같은 것이다. 반복되는 대형 인명 사고에도 불구하고 메카로의 순례는 계속된다. 하지 기간 순례 행렬에 참가하고 있는 동안에 죽으면 천국으로 갈 수 있다는 절대적인 믿음이 있기 때문에 하지 기간에 빈발하는 사고도 순례 행렬을 막지 못한다.

힌두교도들의 갠지스강 순례처럼 이슬람교도들의 메카 순례는 근원적인 낙원으로 향하는 인류의 욕망이 어떤 식으로 구현되는지를 보여준다. 힌두교도들의 갠지스강 순례가 시기를 특정하지 않고 연중 산발적으로 이루어지는 데 반해, 메카 순례는 하지 기간이라는 특정 기간에 집중해서 이루어진다. 물론 메카 순례가 하지 기간에만 특별히 할 수 있는 것은 아니지만, 그 기간 동안에 순례하는 것이 권장됨으로써 고도로 집중화된 인간의 종교적인 심성의 위대한 풍경을 만들어낸다.

기간을 정해 집중적으로 이루어지는 메카 순례는 종종 엄청난 인명사고로 이어지기도 한다. 모든 사람이 악마의 돌이 안치된 카바 신전으로 몰려들면서 여러 원인이 복합적으로 작용하여 한꺼번에 수백 명이 목숨을 잃는 일이 벌어지기도 한다. 2016년만 하더라도 이 행사에 약 300만 명의 순례객들이 몰려들었고, 약 700여 명이 압사당하는 사고가 있었다. 이런 사고는 수백만 명의 사람들이 한정된 공간으로 한꺼번에 모여들면서 언제든지 생겨날 수 있는 사고이다. 이러한 희생에도 불구하고 하지 기간에 메카로 몰려드는 대규모 순례객들은 대단히 숭고한 장면을 만들어낸다. 메카 순례를 통해 드러나는 이슬람교도의 행동은 인간이 신을 향해 바칠 수 있는 최고의 집단적 경배 행위이고, 인간이 궁극적인 행복으로 나아가려는 과정에서 이루어지는 고귀한 장면이다.

인간은 각자 자신의 마음속에 이상향을 지니고 있는 어떤 경우 이러한 이상 속의 공간이 실제의 공간으로 변하기도 한다. 그래서 어떤 사람들에게 어떤 구체적 공간은 이유를 알 수 없는 평화와 안식을 주기도 한다. 메카 순례는 그 자체로 궁극적인 행복이 있는 낙원으로 귀환하는 것이다. 이슬람교도든 기독교도든 힌두교도든 불교도든, 모든 종교에서 성지 순례 행위는 신자들의 희망이다. 성지 순례 행위가 고등종교에서만 특별히 나타나는 것도 아니다. 많은 민족의 전통 종교에서도 이슬람교도의 메카와 같은 곳이 존재하여 정신적인 고향과도 같은 역할을 수행한다. 궁극적인 행복의 땅을 찾아 나서는 것은 어떤 특정 종교를 가진 사람들만의 문제가 아니다.

메카, 갠지스, 예루살렘 등으로 향하는 종교인들의 순례 행위는 종교적인 색채가 사라진 인간의 세속적인 삶 속으로 깊숙이 들어와 있다. 인간은 항상 마음속의 고향과도 같은 곳을 간직하고 있어 언제든 그곳으로 나아가고자 한다. 그것은 태초의 행복이 있던 모태로 회귀하는 것과 마찬가지이다. 우리나라 사람들은 설날과 추석 명절에 빈발하는 교통 체증에도 불구하고 조상과 부모들이 있는 고향으로 향하는 행렬에 합류한다. 그리고 많은 사람들이 신년을 맞이하기 위해 정동진이든 지리산이든 태초의 것을 느낄 수 있는 공간으로 향한다. 이러한 행위 역시 메카나 갠지스로 향하는 종교인들의 행위와 동일한 의미를 지닌다.

탈출과 귀환의 이야기는 거의 모든 신화적 이야기의 기본 줄기를 형성하고 있다. 고통스러운 현실에서의 탈출과 행복한 낙원으로의 귀환은 인생의 가장 중요한 축을 이루고 있기 때문이다. 인간은 어디서 와서 어디로 가고 있을까? 어디에서 벗어나서 어디로 돌아가고 있을까? 태초부터 제기되었을 이 문제에 대해 인간은 아직도 합당한 답을 찾지 못하고 있다. 실존적인 관점에서 보자면 인간은 무에서 태어나서 무로 돌아간다. 그것이 인간의 삶이다. 이런 무와 무 사이의 여행 과정에서 삶을 조금이나마 의미 있게 만들어가는 것은 현재와는 다른 곳을 찾아 나선다는 느낌 때문일 것이다. 수많은 힌두교도들을 갠지스강으로 이끌고, 수많은 이슬람교도들을 메카로 이끄는 것은 바로 그러한 느낌이다. 갠지스강과 메카로 향하고자 하는 그 욕망은 인간 삶의 중요한 에너지원이다.

제4절 탈출하는 인간

1. 낭만주의와 탈출의 보편성

인간은 신의 명령에 반항하고 그것을 위반한 죄로 신이 제공한 낙원에서 추방당했다. 그래서 인간은 자신이 떠나온 과거의 낙원으로 다시 돌아가려는 욕망을 지닌 채 살아갈 수밖에 없다. 낙원으로부터 스스로 탈출했다고 해도 과거의 낙원으로 돌아가고자 하는 욕망은 약화되지 않는다. 현재의 삶에 불만족을 느끼는 것은 인간 심성이 드러내는 보편적 현상이다. 서구 문명의 뿌리를 형성하는 그리스 신화와 기독교 신화에서 태초에 인간은 낙원에서 신과 함께 살았다. 서구 신화뿐만 아니라 대부분의 우주 창조신화는 태초의 낙원을 묘사하고 있다. 하지만 태초 이후 인간은 신과의 불화를 통해 안락하게 살던 낙원에서 쫓겨나 고통스러운 삶을 영위하게 되었다. 인간은 고통스러운 삶의 한가운데서 자신이 떠나온 과거의 낙원을 미래로 옮겨 놓고 다시 돌아가고자 한다.

오디세우스는 전쟁을 위해 떠나온 고향으로 돌아가고자 했으며 고된 항해 끝에 결국 자신의 꿈을 달성한다. 떠나온 이타카는 지중해를 방랑하는 오디세우스의 삶 속에서 미래가 되어 있다. 이스라엘 백성에게서 과거의 낙원이 미래의 낙원으로 변하는 현상은 훨씬 극적이다. 이스라엘 백성은 신이 약속한 가나안 땅으로 돌아가기 위해 광야에서 40년 동안을 방황했다. 출애굽하는 이스라엘 백성에게 가나안은 한번도 가보지 못한 곳이다. 이스라엘 백성들의 행위는 미래로 옮겨놓은 궁극적인 행복의 땅을 향한 근본적인 욕망을 구현한 것이다. 힌두교도들의 갠지스 순례와 이슬람교도들의 메카 순례도 마찬가지의 맥락에서 이해될 수 있다. 이러한 탈출과 귀환의 욕망은 인간의 상상력 속에서 보편적인 것이다.

아카디아의 목자들 (니콜라스 푸생)

19세기 초중엽 서구 문학에서 유행했던 낭만주의는 인간이 근본적으로 간직하고 있는 낙원으로의 갈망을 문학적으로 표현한 것이다. 낭만주의자들에게 현실은 고통의 바다이자 고난의 사막이다. 인생의 고난을 험난한 바다와 메마른 사막으로 비유하는 것은 오디세우스의 바다와 이스라엘 백성의 사막에서 비롯된 것이다. 인간은 고통의 바다와 사막에서 살아가면서 자신들이 과거에 떠나온 낙원으로 향한다. 모든 신화에서 태초의 인간은 신과의 선한 관계 속에서 낙원에서 살았던 것으로 그려지고 있다. 그러나 이후 인간은 강제로 추방을 당했든 자발적으로 탈출했든 낙원에서 멀어지게 되어 고통의 바다와 사막을 가로질러 살아갈 수밖에 없게 되었다. 그런 가운데 인간은 고통스러운 현실을 떠나 행복한 이상향으로 돌아가려 한다. 낭만주의 예술은 이러한 인간 삶의 드라마를 고스란히 드러내고자 했다. '고통스러운 여기'에서 '행복한 저기'로 나아가고자 하는 인류 공통의 욕망이 바로 낭만주의를 지탱하는 기본 구도이다.

생로병사라는 네 가지 고통으로부터의 해방을 갈망했던 석가의 욕망,

원죄로 고통당하는 인간을 최초의 낙원으로 이끌어가고자 했던 예수의 욕망 등은 낭만주의적 탈출과 귀환의 전형적인 예로 이해된다. 예수와 석가는 인간의 마음속에 실낙원에 대한 향수를 불러일으키고자 했다. 인간은 이렇게 영원히 궁극적인 행복을 찾아 조상들이 완벽한 행복 속에서 살았던 과거의 낙원으로 거슬러 올라가고자 한다. 이러한 낭만주의적 도식은 서구인들의 사고 깊숙한 곳에 자리하고 있는 기독교가 펼쳐내는 구원의 드라마와 그 맥락이 같은 것이다. 인간은 선악과를 따먹음으로써 태초부터 신과 단절되는 비극적 상황을 맞이하게 되었다. 기독교의 기본 도식은 고통스러운 현세를 벗어나 영원한 삶이 보장되는 내세로 나아가는 것이다.

헤겔 철학의 변증법 또한 기본적으로 낭만주의적인 도식을 따르고 있다. 변증법은 정반합(正反合)의 과정을 끊임없이 반복하여 궁극적으로 절대(絕對)의 경지에 이르는 과정을 말한다. 여기서 헤겔이 말하는 궁극의 단계로서의 절대는 기독교에서 말하는 천국과 유사한 것으로 보인다. 기존의 현실(正)에 대항하여 반대항(反)을 설정하고, 그 둘 사이의 갈등을 통해 새로운 항(合)을 만들어낸다. 이렇게 해서 새롭게 만들어진 항은 시간이 지남에 따라 다시 기존의 것(正)으로 굳어진다. 계속해서 많은 사람들이 거기에 부족함을 느끼고 다시 새로운 반대항(反)을 설정한다. 그렇게 되면 또 다른 갈등 관계가 형성되고 그 과정에서 또 다른 새로운 항(合)이 형성된다. 인간 정신은 이런 과정을 지속적으로 반복함으로써 결국 절대의 경지에 이르고자 한다. 여기서 말하는 절대란 정반합으로 반복되는 현실과 비교해볼 때 인간이 궁극적으로 지향하는 이상향일 수밖에 없다. 그런 점에서 헤겔의 변증법은 이상향을 지향하는 과정을 표현한 것이고, 구조적으로 낙원 귀환이라는 낭만주의적 세계관과 다르지 않다.

수많은 사람은 현실의 부조리 속에서 혁명을 통해 새로운 세상을 꿈꾼다. 역사상 명멸했던 수많은 혁명가는 고통스러운 현실을 넘어 행복한 세상을 꿈꾸었다. 그런 점에서 그들은 지극히 낭만적인 성격의 소유자들이다. 우리는 일반적으로 '낭만적'이라는 단어를 감성적이고 감수성이 강한 사람의 성격을 묘사하기 위해 사용한다. 감성과 감수성은 우선 현실에 만족하지 못하는 인간이 이상적인 곳을 지향하는 감정에서 출발한다. 혁명을 꿈꾸는 사람들은 기본적으로 현실의 삶에 대한 반항에서 그들의 사유를 시작한다. 현실에 대한 거부감은 변화의 에너지로 작용한다. 그러한 에너지가 쌓이면 강력한 사회개혁의 열망으로 드러나게 되는데 사회가 그러한 열망을 제도적인 과정을 통해 담아내지 못할 경우 혁명적인 방법에 의뢰할 수밖에 없게 된다. 그러므로 혁명적 사고가 근본적으로 현실의 존재양식을 변화시키고자 하는 낭만주의적 면모로 드러나는 것은 당연한 일이다.

　혁명적 사고는 낙원으로 돌아가려는 영원한 인간 욕망의 발로이다. 낙원으로 돌아가려는 욕망은 인간으로 하여금 끊임없이 현실에서 벗어나 새로운 경지로 나아가게 한다. 모태는 한 인간이 이 세상에 존재하기 시작할 때 경험했던 가장 안락한 공간이다. 하지만 인간은 한번 태어난 이상 모태로 돌아갈 수 없다. 마찬가지로 인간은 태초의 낙원을 그리워하지만, 현실 속에서 그곳으로 돌아갈 수 없다. 그렇다고 인간이 궁극의 행복과 낙원으로 돌아가고자 하는 욕망마저 포기하고 살아갈 수는 없다. 그래서 인간은 낙원을 과거의 것이 아니라 미래의 것으로 바꾸어 놓고 그곳으로 나아가고자 한다.

　우리가 지금까지 살펴본 오디세우스 이야기, 출애굽 이야기, 이슬람교도와 힌두교도들의 메카와 갠지스 귀환 이야기는 모태 회귀와 낙원 귀환의 이야기들이다. 모든 고등종교에서 나타나는 구원의 드라마는 이런 과정을 기본으로 한다. 구원의 드라마는 모두 궁극의 이상향을 설정한 다음 인간의 삶을 부단히 그곳으로 나아가는 여정으로 묘사한다. 힌두교들에게 있어서의 갠지스강, 티벳 사람들에게 있어서의 라사, 이슬람교도들에게 있어서의 메카란 궁극의 이상향으로 향하고자 하는 동일한 욕망이 문화적 맥락에 따라 서로 다른 방식으로 표현된 것들일 뿐이다. 이방인으로서의 느낌은 자신들이 떠나올 수밖에 없었던 낙원에 대한 기억에서 유래한다. 태초부터 전해져오는 낙원에 대한 기억을 가지고 인간은 미래에 궁극적으로 도달해야 할 새로운 낙원을 설정한다.

2. 내 삶의 오디세이아

내 삶을 돌이켜 보건대, 나는 그것이 운명에 의해 이끌려 왔는지 우연으로 이루어졌는지 알 수 없다. 내가 고등학교 3학년 때 사르트르가 세상을 떠났다. 당시 국어 선생님께서는 아직 이해하기 힘든 실존주의와 사르트르의 삶과 죽음에 대해 몇 가지 지나가는 말을 하신 다음, 그와 더불어 카뮈의 부조리한 죽음에 대해서도 선뜻 이해하기 어려운 이야기를 들려주셨다. 기억을 더듬어서 적어보면 그 이야기는 대강 다음과 같다.

카뮈는 지방에서 강연회를 마치고 파리로 올라오는 도중에 자동차 사고로 사망했다. 그는 당일 강연회에서 자신의 철학과 관련하여 대답하기 몹시 어려운 질문을 받았는데 언뜻 명쾌한 대답이 떠오르지 않았단다. 그래서 나중에 다른 경로를 통해 대답하겠다고 말하고 그 강연회를 마쳤단다. 파리로 향하는 자동차에서 곰곰이 생각해 보았지만 답을 찾을 수 없었단다. 그래서 차라리 지금 죽는 것이 자신의 사상의 위엄을 지키는 길이라고 생각하고 전속력으로 차를 몰아 길가의 가로수를 들이받고 자살을 했다는 것이다. 나중에 안 일이지만 카뮈의 죽음에 대한 대단히 왜

곡된 설명이었다. 죽음의 순간 카뮈는 자동차를 타고 있었던 것은 맞지만 혼자 있었던 것도 아니고 더군다나 그 자신이 운전하고 있었던 것도 아니다.

이러한 왜곡된 설명에도 불구하고 이 이야기는 결국 내가 프랑스 문학을 전공하게 된 중요한 계기가 되었다. 나는 이 이야기의 진위를 파악해 보아야겠다는 다소 엉뚱한 생각을 했고, 그 길을 쭉 따라오다 보니 결국 프랑스 문학 전공의 교수로서의 삶을 살아가고 있다. 돌이켜 보면 내 삶의 많은 부분이 우연에 의해 결정된 것으로 보인다. 내가 다녔던 고등학교가 프랑스어를 제2외국어로 선택하는 학교가 아니었더라면 나는 애초 프랑스 문학을 전공으로 선택하지 않았을 가능성이 크다. 어린 시절 프랑스어를 접하지 않았고 이런 이상한 죽음의 이야기를 듣지 않았더라면, 나는 어쩌면 집안 어른들이나 학교 선생님들의 권유대로 법학을 전공하여 지금과는 전혀 다른 삶을 살고 있을지도 모른다.

내가 오래된 나의 이야기를 하는 것은 내가 프랑스 문학을 하고 신화적 사유에 관심을 갖게 되었던 것이 내 자신의 의지에 따른 것이 아니라 순전히 우연에 의한 것임을 말하고 싶기 때문이다. 그렇다고 해서 나 자신의 의지 없이 여기까지 온 것은 아닐 것이다. 내가 프랑스 문학 전공 교수가 된 것은 운명 때문일까? 아니면 나 자신의 의지에 의한 선택 때문일까? 나의 문제임에도 불구하고 어느 쪽이 맞는 이야기인지 모르겠다. 인간사가 자신의 의지와는 무관하게 선험적으로 주어지는 운명의 지배를 받는 것인지, 실존주의자들의 단언대로 인간의 자발적 투기를 통해 이루어지는 것인지에 대해 대답하기란 쉬운 일이 아니다.

프랑스 문학에 대한 관심이 아주 우연하게 마치 운명처럼 내게 주어졌다. 중학교를 졸업할 무렵 나는 같은 재단(내가 다닌 중학교와 고등학교는 같은 재단에서 운영하는 사립학교였다.)에서 운영하는 A고교(역시 같은 사학재단 소속이었다.)에 진학하기로 결정하고 준비를 하고 있었다. 그런데 그게 내 뜻대로 되지 않아서 같은 재단의 B고교로 진학할 수밖에 없었다. B고교는 A고교 바로 옆에 붙어 있었는데, 재단 이사장의 아호를 교명으로 하고 있었다. 유신 정권의 실세 중의 한 사람이었던 재단 이사장은 자신의 아호를 붙인 고등학교를 설립하고는 이 학교를 전국 굴지의 명문으로 키우고자 했던 모양이다. 하지만 후발 학교로서의 한계 때문에 그것이 뜻대로 되지 않았다. 그러자 재단 이사장이 직접 나서서 같은 재단에 속한 중학교에 일종의 명령 같은 것을 내려 성적이 우수한 학생들을 갖은 회유와 협박으로 거의 반강제로 B고교에 진학시키도록 했다. 나의 고교 선택은 일종의 사학비리로 재단 전횡의 희생물이었던 셈이다. 어쨌든 그래서 어머니께서 학교를 한 번 다녀가신 후 나는 내 의사와 달리 A고교가 아닌 B고교에 지원되어 있었다.

내가 애초 지원하려 했던 A고교에서는 제2외국어로 일본어를 가르치고 있었지만, 내가 입학한 B고교에서는 프랑스어를 가르치고 있었다. 당시 내가 프랑스어를 배웠던 선생님께서는 가끔 알베르 카뮈의 유명한 소설 『이방인』에 대해 말씀해주시곤 했다. 중학교 시절부터 줄곧 문예반 활동을 해오고 있었고 새로 배우는 프랑스어에 상당한 재미를 붙이고 있던 터라, 프랑스어 선생님께서 자주 말씀하시는 『이방인』이라는 작품에 관심을 갖게 되었다. 『이방인』을 읽고 나서 나는 작품 자체의 난해함에 대해 어리둥절해 했다. 당시 꽤 많은 고전급 문학작품을 읽었노라고 자부하던 나였지만, 이 작품은 그때까지 내가 접해본 작품들과 비교한다는 것 자체가 불가능했다. 두꺼운 작품이 아니었기에 연거푸 두 번을 읽어 보았지만 그래도 최초의 난해함과 어리둥절한 느낌은 사라지지 않았다. 무엇보다도 주인공 뫼르소에 대해 "뭐 이런 인간이 다 있지?" "이런 인간에게 있어서 삶이란 도대체 뭐지?"라는 질문에 빠져들었던 것이다.

이런 질문을 끝내 해결하지 못한 채, 그리고 나중에는 이 이상한 인간을 창조해낸 작가의 죽음과 관련된 이야기에 황당해하면서 나는 고등학교를 졸업하고 인문대학에 진학했다. 지금 생각하면 다른 길로 접어들수도 있었지만, 어쩌면 이 질문 때문에 인문대학을 선택하였는지도 모를 일이다. 운명적으로 말이다. 대학에 들어와서는 카뮈의 다른 작품인 『페스트』를 접하면서 오랜 의문이 어느 정도 해소되는 것 같은 생각을 했지만, 여전히 『이방인』을 읽은 직후에 생겨난 질문에 제대로 된 답을 구하지 못했다. 1학년을 마치고 학과 배정 신청을 하면서 나는 아무런 고민이 없이 프랑스 문학을 전공으로 선택했다. 당연히 수년 전에 만난 뫼르소라는 이상한 인간과 카뮈의 죽음에 대한 의문 때문이었다.

언젠가부터 나는 내 인생이 프랑스 문학으로 채워지게 된 것은 참으로 우연한 계기, 그러니까 내 의지와는 무관하게 운명적인 상황에서 결정된 것이라는 생각을 하게 되었다. 특히 신화에 관심을 가지고 신이 인간에게 부여한 운명에 대해 생각해볼 때면 언제나 인생길이라는 것이 상당 부분 운명적인 요소를 포함한다는 데에 동의해왔다. 가령, 내가 애초 원했던 대로 A고교에 진학했더라면 제2외국어로 일본어를 배웠을 것이다. 그랬더라면 어쩌면 나는 고등학교 학창 시절에 카뮈를 만나지 못했을 가능성이 크다. 아무리 문학에 관심이 있다고 한들, 카뮈라는 작가가 고등학생의 손에 우연히 걸려들 정도로 호락호락한 작가는 아닐 것이기 때문이다.

중학교 시절부터 간직해왔던 문학에 대한 관심이 대학까지 지속되었다고 하더라도 나는 아마도 프랑스 문학은 선택하지 않았을 것이다. 그리고 내가 다닌 대학에는 일본어문학과가 없었으니, 아니 설사 있었다고 해도 일본 문학을 전공하지는 않았을 것이다. 사실 카뮈를 통해 문학에 대한 관심을 지속하지 못했더라면, 지방 소도시에서 공부깨나 한다는 많은 친구들과 마찬가지의 길을 걸어 법학을 전공했을 가능성이 크다. 그 랬더라면 나는 지금과는 전혀 다른 삶을 살았을 것이다. 이렇게 보면 삶 이란 지독하게도 운명적인, 또는 지독하게 우연적이라고 해도 좋을 것 같다.

이런 일이 있기 훨씬 전에 문학에 관심을 갖게 된 것도 나의 결정에 따른 것이 아니었다. 중학교 2학년 때의 일이다. 당시 담임선생님은 국어 를 가르치시는 분이셨는데, 한번은 쓰기 과제로 어린 시절에 있었던 일 중에서 인상 깊었던 이야기를 하나씩 써오라고 하셨다. 초등학교 저학년 을 다니던 어린 시절 내가 살던 마을은 학교까지 시골길을 걸어 약 30여 분 정도 떨어진 곳에 있었다. 기억을 더듬어보면, 대개 시골 친구들이 그렇듯이 아이들이 혼자서 학교에 가는 법이 없다. 집이 가까운 친구들 은 대문을 나서면서 불러내든 동네 어귀에서 일부러 기다리든 해서 삼삼 오오 함께 모여서 가곤 했다.

어느 봄날이었을 것이다. 그날도 다양한 학년의 예닐곱 명이 무리를 지어 학교에 가고 있었다. 그런데 우리 중의 누군가가 오늘은 학교에 가 지 말고 어디 가서 놀다가 학교 파하는 시간에 맞춰 집으로 돌아가자는 제안을 했다. 이렇게 시작된 아이들의 일탈이 사흘째가 되던 날이었다. 학교에는 가지 않으면서도 학교놀이를 하고 있었던 모양이다. 내가 교사 역할을 하고 옆집 사는 친구가 학생 역할을 했던 것으로 기억한다. 숙제 를 해오지 않은 상황을 가정하고 혼을 내고 있었는데, 아마도 그 호통 소리가 너무 컸던 모양이다. 때마침 소달구지를 끌고 시장에 가고 있던 친구의 아버지께서 우리를 부르는 소리가 들리는 것이 아닌가! 숨을 죽 여 그 상황이 어떻게 전개되어 갈지를 기다리고 있었다. 학교에 있어야 할 시간에 엉뚱한 곳에서 놀고 있는 아이들을 보고 그냥 지나칠 부모는 없을 것이다. 끌고 가시던 소달구지를 길가에 버려둔 채 기어이 우리를 찾아 산으로 올라오셨고, 딱히 도망갈 곳도 없었던 우리는 꼼짝 없이 붙들려 모든 상황을 사실대로 말할 수밖에 없었다. 그 이후에 벌어진 일들은 굳이 말할 필요가 없을 듯하다.

나는 이 이야기를 적어 과제로 제출했다. 그 이야기 자체가 재미있었든지, 아니면 글이 좋았든지 담임선생님께서는 당신이 들어가시는 모든 반에 그 글을 읽어주셨다. 그 후 이 이야기는 많은 친구들 사이에서 회자되었고, 나는 문학 소년이라는 별명을 갖게 되었다. 이런 일이 있고 나서부터 선생님께서는 내게 양적으로나 질적으로나 감당할 수 없을 정도의 많은 문학 작품을 빌려주셨고, 나는 이 책들을 읽는 데 많은 시간을 투입하여 억지로 감당해냈다. 내가 문학 이야기에 대해 어떤 개념을 지니게 되었고 그것이 내 삶에서 어떤 의미를 지니게 되었다면 그 당시의 방대한 독서 덕분이었을 것이다. 망각 속에 묻혀 버렸을, 그 자체로 어떤 의미도 찾기 힘든 그 이야기가 다시 살아난 것은 내 의지와는 무관했다. 그 이야기는 담임선생님이기도 하셨던 국어 선생님을 만나면서 고스란히 되살아났고, 그렇게 되살아난 이야기는 내 삶의 방향을 결정하는 중요한 계기가 되었다.

중학교 2학년 때 일어났던 해프닝과 고등학교 진학 과정에서 우연 같은 일이 연달아 벌어지지 않았더라면 나의 인생은 확실히 지금과는 많이 달라져 있을 것이다. 그런데 이 과정에서 내 의지로 선택한 일은 그다지 중요한 것이 아니다. 학교에 가기 싫어했던 아이들의 작은 일탈은 그 자체로 비일비재한 일일 테지만, 그것이 다시 되살아나는 것은 그다지 흔하지 않은 일이다. 대개 그런 정도의 일은 일과성 해프닝으로 끝나 망각 속으로 사라져 버린다. 그리고 프루스트의 말대로 그것을 다시 상기시켜 줄 특별히 물질적인 대상을 만나지 않는 한 죽을 때까지 단 한 번도 의식의 표면으로 올라오지 않은 채 생을 마감하게 될 수도 있다. 내가 어린 시절 프랑스어를 배우고 카뮈의 『이방인』을 읽었던 것은 우연의 소산일까, 의지의 소산일까? 모를 일이다. 하지만 어찌 됐건 그런 여러 일들이 모여 내 삶의 현재를 구성하고 있다.

적지 않은 삶을 살아오는 동안 참으로 많은 일들이 있었고 앞으로도 그럴 것이다. 지금까지 벌어진 많은 일들 속에는 행과 불행이 어지러이 뒤섞여 있다. 앞으로의 삶도 마찬가지일 것이다. 내가 원하는 대로 삶을 살아가기를 원하겠지만 그러한 욕망이 항상 뜻대로 되지는 않을 것이다. 하지만 어떤 일이 일어나든, 그리고 그것이 무엇으로 표현되든, 나는 내 삶의 이타카, 가나안, 갠지스 또는 메카로 향해 나아갈 것이다. 내가 생을 마감할 때까지 그곳에 이를 수 있을 것인가? 아닐 것이다. 어디인지조차 모르는 곳인데 도달할 수 있을 것인지 아닌지를 어찌 알 수 있겠는가? 아마도 영원히 어디인지조차 모를 그곳을 향해 나가는 것으로 만족하면서 내 삶을 마감해야 할 것이다.

제5장

결론

신화는 반항, 위반, 탈출하면서
자신의 세상을 건설하려는 인간의 이야기이다

1. 인간은 어디서 왔는가?
  - 신화와 과학의 사이

　인간은 우주가 어떻게 생성되었는지는 고사하고 아직 자신이 어디서
왔는지조차 밝혀내지 못하고 있다. 인간은 어디서 왔는가? 수많은 종교
에서 이야기하듯 신에 의해 창조되었는가, 아니면 현대 과학에서 말하듯
자연 상태에서 어떤 동물로부터 진화되었는가? 다음 그림을 보자. 하나
는 미켈란젤로의 「천지창조」의 일부분인 '아담의 창조'이고 다른 하나는
다윈의 진화론을 설명하는 개념도이다. 이 둘은 인류의 기원에 대한 두
가지 대립된 인식을 요약하여 보여주고 있다. 상반된 두 인식은 모두 많
은 사람의 지지를 받고 있지만 우리는 어느 것이 사실인지 알지 못한다.
　신에 의한 창조론을 받아들이는 사람들도 신이 인간을 창조했다는 데
에 대한 뚜렷한 증거를 제시하지 못하고 있으며, 진화의 결과라고 말하
는 사람들 역시 마찬가지이다. 전자는 종교의 이름으로 후자는 과학의

아담의 창조 (미켈란젤로)

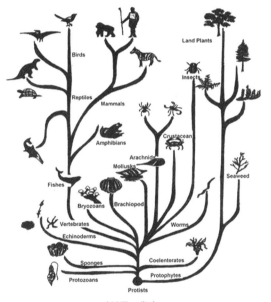

진화론 개념도

이름으로 많은 추종자들을 확보하고 있다. 종교적 믿음이든 과학적 추론이든, 정확한 근거 없이 인간의 상상이나 추론에 기초를 두고 있다. 그럼에도 불구하고 양 진영은 서로 자신이 옳다고 주장하면서 각각 수많은 지지자들을 확보하고 있다. 인간은 이처럼 자신이 어디서 기원했는지 말하는 데도 근거 없는 주장만을 내세우고 있다. 그러니 지구나 더 나아가서 우주의 기원에 대해서는 말할 나위도 없다.

인간의 기원에 대한 서로 반대되는 두 가지 이야기 중에서 어느 것이 맞는 것일까? 각자의 믿음의 영역을 벗어나면 인간은 이 질문에 대답하지 못하고 만다. 인간이 어디서 와서 어디로 가는가 하는 문제는 인간이 해결해야 할 가장 초보적인 문제일 것이다. 아마도 이 의문은 먼 조상으로부터 우리에게 전해 내려왔을 것이다. 인류의 조상들이 생존 그 자체에 관심을 가질 수밖에 없었다고 해서 이런 질문을 제기하지 못했을 것이라고 생각할 근거는 없다. 그들도 현대인과 마찬가지의 두뇌활동을 했다는 사실을 고려하면 당연히 이러한 질문을 제기했다고 보아야 한다.

인간이 이성적으로 사고하기 시작한 이후에 생긴 고대 철학의 문제는 온통 인간이 어디서 와서 어디로 가는가 하는 문제로 수렴된다. 하지만 지금까지 그 문제에 명쾌하게 대답한 사람은 아무도 없다. 수많은 철학자와 과학자들이 인류의 기원에 의문을 품고 자신의 방식대로 대답을 찾으려고 노력했다. 하지만 어떤가? 그 의문에 대한 대답으로 제시된 이야기 중에서 어느 이야기가 맞는 것인가? 서로 대립되어 있는 상황에서 모두가 맞는 이야기라면 어느 것도 맞지 않다는 판단에 동의할 수밖에 없다. 모든 것은 이야기로 이루어져 있다. 종교도 그렇고 과학도 그렇다. 이렇게 해서 인간은 실제로 자신의 기원과 관련하여 확인되지 않은 수많은 이야기로 둘러싸이게 되었다. 그 이야기 중에서 어느 것이 사실인지 알기 위해서는 오로지 믿음에 의지할 수밖에 없다. 그 믿음의 대상이 과학인지 종교인지는 각자의 선택에 맡겨져 있다. 현재까지의 상황에 비추어 보아 인류는 앞으로도 계속해서 자신이 어디서 왔느냐는 동일한 질문을 계속해야 할 것 같다.

교황 요한 바오로 2세(1920~2005)와 천체물리학자 스티븐 호킹 박사(1942~2018)는 비슷한 시대를 살았지만, 인류와 우주의 기원에 대한 두 사람의 생각에는 어떤 공통점도 없다. 한 사람은 인간이 신의 계획에 의해 창조되었다는 생각을 하고 있었고, 다른 한 사람은 그러한 생각을 단호하게 거부했다. 이들 중의 어느 한 사람만 맞는다면, 다른 한 사람은 최소한 허위를 사실로 믿고 있는 바보이거나 사실을 허위라고 주장하는 미치광이일 것이다. 하지만 우리는 그렇게 생각할 수 없다. 두 사람은 각각 종교와 과학의 영역에서 대단한 업적을 이룬 사람들로 많은 사람들의 관심과 존경의 대상이 되고 있다.

누가 옳은 것인가? 이 질문 앞에서 우리는 두 사람이 모두 각자의 방식대로 옳다고 인정할 수밖에 없다. 이 세상 반수의 사람을 바보로 보거나 거꾸로 이 세상 반수의 사람을 미치광이로 보아서는 안 되는 우리로서는 두 사람이 다 옳다고 인정할 수밖에 없다. 그런데 그럴 경우 서로 타협할 여지라고는 없어 보이는 정반대의 생각을 모두 옳다고 인정하게 되는 모순에 이르고 만다. 과연 인간은 신에 의해서 창조된 것일까, 아니면 다른 무엇에서 진화한 것일까? 이 문제는 종교와 과학 논쟁의 중심에 있었고 앞으로도 그 결론이 나지 않을 가능성이 크다.

호킹 박사는 『위대한 설계(The Grand Design)』라는 책에서 "우주들이 창조되기 위해서 어떤 초자연적인 존재 혹은 신의 개입은 필요하지 않다"[50]는 입장을 분명하게 밝히고 있다. 그는 우주 탄생의 기원으로 알려져 온 빅뱅이 신성한 존재의 개입이 아니라 중력 같은 물리학 법칙에 따라 발생한 것이라고 설명한다. 그리고 우주의 기원과 운행원리를 설명하는 데 있어서 굳이 창조주는 필요 없으며 우주는 스스로 창조되었다고 선언했다. 그는 우주의 기원과 관련된 질문을 받을 때마다 이런 입장을 단호하게 표명해왔다.

지금까지 수많은 사람들이 인간의 기원에 관한 문제를 제기해왔고 답

---

50 스티븐 호킹, 『위대한 설계』, 까치, 2010, p. 14.

을 찾으려 노력했지만, 인류는 아직도 자신이 어디서 왔는지 알지 못한다. 단지 생물학적으로 인간은 정자와 난자의 결합이라는 현상적 사실만을 확인했을 뿐 그 실질적 기원에 대해서는 전혀 만족할만한 대답을 찾지 못했다. 『창세기』에서 말하는 것처럼 인간은 흙으로 빚은 신의 창조물인가? 아니면 다윈의 진화론이 암시하는 것처럼 원숭이 비슷한 동물에서 진화된 것인가?

창조론이든 진화론이든 둘 다 인간의 '믿음'의 영역에 속하는 것이지 '앎'의 영역에 속하는 것은 아니다. 기나긴 인간의 역사에 비해 인지의 영역이 너무나 좁기 때문에 이 중요한 문제를 인지의 한계 내에서 해결할 수는 없어 보인다. 인류의 기원의 문제를 넘어 우리가 살고 있는 지구, 더 나아가 우주의 기원과 관련된 사유로까지 확장되면 인지의 한계는 더욱 분명해진다. 우주생성의 기원에 대해서는 여전히 논란이 분분하고 그 논란이 쉽사리 끝날 것 같지도 않다.

현대 철학자들도 인간의 기원에 관한 관심을 드러내지만, 의문의 결과는 만족스럽지 못하다. 현대 실존주의 철학자들은 인간은 무에서 와서 무로 돌아간다고 보았다. 이런 입장은 인간 지식의 한계가 명확하다는 것만을 보여줄 따름이다. 지금까지 어떠한 인간의 인식도 탄생 이전의 세계와 죽음 이후의 세상에 대한 명확한 설명을 제공하지 못했다. 한 개인의 입장에서 보자면 인지의 대상이 단지 이 세상에 생존해 있을 때에 겪은 것들로만 한정되므로 태어나서 죽을 때까지 길어야 100년이 채 못되는 기간에 벌어진 것으로만 제한될 뿐이다. 그 외의 모든 영역은 한 개인에게 상상의 영역에 속할 뿐이다. 그런 상상의 영역이 가장 광범위하고도 체계적으로 발현된 것이 '신화'의 영역이다.

2. 신화란 무엇인가?
 - 로고스와 미토스의 사이

"신화란 무엇인가?"라는 질문에 어떻게 대답할 것인가? 이 질문은 "삶
이란 무엇인가?"라는 질문만큼이나 대답하기가 어려워 보인다. 여러 대
답이 가능하겠지만 어떤 대답도 정답이 아니기 때문이다. 이 질문에 대
해 신화(神話)라는 한자말을 그대로 풀이해서 말하는 '신들에 관한 이야
기'라는 정도의 대답 이외에 어떤 의미 있는 대답을 할 수 있는 사람이
있을지 의문이다. 사실 '신들에 관한 이야기'라는 신화의 정의는 동어반
복에 불과할 뿐 정의로서의 가치가 없다.

'神話'라는 한자어는 myth(신화)라는 단어의 어원인 미토스(Mythos)
라는 의미를 제대로 반영하고 있지 못하다. '미토스'는 '말', '이성', '계
획'을 뜻하는 '로고스(Logos)'에 대립된 개념이다. 그리스 철학에서 로고
스는 "우주에 내재하면서 우주를 다스리고 우주에 의미를 부여하는 이
성"을 의미하는 것으로 받아들여졌다. 이는 논리를 의미하는 로직(logic)
이라는 단어의 어원이다. 논리가 이성적 사유를 바탕으로 하고 있다는
점에서 합당한 연결(번역)이라고 할 수 있다. 이에 반해 미토스는 로고스
가 아닌 모든 이야기를 포괄적으로 지칭하는 것으로 받아들여졌다. 미토
스는 다양한 의미로 사용되었기 때문에 그 개념을 특정하기 어렵다. 막
연하게 로고스의 영역 안에서는 이해되지 못하는 것들, 다시 말해 로고
스의 영역을 넘어서는 것들을 포함하는 것으로 이해된다.

아리스토텔레스는 인간의 말을 미토스와 로고스로 구분하고 철학이란
기본적으로 로고스에 바탕을 두는 것이라고 보았다. 그는 미토스를 엄격
한 철학적 사유의 대상에서 배제하고자 했다. 물론 아리스토텔레스가 로
고스의 언어로 이루어지는 분야와 미토스의 언어로 이루어지는 분야를

엄격하게 구분하고 있는 것은 아니다. 로고스의 언어로 이루어진 철학이 우주와 삶에 대한 경이로움에서 시작하는 것인 이상, 근본적으로 불가사의한 것에서 출발하는 미토스와 무관하지 않을 것이다. 소크라테스는 '표현하기 곤란한 것에 대한 기술(記述)', 플라톤은 '논리적 사색으로부터 벗어난 것'을 의미하기 위해 미토스라는 용어를 사용했다. 근대 이후 이른바 이성적 사유에 근거한 합리주의 철학이 서구의 공식적인 사유로 굳어지면서 미토스는 '비합리적이고 비논리적인 사유' 정도로 축소되었다.

이렇게 볼 때, 미토스(Mythos)를 어원으로 하는 신화(Myth, 神話)를 한자어의 의미에 따라 '신들에 관한 이야기'로 정의하는 것은 어원의 의미를 아주 제한하는 것이 된다. 동양 문화권에서 '신'이라는 존재는 나중에 서구의 일신교적 전통에서 '초월적 존재자'라는 의미로 한정되는 것이 아니라 여러 복합적인 의미로 받아들여져 왔다. 그런 만큼, Myth라는 용어를 신화라고 옮긴 것은 일종의 오역이다. Mythos가 광범위한 의미를 지닌다는 점을 도외시한 채 신화를 신들과 관련된 이야기로만 한정지어 버렸기 때문이다. 이런 제한적 의미 부여에서 벗어나 신화를 우주, 자연, 인간, 동식물계 등과 관련한 로고스적인 말을 제외한 모든 것을 의미하는 것으로 받아들이는 편이 원래의 개념에 훨씬 더 가까울 것이다.

우리는 일반적으로 미토스의 언어와 로고스의 언어를 서로 대립시켜 놓고 그 의미를 구분하고자 한다. 하지만 로고스의 언어는 미토스의 언어의 부분 집합으로 받아들여져야 한다. 이것은 마치 과학의 언어가 상상의 언어의 일부분인 것과 같다. 미토스의 영역은 미지의 세계와 초월의 세계를 포함한다. 로고스는 미지의 영역과 초월의 영역을 합리적으로 정리하여 그것을 하나의 계획된 구도 속에 위치시키는 기능을 한다. 이렇게 볼 때, 미토스의 영역과 로고스의 영역은 상호 배타적인 것이 아니라 포함관계에 있다.

　근대 이후 합리주의 철학에서 인간의 인식 활동은 로고스의 영역에서 이루어진다. 합리 철학은 감성의 영역에서 이루어지는 여러 인식 활동을 엄밀한 의미에서 로고스적인 것에서 배제했다. 이런 사고는 미토스와 로고스를 이분법적으로 나눈 결과이다. 미토스와 로고스의 영역은 별개의 영역에 속하면서 서로에게 배타적인 태도를 보이는 것은 아니다. 로고스는 미토스의 개념 안에 포함되어 있다. 로고스의 영역과 미토스의 영역을 나누는 경계 또한 뚜렷하지 않다. 이는 신화의 세계에서 신의 영역과 인간의 영역을 분명하게 나눌 수 없는 것과 마찬가지다. 이성의 영역과 감성의 영역을 분명하게 나눌 수 없는 것도, 상상하는 영역과 추론하는 영역의 경계를 구분하기 힘든 것도 이와 마찬가지다.

　인간은 대부분의 삶을 직관적 감성의 지배를 받으면서도 실제로는 논리의 세계를 살아가고 있다고 믿거나 심지어 그게 더 낫다고 믿는다. 하지만 모든 우주 현상, 자연 현상, 인간 현상을 설명할 수 있는 하나의 논리는 아직 발견된 적이 없다. 지금까지 인간의 정신 활동의 노력에 비추어 보아 앞으로도 영원히 그러한 논리를 발견할 수 있을 것 같지 않다. 과학의 영역이라고 부르는 것도 인간의 상상 행위의 결과일 뿐이다. 하늘을 날고자 했던 이카로스의 욕망이 없었더라면 현대의 비행기는 생겨나지 않았을 것이다. 마찬가지로 인터넷과 휴대전화와 같은 소통의 도구 역시 신과 신, 신과 인간, 인간과 인간 사이를 연결하려는 헤르메스적 욕망이 작동하지 않았더라면 불가능했을 것이다.

　현재 인간이 누리고 있는 물질적 안락을 가져다주는 온갖 도구들은 욕망의 결과이다. 욕망이라는 미토스의 영역이 비행기, 인터넷, 휴대전화와 같은 사물로 구체화한 것이다. 인간의 기술적 진보가 처음부터 합리적 사고와 계획의 결과였던 것은 아니다. 인간 인식의 역사에서 합리적으로 사고되고 계획된 행위는 한참 나중에 와서야 생겨난 것이다. 인간의 물질적 진보는 욕망을 전제로 한다. 인간의 삶은 앞으로도 계속해서 이렇게 진행될 것이다. 인간이 항상 논리의 세계에서만 살아가는 것은 아니다.

인류의 신화는 한 개인의 삶에서 유년기와 같은 의미를 지닌다. 한 인간에게 유년기는 아직 여러 인식이 분화되기 전의 시기이다. 그러므로 이 시기는 한 인간의 모든 꿈이 잠재되어 있으며 장래 성장의 모든 비밀이 간직된 시기이다. 한 인간의 유년기를 이해한다는 것은 그와 관련된 많은 것을 이해할 수 있는 방법이다. 그런데 유년기를 이해하는 일이 생각만큼 쉽지는 않다. 누구에게나 유년기의 일은 희미한 기억으로만 남아 있다. 어떤 누구도 자신의 유년기를 기록할 수 없다. 유년기에는 그것을 기록할 수 있는 능력이 없기 때문이다.

이런 상황은 인류가 자신의 초기의 일을 기록으로 남겨놓을 수 없는 것과 마찬가지다. 선사시대 인류는 자신의 삶을 기록할 능력도 그것을 기록할 수 있는 도구도 갖추지 못했다. 인류가 자신의 이야기를 기록할 수 있게 된 것은 문자라는 도구를 사용할 수 있게 된 다음부터이다. 유년기에 대한 기록도 나중에 그럴 수 있는 지적 능력을 갖추고 문자라는 도구를 사용할 수 있게 되어서야 이루어진다. 그런데 기억이라는 것에는 한계가 있어 유년의 기억을 기록할 수 있을 즈음이면 이미 많은 것이 심각한 망각상태에 빠져들어 버린 후이다.

부모든 누구든 다른 사람이 유년의 행적을 기록해줄 수 있다. 하지만 그 기록은 남의 것이지 자신의 것이 아니라는 점에서 한계가 있다. 설사 누군가 그것을 기록해놓았다고 해도 그것은 나와는 전혀 무관한 일로 느껴지는 경우가 많다. 그것은 기록자의 시각에 따라 왜곡될 수도 있고 이미 기록된 것조차 나중에 왜곡되어 해석될 수도 있다. 자신의 유년에 대한 타인의 기록을 바라보면서 때로는 이해할 수 없는 부분이 있는 것은 어쩔 수 없다. 하지만 내가 이해할 수 없고 내 의식에 없다고 해서 유년기의 내가 내가 아닌 것은 아니다. 기억할 수 없고 이해할 수 없는 것은 단지 나일 뿐이다.

그렇다면 인류 전체의 이야기에 대해서는 어떨까? 인류에게 신화는 개인에게 유년기에 비견될 수 있다. 즉 태초 인류의 꿈과 갈망을 포함하고 있는 신화는 이후에 다양한 방식으로 분화되어 나타나는 것들을 통합하고 있다. 마치 유년의 삶을 통해 한 인간을 좀 더 잘 이해할 수 있는 것처럼 말이다. 인류를 이해하기 위해서는 반드시 신화의 세계를 이해해야 한다는 말은 이런 의미이다. 그렇지만 한 개인에게 있어서 유년기와 마찬가지로 신화시대의 인식을 이해하기란 쉬운 일은 아니다.

지금 우리가 가진 신화는 실제로 있었거나 있었다고 생각했던 것보다 훨씬 더 나중에, 수십만 년 동안 무형으로 내려온 것을 누군가 다양한 형식의 도구로 기록한 것이다. 그것은 한 개인이 주위 사람들의 말을 듣고 자신의 유년기를 더듬어 재구성해놓은 것과 마찬가지이다. 누군가 내 어린 시절에 있었던 이해할 수 없는 이야기를 해주었다고 하자. 그런데 그것이 내 기억에 전혀 남아 있지 않다고 하자. 그렇지만 내가 기억하지 못한다고 해서 내가 그 사건 자체를 부인할 수는 없다. 마찬가지로 신화에서 만나는 이야기가 아무리 황당한 것이라고 해도, 그리고 우리가 지금의 시각에서 인정할 수 없다고 해도 엄연히 우리의 것이다.

그렇다면 신화란 무엇인가? 우리가 이 질문에 모든 사람이 동의할 수 있는 대답을 할 수는 없다. 단지 지금까지의 이야기를 바탕으로 제한적인 대답을 해보자. 우선 신화는 '신들에 관한 이야기'가 아니라 '인간에 관한 이야기'이다. 신화를 만든 것은 사람이지 신이 아니라는 점은 분명하다. 인간이 만들어 놓은 모든 이야기는 인간을 위한 이야기이다. 신을 숭배하기 위해 만들어놓은 이야기라고 해도 그것은 인간 자신을 위한 것이라고 보아야 한다. 인간이 신을 숭배하는 것도 엄밀하게 말하자면 인간 자신을 위해서이기 때문이다. 인간은 신을 만들었지만, 신의 지배를 받고 있다. 현대의 고등종교는 신과 인간의 불균형한 관계를 잘 보여준다. 태초에 신이 존재했다고 하지만 인간이 없을 때 존재했던 신은 실존하는 인간에게는 무의미하다. 그렇기 때문에 적어도 실존하는 인간에게 신은 인간보다 나중에 생겨난 존재이다.

그런데 '왜' 인간에 관한 이야기인가, 인간에 관한 '어떤' 이야기인가 하는 문제로까지 나아가야 이 정의는 어느 정도 완결된 의미를 가질 수 있게 된다. 사실 완결된 정의를 위해서는 이외에도 다음과 같은 수많은 부수적인 질문에 답해야 한다. 인간은 어떻게 이 세상에 존재하게 되었는가? 인간은 어떻게 세상을 살아왔는가? 우주와 자연은 어떻게 이 세상에 존재하게 되었는가? 우주와 자연은 어떻게 운행되고 있는가? 우주와 자연은 인간과 무슨 관계가 있는가? 이런 거대한 문제에 대한 태초 인간들의 이해방식이라는 점에서 신화는 현대인의 철학과 마찬가지이다.

신화가 인간에 관한 이야기라는 것은 그것이 인간이 살아가고 있는 우주가 어떻게 형성되었는지, 인간이 어떻게 생겨났는지, 우주와 인간이 어떤 관계를 맺고 있는지에 대해 말해주고 있다는 의미이다. 현대인에게 신화는 상상력의 원형이자 인간의 자기표현인 예술의 모델이며 인간행동의 궁극적 참조체계이다. 현대에 와서 신화가 중요시되는 것은 이런 이유 때문이다. 이런 입장에서 보자면 우리 인간은 여전히 신화시대를 살아가고 있다.

3. 신화는 어떻게 해서 생겨났을까?
- 어둠과 죽음의 완곡화

어떤 학자는 전설, 신화, 신, 종교가 처음 등장한 것은 인지적 혁명과 함께였다고 말한다.[51] 인간이 신을 만들어낸 것은 자기 삶의 의미를 인식하게 되면서부터라는 입장일 것이다. 구체적으로 자신이 이 세상에서 얼마나 나약한 존재인지, 그리고 그러한 나약함 속에서 어떻게 하면 자신의 안전을 보장받을 수 있을지를 생각하는 순간 신을 만들어 내었고, 바로 그 순간이 역사의 시작이라는 의미일 것이다. 신화는 어떻게 해서 생겨났을까? 인간은 왜 신들을 만들어 내고 그들에 관한 이야기를 하게 되었을까? 우리는 이 질문들에 여러 방식으로 대답할 수 있을 것이다. 인간은 자기 삶의 안정을 위해 우주와 자연의 운행원리를 설명하고 그 속에서의 자신의 위치를 정립하는 과정에서 신화를 만든 것은 분명해 보인다.

대부분의 우주 창조신화는 신과 인간의 관계에 앞서 빛과 어둠의 관계를 설명하면서 시작하고 있다. 이런 사실은 태초 인간에게서 가장 직접적인 공포가 빛과 어둠과 관련되어 있다는 사실을 보여준다. 인간이 빛과 어둠의 교대를 만들어내는 우주의 운행과 지구의 자전 원리를 사실에 가깝게 인식하게 된 것은 갈릴레오 갈릴레이가 활동했던 1600년대 초까지 내려온다. 이 시기에도 그가 종교재판에서 자신이 발견한 과학적 원리를 취소할 수밖에 없었다. 그것이 당시 인류 전체의 공식적인 견해라고 보기도 힘들다. 로마 교황청이 갈릴레오 갈릴레이에 대한 황당한 종교재판을 20세기에 와서야 취소했고, 더욱이 그에게 무의미한 사과를 한 것은 불과 몇 년 전의 일이다.

---

51 유발 하라리, 『사피엔스』, 김영사, 2015, p. 48.

이런 사실은 인간이 현재와 같은 방식으로 지구와 태양의 운행원리를 인식하게 된 것이 그다지 오래되지 않았다는 것을 보여준다. 과학자들을 따라 멀리 잡아 보자면 인류 역사의 시작은 수백만 년 전으로 거슬러 올라간다. 그런데 그 장구한 역사에서 인간이 어둠과 관련된 원리를 있는 그대로 완벽하게 인식할 수 있게 된 것은 아무리 멀리 잡아도 고작 400년 정도밖에 되지 않는다. 결국 소크라테스, 탈레스, 아리스토텔레스 같은 철학자들도 낮과 밤이 교대되는 원리를 제대로 이해하지 못했다는 이야기이다.

　로저 에커치는 『밤의 문화사』에서 원시인들에게 밤의 의미를 다음과 같이 설명하고 있다. "밤은 인간 최초의 필요악이자 가장 오래되고 가장 자주 출몰하는 두려움이다. 모여드는 어둠과 추위 속에서 선사시대의 선조들은 분명 어느 날 태양이 다시 떠오르지 않을지도 모른다는 심한 두려움을 느꼈을 것이다."[52] 태초의 인간에게 어둠은 그 자체로 엄청난 공포의 대상이었을 것이다. 여기에다 어둠과 함께 찾아오는 다른 위험들, 다시 말해 추위와 짐승의 공격은 어둠에 대한 공포를 가중시켰을 것이다. 어둠과 그로 인한 추위와 짐승의 공포는 일정 부분 현대인에게도 마찬가지이고 보면, 우리가 이들의 공포를 이해하지 못할 것도 없다.

　태양의 신화는 다시는 태양이 떠오르지 않을지도 모른다는 두려움에서 생겨났을 것이다. 아폴론이라는 이름으로 불리는 신은 그리스로마 시대보다 훨씬 이전부터 존재했던 신으로 태양이 어김없이 다시 떠오르기를 바라는 희망의 구현으로 보아야 한다. 아폴론은 단지 언젠가부터 구체화한 이름일 뿐 태양의 정기적인 운행을 원하는 갈망과 더불어 만들어진 신이었을 것이다. 이렇게 볼 때, '파에톤의 신화'는 태양신이 자신의 임무를 등한시할지도 모른다는 공포를 드러낸 것일지도 모른다. 결국 아

52　로저 에커치, 『밤의 문화사』, 돌베개, 2008, p. 27.

폴론 신화나 파에톤 신화는 태초의 인간들에게 어둠이 주는 공포에 대한 해결책이었던 셈이다.

밤이 지나면 어김없이 낮이 찾아온다는 것을 경험적으로 터득하고 나서도 여전히 두려움이 사라지지 않았다. 어둠으로 인한 추위와 어둠 속에서 더 격해지는 짐승들의 공격 때문에 어둠은 여전히 인간에게 공포의 대상이었을 것이다. 이런 상황 속에서 인간이 만들어낸 프로메테우스는 신들만이 그 혜택을 누리던 불을 인간에게 전해주고 엄청난 고난을 감수한다. 프로메테우스는 어둠이 주는 공포에서 벗어나고자 했던 인간의 욕망의 결과이다. 불을 마음대로 사용하게 됨으로써 인간은 추위와 짐승의 공격으로 인한 공포에서 어느 정도 벗어날 수 있었다. 이렇게 볼 때 프로메테우스 신화는 어둠의 공포에서 해방시켜줄 불에 대한 인간의 오랜 갈망의 표현이라고 할 수 있다.

불의 사용은 인간이 다른 동물들보다 우위에 설 수 있게 해주었고 인간의 삶에 획기적인 변화를 초래했다. 대다수 신화에서 태양을 관장하는 신이 으뜸 신의 역할을 하는 것은 이런 이유 때문일 것이다. 태양을 절대시하는 인식은 역사시대까지 연장된다. 이집트의 왕들은 자신을 태양신의 구현으로 불렀다. 고대 로마 황제들과 근대 프랑스 왕들도 자신을 태양이라 불렀다. 이처럼 태양 숭배는 태초 인간에게 대단히 중요한 일이었으며 이러한 입장에서 태양과 관련된 많은 신화적 이야기가 만들어졌다.

어둠과 더불어 인간에게 극심한 공포를 불러일으켰던 것은 죽음일 것이다. 홀연히 찾아오는 어둠에 대한 공포는 인간의 경험이 축적되어 낮과 밤의 주기적인 교대를 인식하게 되고 불을 사용할 수 있게 됨에 따라 점차 무의미하게 되었다. 하지만 인간의 자연적인 소멸을 가져오는 죽음에 대한 공포는 그렇지 못했다. 그리스 신화에서 하데스와 관련된 많은 무시무시한 이야기들은 죽음에 대한 고대인들의 공포를 잘 드러내준다. 고대인들에게 사자(死者)들의 세계는 하데스, 페르세포네, 케르베로스, 카롱 등 여러 부정적인 이미지를 통해 드러난다. 한 번 죽음의 신의 부름을 받은 사람은 다시는 이 세상으로 돌아오지 못하기 때문이다.

오르페우스와 유리디케의 신화는 죽음의 세계가 가지는 불가역적인 성격을 잘 보여주고 있다. 오르페우스는 사랑하는 유리디케를 찾아 온갖 고난을 무릅쓰고 죽음의 세계로 가서 그녀와 함께 지상으로 되돌아올 수 있는 허락을 받아낸다. 하지만 일단 지하세계에서 지낸 유리디케는 다시는 지상으로 돌아오지 못하고 만다. 일단 지하세계에 발을 디뎠던 오르페우스마저도 지상에서 정상적인 삶을 살아가지 못하고 방황하다가 끔찍한 죽음을 맞이한다. 그 역시 죽음의 세계를 맛보았기 때문이다. 죽음에 대한 고대인들의 공포는 하데스 신과 관련된 어둡고 무시무시한 이야기로 구현된다. 지옥의 문을 지키는 무시무시한 케르베로스와 지옥의 뱃사공 카롱과 관련된 음산한 이미지가 그 예이다.

하지만 인간은 죽음이 지닌 음산함을 극복하는 방안으로 죽음이 주는 공포를 완곡화시키는 방법을 찾아내었다. 그것은 죽음이 현재 인간의 삶이 인생의 여러 존재 양태 중의 하나에 불과하며, 죽는다는 것이 단지 현재의 존재 양태가 변화하는 것에 불과하다는 생각이다. 이는 종교에서 죽음을 설명하는 방식이기도 하다. 고대 이집트인들이 건설한 피라미드는 죽음의 완곡화 기능과 죽음의 공포에서 벗어나려는 인간의 욕망을 잘 드러낸다. 고대 이집트 왕들은 자신들이 죽고 나서 살 수 있는 거대한 세계를 구축했는데, 이는 죽음 이후의 세계에 대한 믿음을 잘 표현하고 있다. 죽음이 마지막이 아니라 단지 존재 양태의 변화에 불과하다는 생각은 기독교의 내세관과 불교의 윤회사상에도 그대로 드러난다.

죽음과 관련된 생물학적 의미가 어느 정도 규명된 현대에 와서도 종교와 철학에서 죽음을 다루는 방법은 이전에 비해 거의 달라지지 않았다. 죽음이라는 현상에 대해 아무리 합리적으로 인식하고자 해도 슬프고 무서운 감정은 어쩔 수 없는 것이기 때문이다. 단지 생물학적인 견지에서만 보자면 죽음이란 인간에게 이상할 것도 두려울 것도 없다. 그럼에도 불구하고 인간이 죽음과 관련된 갖가지 불합리한 생각을 지니고 살아가는 것은 어쩔 수 없는 일이다. 시신과 관련된 갖가지 공포를 자아내는 이야기는 생물학적으로 전혀 근거가 없다. 게다가 현대인들은 삶과 죽음이 그다지 멀리 떨어져 있지 않다는 것을 경험을 통해 잘 알고 있다. 이런 맥락에서 몽테뉴는 "철학을 한다는 것은 잘 죽은 것을 배운다는 것"이라는 말로 삶과 죽음의 관계를 정리했다.

인간은 항상 생과 사의 갈림길을 지나고 있으면서도 그러한 사실을 모르고 살아가고 있다. 자동차를 운전하다 보면, 도로를 가로질러 세워놓은 안내판에서 "어제의 00도내 교통사고 00건, 부상자 00명, 사망자 0명" "연간 과속으로 인한 사망자 00명" "연간 갓길 주차 사망자 00명" 등의 문구들을 자주 보게 된다. 그 문구를 힐끗힐끗 스치듯이 읽으면서 우리는 항상 우리의 목숨이 경각에 달려 있다고 생각하게 된다. 최근 들어 졸음운전의 위험성을 지적하는 경고 문구는 이런 생각을 더 극단까지 밀고 간다. "졸음운전의 종착지는 이 세상이 아닙니다." "졸음운전, 목숨을 건 도박입니다." "깜빡 졸음, 그 다음은?" 이런 섬뜩한 경고는 결국 삶과 죽음의 경계가 모호하며, 인간이 그러한 경계를 얼마나 두려워하고 있는지 보여준다.

삶과 죽음의 모호한 경계는 비단 여기서만 드러나는 것이 아니다. 미지의 수많은 미생물의 위협으로부터 인간이 여전히 얼마나 취약한지를 생각하면 인간은 항상 삶과 죽음을 동시에 체험하고 있다고 해도 과언이 아니다. 수많은 상황 속에서 인간은 살아 있으면서도 죽음을 끼고 살아가고 있다. 이는 인간이 예기치 못하게 경험하는 수많은 부조리한 사고(事故)에서 그대로 드러난다. 카뮈는 『페스트』에서 "이 망할 놈의 병(페스트)"은 "병에 걸리지 않은 사람까지도 생병을 앓게"[53] 만드는 것이라고 단언한다. 이러한 부조리한 사고와 질병에서 완전히 벗어나지 않은 것이 사실이고 보면, 모든 사람이 삶과 죽음을 동시에 경험하면서 살아가고 있다.

카뮈가 "가장 부조리한 죽음"[54]이라고 불렀던 교통사고의 희생자를 보면 이런 생각이 과장이 아님을 금방 확인할 수 있다. 필연적으로 교통사고를 당하게 되어 있고, 그것을 알면서도 사고를 당한 사람은 아무도 없다. 모든 자동차 사고는 불현듯 다가오는 것이다. 운명론자들에 의하면, 인간은 저마다 주어진 운명을 타고난다. 하지만 운명이 실체를 드러내어 내가 그 운명의 희생자가 될 때까지는 내가 자동차 사고로 죽을 운명이라는 것을 알 재간이 없다.

카뮈는 평소에 자신이 가장 부조리한 죽음이라고 불렀던 자동차 사고로 목숨을 잃었다. 그는 "적어도 내가 부지불식간에 갑자기 당했다는 소리를 듣지 않도록-요컨대 알면서 갈 수 있도록 때때로는 길고 줄곧 의식이 또렷한 최후의 죽음을 꿈꾸기도 했다."[55]라는 말을 남기고 있다. 하지만 이런 그의 소망에도 불구하고 그는 자신이 알지 못하는 사이에 마흔일곱을 채 넘기지 못하고 자동차 사고로 현장에서 즉사했다. 그것은 과연 그의 운명이었을까? 그럴지도 모른다. 그러나 그는 죽는 바로 그 순간까지도 그것이 자신의 운명이라는 것을 몰랐을 것이다. 그는 자신의 별장이 있는 루르마랭이라는 프로방스 지역의 작은 마을에서 연말연시 휴

---

53 알베르 카뮈, 『페스트』, 책세상, 2007, p. 161.
54 올리비에 토드, 『카뮈』, 책세상, 2002, p. 1264.
55 알베르 카뮈, 『작가수첩Ⅱ』, 책세상, 2002, p. 425.

가를 마치고 가족을 먼저 파리로 보내고 출판사를 경영하는 친구와 함께 파리로 돌아가는 중이었다. 아마도 당시 집필 중이던 『최초의 인간』에 대해 고민하고 있었을 것이다. 그의 죽음과 관련해서 우리가 알 수 있는 것은 그게 전부이다. 그는 그날 자동차 사고로 죽을 운명을 전혀 깨닫지 못한 상태에서 죽음을 맞았다.

사제들의 도움을 얻어 신전에서 신탁을 미리 알 수 있었던 신화시대가 아닌 이상 운명이란 항상 사후에야 인간에게 알려지게 된다. 지금 내가 고속도로에서 시속 110km로 운전하고 있는 자동차가 원인을 알 수 없는 이유로 고장이 나서 중앙선을 넘어 마주 오는 대형버스나 트럭과 정면으로 충돌할 가능성은 항상 존재한다. 물론 저 튼튼해 보이는 중앙분리대가 정면충돌 정도는 막아줄 가능성이 있지만 백미러를 통해서 보이는 나를 따르는 수많은 대형 자동차들을 보건대 그것이 나를 죽음으로부터 지켜줄 수 있을 것 같지는 않다. 나는 그 마지막 순간이 올 때까지도 그 사실을 알 수 없을 것이다. 우리는 모두 그렇게 살아가고 있다.

어느 날 아침 도로에서 부조리한 교통사고의 희생자가 된 30살을 갓 넘긴 어떤 남자는 출근을 위해 문을 나서면서 엄마의 팔에 억지로 안겨 나와 졸린 눈을 비비고 배웅하는 딸아이에게 저녁에 아이스크림을 사 오겠다는 약속의 대가로 볼 키스를 받고 나왔을지도 모른다. 그는 자신이 사고를 당하는 그 순간까지도 자신에게 닥칠 비극적인 운명을 알지 못한 채 차 안에 걸어둔 딸아이의 환한 미소를 즐기고 있었을 것이다. 불시에 닥치는 죽음은 모두 부조리한 것일 수밖에 없다. 비단 교통사고뿐만이 아니다. 내가 원하지도 않았지만 생명이라는 것은 언제든지 나를 떠나버릴 채비를 하고 있다. 우리 인간은 항상 이런 부조리한 상황 속에서 살아가고 있다.

죽음의 의미는 그 죽음이 나와는 전혀 무관한 타인의 것이었을 때와 나와 관련 있을 때 하늘과 땅 차이다.[56] 교통사고를 환기시키면서 조심운전을 당부하는 안내 표지판에 나타난 죽음의 숫자는 말 그대로 숫자에 불과할 뿐 나하고는 아무런 상관이 없다. 그 숫자는 나에게 추상적인 것에 불과하다. 한 인간의 졸음운전으로 인한 타인의 어이없는 죽음, 지하철 공사장 붕괴사고, 빈발하는 화재사고로 인한 안타까운 희생 등 우리 주위에는 매일 같이 부조리한 죽음이 일어나고 있다. 하지만 그 역시 그런 사고를 당해서 죽은 사람들과 관련이 없는 우리에게는 그냥 흔한 죽음의 일부이다. 죽음은 누구에게나 닥치는 너무나 흔한 것이니까.

하지만 지금 죽음의 방문을 받은 사람이 나와 관련이 있는 사람일 때는 의미가 완전히 달라진다. 내가 죽은 사람의 가족이 되어 병원의 영안실에서 조문객을 받고 있다고 가정해 보자. 아니면 내가 죽어 나의 가족이 그렇게 하고 있다고 생각해 보자. 그때 가서야 죽음의 의미가 아주 선명하게 드러날 것이다. 그럴 경우 전광판의 저 숫자들은 추상의 차원에서 빠져나와 구체화될 것이고, 그때 가서야 죽음은 나에게 의미 있는 일이 될 것이다. 누구도 죽어본 사람은 없기 때문에 자신의 죽음을 과거형으로 말할 수는 없다. 그러니 죽음 이후의 세계가 어떻게 이루어져 있는지 이야기해 줄 수 있는 사람은 아무도 없다. 죽음에 관한 이야기는 그저 종교인들의 상상의 소산에 불과하다. 그런데도 죽음은 끊임없이 누군가에게 닥치고 있다. 멀지 않은 장래에 저 죽음은 결국 나의 것이 될 것이고 그러면 내 몸이 완전히 해체되고 나는 살아 있는 사람들 사이에서 잊혀져갈 것이다. 이런 확실한 상황에서도 죽음에 대항해서 인간이 할 수 있는 일은 아무것도 없다.

---

[56] 카뮈는 일주일 동안 페스트로 죽은 오랑시민들의 숫자가 만 명에 도달했을 때, 만 명이라는 숫자를 실감나게 하기 위해 정원이 2,000명인 극장에서 나오는 사람들을 5번에 걸쳐 모두 죽인다고 했을 때 가능한 숫자임을 설명하고 있다.(알베르 카뮈, 『페스트』, p. 62.)

파리의 카타콤에 가면 수많은 인골이 켜켜이 쌓여 있는 것을 볼 수 있다. 켜켜이 쌓여 있는 카타콤의 인골들은 인간의 흔적이라기보다는 그냥 물질에 불과하다는 생각이 더 강하게 든다. 모든 사람은

파리의 카타콤

죽고 나면 저렇게 변하는 것이 아닌가? 살아생전 그 이름을 널리 떨쳐 죽은 다음에도 이름을 남긴다고 한들, 그 육신은 와해로부터 벗어날 수 없다. 그렇게 된다면 그들이 남기는 이름이 이미 실존하지 않는 그들에게 무슨 의미가 있겠는가? 그러니 죽음은 모든 것의 종말이라고 할 수 있지 않겠는가? 카타콤의 인골들 사이로 군데군데 다음과 같은 글귀가 적혀 있다. "눈앞에 항상 죽음의 시간을 지니고 매일같이 죽을 준비를 하고 있는 자는 행복하도다." "아침에는 당신이 어쩌면 저녁까지 갈 수 없을지도 모른다고 생각하고, 저녁에는 당신이 어쩌면 아침까지 갈 수 없을지도 모른다고 생각하라." 맞는 말이다. 죽음은 늘 그렇게 인간과 함께 존재하는 것이다. 그래서 누구에게나 인생은 늘 무상한 것이다.

인간은 죽음에 대한 공포에서 벗어나기 위해 내세를 만들어내어 그에 대한 믿음을 통해 죽음이 주는 공포에서 벗어나려 했다. 근본적으로 내세에 대한 믿음에 기초하는 종교는 인간이 생물학적 현상을 철학적 현상으로 바꾸어가는 과정에서 생겨난 것이다. 즉 종교는 생물학적 해체를 넘어 삶을 영속화하려는 인간 욕망의 산물이다. 인간은 늘 가까운 곳에 죽음이 있다는 것을 알고 죽음과 가까이하는 지혜를 터득했다. 언제든 모든 것을 소멸시켜버릴 수 있는 죽음이 있기에 인간은 삶을 더욱더 소

중하게 바라볼 수 있는 것이다. 죽음이 생물학적으로 어쩔 수 없다는 사실이 밝혀짐에 따라 어차피 언제라도 찾아올 죽음이라면 그것을 완곡화시켜 담담히 받아들이는 것이 낫다는 사실을 터득했다. 인간의 이런 태도는 오랜 경험과 사유를 통해 생겨난 것이다. 그럼에도 불구하고 인간은 아직 죽음의 공포에서 단 한 발자국도 벗어나지 못하여 죽음은 여전히 두려움의 대상으로 남아 있다.

인간은 자신의 삶이 제한되어 있다는 것을 알면서도 끊임없이 영원한 삶을 갈망해왔다. 그것이 불가능하다는 것을 경험적으로 체험하고 나서도 인간은 영원히 살 수 있는 방법을 찾으려는 노력을 그만두지 않았다. 진시황은 천하에 사람을 파견하여 불로초를 찾고자 했다. 이집트의 파라오들은 거대한 피라미드를 만들어 현실에서의 삶을 연장하고자 했다. 영원히 살고자 하는 욕망이 좌절되고 나서도 인간은 신화와 종교를 통하여 영원한 삶을 획득하고자 했다. 불교의 윤회 사상과 기독교의 내세관은 영원히 살고자 하는 욕망을 반영하고 있다. 죽음이란 인간으로 하여금 적어도 생물학적으로는 삶이 유한하다는 것을 보여주는 가장 확실한 현상이다. 인간은 죽음으로 인한 삶의 유한성을 극복하기 위해 영혼이라는 관념을 만들어내었고, 신화는 이를 극복하기 위해 내세에서의 영속적인 삶을 약속하고 있다. 종교는 이런 생각을 바탕으로 내세를 천국과 지옥으로 다시 나누면서 현세에서의 윤리적인 삶에 대한 권고까지 덧붙였다.

천하를 뒤져 불로초를 찾으려던 진시황의 꿈은 결국 좌절되고 말았다. 하지만 그는 끝까지 죽음을 받아들이기를 거부하였던 것으로 보인다. 그의 무덤에는 진흙으로 빚은 수천의 병마용이 함께 출토되었다. 우리가 고대인들의 무덤에서 발견하게 되는 미라, 순장, 부장품 등 여러 현상은 영생에 대한 인간의 갈망을 그대로 보여준다. 인간은 자신의 삶과 그것을 둘러싸고 있는 여러 상황에 대해 자신이 할 수 있는 것이 없다는 것을 잘 알고 있다. 그러한 인식 앞에서 인간은 결국 이 모든 것을 다 알고 그 문제를 해결할 수 있는 권능을 지닌 신적인 존재를 만들어내었다. 인간은 신적인 존재를 통해 세상에 대한 자신의 인식과 갈망을 표현했다. 신은 이렇게 해서 인간에게 왔으며 신화는 그와 관련된 이야기를 다루고 있다.

4. 왜 반항(해야)하는가?
- 신에서 인간으로

우리가 신화에서 만나는 이야기치고 황당하지 않은 것은 없다. 신은 흙으로 인간을 만들기도 하고, 신이 마음만 먹으면 곰이 마늘과 쑥을 먹고 인간이 되기도 한다. 생물학적으로 가능하지 않은 이런 종류의 이야기는 헬레니즘 신화와 헤브라이즘 신화뿐만 아니라 세계 도처의 여러 신화에서 수도 없이 등장한다. 태초에 인간은 신과 조화로운 관계를 설정하면서 살아가기를 원했다. 그렇게 하기 위해 인간은 자신의 운명을 전적으로 신의 의지에 맡겨두어야 했다. 하지만 그런 상황은 오래 가지 못했다. 스스로 사고하고 그 사고를 바탕으로 행동할 수 있는 인간은 더 이상 신이 지시하는 대로만 살아갈 수가 없었기 때문이다. 그래서 인간은 스스로 신의 세상에서 벗어나고자 했다. 그런 가운데서 인간은 수도 없이 많은 이야기를 만들어내었다. 그것이 오늘날 우리가 이야기하는 신화이다.

어떻게 해서 이 세상에 존재하게 되었는지는 여전히 알 수 없지만 아주 오랜 옛날부터 인류라는 동물이 있었다. 인류는 자신의 모든 것을 다른 동물들과 공유하면서 다양한 동물들과 식물들 사이에서 근근이 자신의 생명을 연장해 나가고 있었다. 칠흑 같은 어둠이 찾아오면 추위와 공포로 몸을 떨었지만, 다시 빛이 찾아오면 안도의 한숨을 쉬기를 반복했다. 하지만 다시 어둠이 찾아오면 동일한 공포를 느꼈다. 수도 없이 반복되는 빛과 어둠 속에서 그는 자신을 둘러싸고 있는 사물들과 다를 것이 전혀 없는 상황에 처해 있었다.

하지만 그는 다른 동물들과는 다른 무언가를 가지고 있다는 사실을 깨닫게 되었다. 그는 다른 동물들과 비교할 수 없을 정도로 큰 두뇌를 가지고 있어서 더 깊이 생각할 수 있었던 것이다. 그는 뇌를 활용하여 자신이 겪었던 여러 경험을 축적할 수 있었고 거기서 자기의 삶의 안위를 위해 필요한 요소들을 기억해내어 활용할 수 있었다. 그러한 두뇌활동을 통하여 그는 함께 살아가고 있는 다른 존재들에 비해 자신을 둘러싸고 있는 환경에 대해 점점 더 많은 것을 알 수 있게 되었다. 하지만 그는 여전히 수많은 무지로 둘러싸여 있었고 자신의 삶이 언제든 소멸할 수 있다는 생각에 사로잡힌 채 살아갈 수밖에 없었다.

이런 상황에서 인류는 자신이 모르는 모든 것을 알고 있는 존재를 필요로 하게 되었다. 그 존재는 개개의 인간이 어디에서 오는지 알고 있어야 했고, 목숨이 붙어 있는 동안에 벌어질 수 있는 모든 위험에서 그들을 보호해주어야 했고, 육신이 해체된 다음에 어디로 가는지 알고 있어야 했다. 그 존재는 인간이 삶과 죽음 사이에 살아가고 있는 동안 벌어질 수 있는 모든 일에 대해 구체적으로 알고 있어 인간을 안심시켜 주어야 했다. 빛이 어김없이 다시 찾아올 것을 보장해주어야 했고, 사냥에서 원하는 만큼 많은 짐승을 잡을 수 있게 해주어야 했고, 들판에 자라는 열매와 곡식이 충분히 많은 양의 소출을 줄 수 있도록 보장해주어야 했다.

인간은 이렇게 자신이 모르는 것을 신들은 알 수 있다고 생각했기 때문에 애초 신이라는 관념을 통해 자신의 무지와 공포를 극복하고자 했다. 세월이 흐르자 단지 관념에 불과하던 신이 인격을 입게 되어 신과 인간 사이에는 완벽한 주종(主從)관계가 형성되기도 했다. 이 세상에 대해 아무것도 모르는 인간은 모든 것을 알고 있는 신에게 의지할 수밖에 없었다. 날마다 하늘에서 이글거리는 불을 어떻게 하면 가질 수 있는지 알고자 했다. 대지를 말리는 가뭄을 끝장내 달라고 신에게 기도할 수밖에 없었다. 돌연히 사라지는 태양의 행방을 신에게 물어볼 수밖에 없었다. 그리고 왜 빛과 어둠이 교체되는지 알아야 했다.

스스로 알 수 있는 것이 아무것도 없었기 때문에 모든 것을 신에게 맡겨놓을 수밖에 없었다. 인간은 자신의 무지의 몫에 비례해서 신의 능력을 더욱더 보강해나갔다. 자신의 모든 것을 신에게 맡겨놓고 그저 신을 숭배하는 종으로 살아갈 수밖에 없었다. 우리가 신화 속에서 만나는 신의 절대적인 권능은 이렇게 해서 생겨난 것이다. 현대인의 시선에서 보자면 황당하기 짝이 없는 신화 속 이야기가 이렇게 해서 만들어지게 되었다. 결국 인간이 신에 관한 이야기를 만들어낸 것은 세상에 대한 무지와 공포를 극복하고 자신의 안위를 지키기 위해서이다. 그 이야기는 기나긴 세월을 거치면서 인간이 느꼈던 인식을 반영하고 있다. 그래서 신화 속 모든 이야기는 인간이 신들과 어떤 관계를 맺으면서 세상을 운영하고 있는지 말해주는 이야기로 구성된다.

태초부터 인간은 다른 동물들과 달리 스스로 사고하고 그 사고를 행동으로 옮겨 결과를 축적해나갈 수 있는 능력을 소유하고 있었다. 인간은 이런 능력을 바탕으로 서서히 자신을 둘러싼 우주의 운행원리를 깨닫게 되었다. 신의 개입이 없이도 어둠이 지나간 후 어김없이 빛이 찾아온다는 것을 이해하는 데에는 많은 세월이 걸리지 않았을 것이다. 그래서 태양을 관장하는 헬리오스 신은 일찍부터 적극적인 역할을 수행할 필요가 없었다. 그것은 신이 없이도 자연스럽게 이루어지는 현상임을 경험적으로 알게 되었기 때문이다. 물론 그 정확한 원리를 추상화된 진리로서 이해하기 위해서는 오랜 세월을 기다려야 했지만 태양신에게 자신의 운명을 전적으로 의탁할 필요가 없다는 사실만은 일찍부터 분명히 깨닫게 되었다.

물론 아직도 탄생 이전의 세계와 죽음 이후의 세계는 미지의 것으로 남아 있다. 하지만 축적된 경험으로 인해 탄생과 죽음 사이의 제법 긴 시간 동안만은 굳이 신의 도움을 받을 필요가 없다는 것이 명백해졌다. 이런 상황에서 인간은 예전처럼 모든 것에서 신의 도움을 받을 필요가 없다는 것을 깨달았다. 더 이상 신에게 기도하지 않아도 언젠가는 어둠이 물러가고 빛이 찾아올 것이라는 것을 알게 되었고, 생명의 탄생을 설명하는 데 굳이 신이라는 관념을 도입할 필요도 없게 되었다. 게다가 모든 생명체는 죽음이라는 것을 피할 수 없다는 것도 알게 되었으니 불로초를 찾으러 천하에 사람을 파견할 일도 없어졌고 영생을 갈구하면서 신에게 기도할 필요도 없다고 생각하는 사람들도 생겨났다. 이렇게 인간은 예전에 자신들이 속해 있던 전적인 무지상태에서 벗어나 조금씩 자신의 안위를 지켜나갈 수 있게 되었다. 신화의 대부분을 차지하는 영웅 이야기는 이런 맥락에서 만들어졌다. 인간이 전적으로 신에게 복종할 필요가 없어짐에 따라 신화 속 영웅들 역시 신에게 전적으로 복종할 이유가 없게 되었다.

그래서 인간은 신에게 '반항'한다. 프로메테우스는 인간을 멸절시키려는 제우스 신의 명령을 과감히 거부하고 인간이 독자적으로 살아갈 수 있는 방법을 가르쳐준다. 프로메테우스는 그러한 불복종의 결과 갖은 고초를 겪게 되지만 그는 신에 대한 반항을 포기하지 않고 인간으로서의 삶을 선택한다. 부조리하기 짝이 없는 신의 명령을 수행한 오이디푸스는 마지막 순간 신의 요구를 거부하고 살아남기를 선택한다. 그는 이미 인간임을 인식함으로써 스핑크스를 물리친 경험이 있다. 오이디푸스와 스핑크스의 대결은 인간이 인간임을 인식하고 독자적인 삶을 영위하기로 결정하는 순간 신이 할 수 있는 일이 그다지 많지 않다는 사실을 보여준다.

그뿐만 아니라 인간은 신의 금지를 과감히 '위반'한다. 판도라는 감히 제우스 신의 명령을 거부하고 상자를 열어 내용물을 확인한다. 제우스 신는 인간에게 오욕칠정을 비롯한 모든 감정을 부여하고도 그것을 발휘하지 못하게 묶어 두고 자신의 세상에서만 살아가기를 원했다. 하지만 스스로 살아가는 삶의 가치를 깨달은 판도라는 금기를 위반함으로써 인간이 스스로 살아갈 수 있는 발판을 만든다. 아담과 이브는 신이 금지한 금단의 열매를 따 먹고 감히 신에게 도전한다. 애초 신은 아담과 이브에게 자신에 대한 절대적인 복종의 대가로 낙원에서의 안락한 삶을 제공했다. 하지만 신과 마찬가지로 선악을 분간하는 힘을 원했던 아담과 이브는 신의 금기를 위반하고 자신의 힘으로 살아가는 삶을 선택한다.

게다가 인간은 자신의 행복을 찾아 신의 세상으로부터 '탈출'한다. 오디세우스는 트로이 전쟁에서 혁혁한 공을 세우고도 신의 분노로 곧바로 자신의 고향으로 돌아가지 못한다. 하지만 그는 신이 자신에게 부여한 고난을 극복하고 마침내 자신이 떠나온 이타카로 돌아간다. 지중해 위에서 벌어진 그의 모든 행적은 신의 질서로부터 벗어나기 위한 것이었다. 출애굽하는 이스라엘 백성들은 이방의 땅에서 자신들에게 가해지는 갖은 폭압에서 탈출하여 신이 자신에게 부여한 낙원으로 나아간다. 이스라엘 백성에게 있어서 이집트 땅에서의 삶은 노예로서의 삶이었다. 가나안 땅으로 향하는 여정에서 겪어야 했던 광야에서의 고난은 새로운 행복의 땅으로 나아가기 위한 필연적인 과정이었다.

신화 속 이야기의 황당함은 인간이 원했던 절대적인 세계의 모습이라고 할 수 있다. 그들은 불(번개)을 마음대로 사용하고 싶었지만 그것이 불가능하자 그런 행위를 할 수 있는 제우스 신를 만들어내었다. 인간은 에덴동산과 같은 고통도 악도 없는 행복의 땅에서 살아가고 싶었지만, 그것이 불가능하자 그런 행위를 할 수 있는 야훼를 만들어내었다. 하지만 스스로 불을 사용할 수 있게 되고 고통과 악을 극복할 수 있는 방법을 발견하자 더 이상 제우스 신와 야훼가 지시하는 대로 살아갈 수 없었다. 이렇게 해서 그들은 신이 만들어둔 운명적인 삶에 반항하고, 그들의 금기를 위반하고, 신들의 질서가 지배하는 세상에서 탈출하고자 했다.

이렇게 볼 때 신화는 반항, 위반, 탈출하면서 자신만의 세상을 건설하려는 인간의 욕망이 빚어낸 이야기이다. 다시 말해 신화는 인간이 자신의 삶을 찾아 나가는 과정에서 만들어낸 이야기이다. 그렇다면 고도로 발달한 물질문명의 세상에서 모든 것이 밝혀진 것 같은 이 세상에서 인간은 왜 계속해서 신화를 만들어내는가?

인간은 지금까지 모르던 것 한 가지를 알게 됨에 따라 새롭게 수많은 미지의 영역을 가질 수밖에 없다. 그러니 인간은 영원히 미지의 영역을 안고 살아갈 수밖에 없고, 그에 따라 영원히 신에게서 벗어날 수 없을지도 모른다. 그렇다고 해서 인간이 신에게서 벗어나서 자신만의 세상을 구축하려는 노력을 그만둘 수는 없다. 인간의 지식이 아무리 크다고 한들 새로운 미지의 영역이 영원히 생겨나기 때문에 인간이 신의 영역으로 돌릴 수밖에 없는 몫은 소멸되지 않을 것이다. 니체는 이미 오래전에 신의 죽음을 선언했다. 하지만 이러한 선언과 더불어 신이 진정으로 죽어버렸는지는 의문이다. 니체의 이러한 선언에도 불구하고 인간 사유의 영역에서 미토스의 영역은 전혀 소멸하지 않았다. 그것이 인간이 지속적으로 신에게 의뢰할 수밖에 없고 지속적으로 신화를 만들어낼 수밖에 없는 이유이다.

에필로그

　내가 「신화의 이해」라는 교과목을 처음 개설한 것은 2009년 1학기 때였다. 인간의 삶과 그 대표적 표현양식인 문학을 바라보는 방식에는 여러 가지가 있다. 나는 그 여러 방식 중에서 특별히 신화적 사고를 통해 삶과 문학을 이해하는 데에 관심이 있다. 그래서 인간 생활에서 신화적 사고가 중요한 역할을 하고 있다는 기본 생각을 바탕으로 이런저런 사유를 전개하면서 가능한 대로 이를 강의에 활용해오고 있었다. 마침 2008년, 당시 4년 주기로 이루어지고 있던 교육과정 개편이 있었고, 그때 나는 언젠가 여유가 있을 때 개설하기로 하고 「신화의 이해」라는 과목을 구상하여 계열별 교양과목편제에서 '인문계열군'에 끼워놓았다.

　당시 이런저런 이유로 내가 오래전부터 생각해왔던 신화 관련 강의를 시작할 수 있는 마음의 여유라는 것이 도통 생기지 않아 답답해하던 중이었다. 게다가 여러 이유 앞에서 앞으로도 당분간은 그럴 수 있는 시간이 찾아올 것 같지 않다는 생각을 하고 있었다. 신화 관련 강의는 프랑스 현대문학 강의의 틀 안에서 신으로부터의 인간해방이라는 주제와 함께 단편적으로 살펴보는 것으로 만족해야 했다. 그런데 교육과정개편 관련

논의가 정리된 바로 다음 학기 교과목 개설 과정에서 나는 마음의 여유라는 것이 제 발로 찾아오는 것이 아니라 억지로 찾을 수밖에 없는 것이라는 사실을 문득 깨닫게 되었다. 그래서 나는 한순간 이제까지 지니고 있었던 '언젠가 시간이 나면 해야지.'라는 소극적인 태도를 버리고 2009년 1학기 담당과목으로 「신화의 이해」라는 과목의 개설을 신청했다.

이렇게 해서 나는 「신화의 이해」라는 이름으로 어렵사리 새로운 강의를 시작했다. 학생들이야 그 자세한 사정을 알 까닭이 없겠지만, 이 강의가 내가 처음에 생각했던 대로 순조롭게 진행된 것은 아니었다. 누구든 새로운 일을 처음 시작할 때는 현실과 이상의 차이로 인한 고민에 빠져들게 마련일 텐데, 「신화의 이해」라는 교과목과 관련한 사정도 마찬가지였다. 무엇보다도 내가 강의를 개설하면서 생각했던 강의 목적과 수강신청을 했던 학생들의 기대수준과의 괴리가 문제였다. 강의를 개설하면서 나는 이른바 신화적 사유를 통해 인간의 삶의 이유와 방법과 관련된 이야기를 염두에 두었다. 말하자면 신화 이야기의 의미를 다분히 철학적인 차원에서 풀어보고자 했던 것이다.

나의 이런 생각과는 달리 학생들은 신화의 내용적 측면을 위주로 한 강의를 기대하면서 수강을 신청했다는 사실을 깨닫는 데에는 그다지 오랜 시간이 걸리지 않았다. 강의를 진행하면서 교수의 의도와 학생들의 기대를 어느 정도 일치시키는 일은 대단히 중요하다. 아마도 내 강의는 구체적 신화 이야기보다는 다소간 관념적 차원에서 진행되었던 모양이다. 첫 두 학기의 강의를 진행하면서 나의 의도와 학생들의 기대를 서로 접근시키는 데 많은 애를 먹었다. 이러한 본질적인 어려움 말고도 방법론적으로도 여러 자료를 새로 준비하고 정리하는 데에 많은 시간이 투입되었다. 일단 학생들의 흥미를 붙들어두기 위해 많은 시청각 자료를 모으고 정리해야 했다. 주로 글을 읽고 말을 하는 것만으로 인문학 연구와 강의를 진행해 왔던 나로서는 이러한 방법론의 전환이 그다지 쉬운 일은 아니었다.

내가 진행하는 대부분의 강의에서 미리 준비된 자료는 실제로 큰 빛을 발하지 못한다. 대개 나는 그대로 읽어 내려가도 좋을 정도의 강의록을 미리 준비해서 강의실에 들어간다. 하지만 실제 강의는 준비된 강의록을 따라 이야기를 전개하는 방식으로 진행하는 것이 아니다. 대신 다루어야 할 몇 가지 핵심 개념을 중심으로 그때그때의 상황에 맞게 자유롭게 이야기를 전개해 나간다. 상황에 따라 다른 방식을 따르기는 하지만 나는 대부분 강의실에서 주어진 틀을 벗어나지 않으려 노력하면서 학생들에게 질문을 던져 대답을 유도하고, 그 대답에 대해 다시 질문하는 방식으로 강의를 진행하려고 노력한다. 이런 방식의 강의는 약간 어수선한 느낌을 줄 수 있다는 단점에도 불구하고 강의가 체험에 바탕을 둔 대화 중심으로 진행된다는 포기할 수 없는 장점이 있기도 하다.

그렇게 강의를 진행하다 보면 내가 애초 준비했던 것과는 다른 내용이 많이 끼어들게 된다. 그럴 경우 강의를 진행하고도 내가 학생들과 나누었던 이야기의 세세한 부분까지 다 기억하지 못한다. 그렇지만 이렇게 하다 보면 좋은 점이 많다. 애초 생각하지도 못했던 이런저런 이야기들로 강의가 더 풍성해지기 때문이다. 물론 이러한 풍성함이 학생들을 혼란에 빠트릴 수 있다는 생각을 하지 않은 것은 아니지만, 이런 방식은 잘 고쳐지지 않는다. 학생들의 혼란을 피하고자 PPT 파일을 사용하기도 한다. 하지만 이런 방식은 강의에 대한 나 자신의 만족도를 현저하게 떨어뜨리는 경우가 많다.

「신화의 이해」를 개설하고 나서 세 번째 학기였을 것이다. 학기가 끝날 무렵 나는 어떤 학생이 한 학기 내내 컴퓨터를 이용해서 내 강의를 녹음해왔다는 사실을 우연히 알게 되었다. 처음에는 등골이 오싹해지는 느낌을 받았다. 지나고 나면 나 자신도 기억하지 못하는 이야기가 내 목소리의 톤이나 수많은 여담과 더불어 저렇게 파일로 남게 되다니! 일단 그 사실이 썩 유쾌하지는 않았다. 그래서 저작권 운운하는 궤변을 동원하여 그 학생에게 파일을 나에게 넘긴 다음 삭제할 것을 요구했다. 종강후 나는 그 파일들을 처음부터 끝까지 다시 들어 보았다. 내 목소리 자체와 가끔 내 입에서 나오는 다소 과장되고 무절제한 표현이 주는 생경함이 이상하기는 했다. 하지만, 처음의 불쾌함과 생경함이 지나고 나서 곰곰이 생각해보니 강의를 녹음한다는 것 자체가 그다지 문제가 될 것 같지는 않아 보였다. 전체적으로 보아 강의 내용 자체는 애초 내가 의도했던 것과는 별로 다르지 않았다.

나는 우연히 발견한 내 강의의 녹음 파일을 통해 내가 강의실에서 이야기하고는 곧바로 잊어버린 많은 이야기를 다시 들을 수 있었다. 내 말들 속에는 글로는 표현할 수 없는 많은 이야기와 표현이 들어 있었다. 그래서 나는 스스로 내 강의를 녹음하기 시작했다. 나는 그때 말이 글보다 더 자유롭다는 사실과 훨씬 더 앞서 나간다는 당연한 사실을 새삼스럽게 다시 깨닫게 되었다. 말은 시간과 더불어 공기 중으로 흩어져 버리지만, 글은 그렇지 않아서 종이 위에 그대로 남아 지속적으로 글쓴이를 압박한다. 공기 중으로 사라진 말들은 시간과 장소를 달리할 경우 그 힘이 쉽사리 사그라들지만, 종이 위에 남아 있는 글은 그렇지 않다. 그래서 우리는 사적이든 공적이든 많은 중요한 약속을 문서로 남겨놓으려 하는 것일 게다. 이는 아주 오래전부터 있어온 관행이었을 것이다. 이런 관행은 어쩌면 신화시대에도 있었던 관행이 아닐까? 문자가 없어서 약속의 흔적을 가시적 형태로 남기는 데에 한계는 있었겠지만, 이 시기에도 무슨 방법은 있었을 것 같다. 우리가 알타미라 동굴, 라스코 동굴의 벽화나 반구대 암각화 등에서 보는 그림들도 인간이 생각하는 것들이 말로 흩어져 버리지 못하게 하는 방편이었을 것이다.

예전에 프랑스에 있을 때의 경험이다. 나에게 프랑스 체류와 관련하여 몇 가지 편의를 봐준 뷔넨뷔르제(Wunenburger) 교수는 신화와 상상력 분야에서 널리 알려진 학자였다. 그가 강의할 때면 항상 녹음 기사가 함께 들어와서 공개적으로 강의를 녹취했다. 교수의 강의는 바로 글로 전환되어 약간의 수정을 거쳐 바로 출판된다고 했다. 신화 분야에서 잘 알려진 전문가였기에 녹음과 필사 또한 강의자 본인과는 무관하게 시스템에 의해 이루어지는 것이었다.

그런 시스템의 혜택을 누릴 형편이 아닌 나는 내가 했던 강의 녹취록을 다시 들으면서 내 말을 필사해보고자 했다. 하지만 몇 번 시도하여 몇십 페이지를 만들어보기도 했지만, 그것은 의지로만 끝나고 말았다. 내가 했던 말을 다시 글로 옮긴다는 것 자체가 쉬운 일이 아니기도 했지만, 무엇보다도 꼭 필요하지도 않은 일에 너무 많은 시간이 들어갔기 때문이다. 물론 내가 강의시간에 학생들의 질문에 대답하면서 즉흥적으로 했던 말들을 다시 들을 수 있다는 것은 커다란 수확이었다. 학생들의 발표와 거기에서 출발한 대화로 이루어지는 강의 내용상, 강의실에 들어가기 전에 미리 준비하지 못한 내용이 끼어들 수밖에 없다. 강의를 녹음해서 다시 듣고 그것을 글로 옮겨보려는 시도는 그런 측면에서 아주 유용한 일이기는 했다. 그런 장점에도 불구하고 결국 내 강의를 필사하는 일을 포기하고 그냥 시간이 허락하는 대로 강의 도중에 새롭게 제기된 문제나 아이디어를 정리해두는 일로 만족하고 말았다. 이런 식으로 강의가 진행되면서 파일들은 쌓여갔지만 제대로 관리하지 못하는 일이 빈번해지자 스스로 녹음하는 일마저도 무의미하게 느껴지고 말았다.

신화에 관한 내 강의는 대부분 반항, 위반, 탈출이라는 주제로 인간이 어떻게 신으로부터 독립하여 자신의 독자적인 영역을 확보해왔는가 하는 이야기를 중심으로 이루어진다. 이런 동일한 주제들이 학생들이 달라지고, 그들이 제기하는 문제의 내용이 달라짐에 따라 계속해서 변해갔다. 이런 과정을 거치면서 딱히 의도하지는 않았지만, 학생들의 요구와 나 자신의 필요에 의해 다행스럽게도 강의는 매 학기 계속해서 진화해갔다. 3년 정도 시간이 흐르자 강의는 어느 정도 궤도에 올랐다. 그러던 중 언젠가 기말과제를 제시하면서 나는 재미있는 시도를 해보았다. 학생들에게 한 학기 동안의 강의 중에서 신화의 의미, 역할, 기능 등과 관련하여 중요하다고 생각했던 주제를 선택하여 학생 자신이 강의한다고 생각하고 강의록을 작성해서 제출하게 했다. 결과는 기대 이상이었다. 많은 학생들이 내가 한 학기 동안 했던 이러저러한 이야기 중에서 자신들에게 의미 있다고 생각했던 것들을 이해한 대로 재현해내었다.

이 책은 이렇게 해서 나온 학생들의 이야기에 많은 것을 빚지고 있다. 그것을 자료로 삼아 나는 구체적인 상황에서 내가 학생들에게 했던 이야기들을 재구성해낼 수 있었다. 이 책은 학생들이 복원한 내 강의의 내용을 신에 대한 인간의 '반항', 신의 금기에 대한 인간의 '위반', 신적인 질서에서 벗어나고자 하는 인간의 '탈출'이라는 세 가지 주제에 맞춰 정리한 것이다.

이 책은 강의 기록과 학생들의 과제물이라는 매개체 말고도 또 다른 유용한 도구의 결과다. 나는 학기 말에 가서 스스로 필기를 열심히 했다고 생각하는 학생들에게 자발적으로 필기 노트의 사본을 제출하여 줄 것을 요청한다. 몇몇 학생들은 고맙게도 내 요청에 응하여 그렇게 해준다. 꼼꼼한 학생들이 건네준 필기노트에는 내가 기억해내지 못하는 여러 이야기가 그대로 적혀 있는 경우가 많다. 거기에는 상황에 따라 스쳐 지나가면서 했기 때문에 시간이 지나 잊혀지고 만 이야기들이 고스란히 남아 있다. 그래서 충실하게 받아 적은 노트 두세 개만 참조하면 한 학기 동안 내가 강의실에서 했던 이야기를 주차별로 거의 그대로 재구성할 수 있다. 재미있는 것은 충실한 노트일수록 수용자의 해석적 입장이 많이 드러나 있다는 점이다. 나는 거기서 출발해서 다시 내 사유를 펼쳐 나갔다.

그러므로 이 책은 그동안 내 강의를 들었던 학생들의 성실함에 많은 것을 빚지고 있는 셈이다. 즉 내가 미리 준비한 강의록, 학생들이 과제물의 틀 안에서 제출했던 자신들만의 강의록, 학생들의 필기 노트를 충실하게 재구성하고자 했다. 그러다 보니 동일한 주제에 대해 여러 중복된 이야기들이 등장하는 것은 어쩔 수 없다. 이런 중복 부분을 최대한 다듬으려 했지만, 여전히 남아 있는 것은 어쩔 수 없는 노릇이다. 이렇게 재구성된 많은 이야기 중에서 일단 몇 개를 골라 세상에 내보낸다.